관계망의
해체와 재구성

순천향인문진흥총서 1

관계망의 해체와 재구성

한국전쟁과 베트남전쟁, 미국소설과 할리우드영화를 중심으로

심경석 지음

보고사

서문

　순천향 인문학진흥원에서 새로이 개척하는 '관계인문학' 연구는 '우리 시대를 통찰하기 위한 관계의 총체를 파악하는 것이 가능한 일인가'에 대한 질문으로 시작될 수 있다. 이 관계 연구는 궁극적으로 현실을 직관하고 통찰해서 미래를 전망하고 인식 할 수 있는 동력확보를 지향하고 있다. 이 책은 주로 한국전쟁을 소재로 출판, 제작된 미국소설과 할리우드영화에서 드러난 전쟁에 대한 미국인들의 시각과 반응 그리고 당대 미국사회의 분위기 및 이데올로기를 다루고 있다. 1950년에 일어난 한국전쟁은 우리 사회에 엄청난 인명 및 물적 피해를 가져왔을 뿐더러 그 정신적 상처는 반세기를 훌쩍 넘긴 지금까지도 쉽게 아물지 않고 있다. 그러나 한국전쟁을 다룬 미국문학과 영화에 대한 연구는 국내외를 막론하고 제한적으로 이루어 졌다. 이 분야에 대한 연구 성과가 베트남전쟁의 것과 비교가 되지 않을 정도로 빈약한 것에 대해서는 여러 설명이 가능 하겠지만, 해당되는 소설이나 영화 작품의 대한 부족한 서지 정보와 더불어 작품들에 대한 접근이 현실적으로 어려웠던 점도 그 이유가 될 수 있다. 또한 베트남전쟁은 반문화운동과 연계되어 미국정치 및 사회에 끼친 영향이 대단히 컸기 때문에 연구자들의 관심이 온통 그 쪽으로 쏠린 점도 부인할 수 없다. 그러나 한국전쟁문학과 영화에 대한 연구는 마땅히 우리 연구자가 짊어져야 할 몫으로 생각을 해왔고, 2007년부터 여러 학술지에 발표했던 논문들을 정리하여 책으로 엮게 되었다. 그리고 이 글들이 '관계인문학'에서 지향하는 문화적 상황에 대한 총체적이며 인지적인 지도를 작성하는 일과 밀접하게 관련되어 있다고 여겨져 총서의 일환으로 출판하게 되었다. 이 책은 1950년대 미국인들에게 우리나라가 어떤 존재로 비추어 졌는지 그리고 우리와 아시아인들을 어떤 시각으로 바라보고 있는지 통찰할 수 있는 실마리를 보여줄 수 있다. 또한 미군들이 낯선 우리 땅에서 어떤 생각으로 전쟁을 치렀는지, 또한 본국 귀환 후의 이들의 삶에 대해 우리 독자들이 인식할 수 있는 시각을 제공할 수 있다고 믿는다. 아무쪼록 이 책이 학문 연구의 출판으로만 끝나는 것이 아니라 우리와 미국인과의 공감적 관계, 그리고 양국 간의 미래적 차원을 새롭게 구축하고 설정하는 데 도움이 되기를 기대한다. 이 책에 수록된 글 중 네 편은 한국연구재단의 지원을 받아 수행되었음을 밝힌다.

2018년 1월 1일
저자

차례

2부 할리우드와 한국전쟁

1부

한국전쟁과 미국소설

한국전쟁 소설 다시보기

1. 망각되지 않는 한국전쟁

"잊혀진 전쟁"(Forgotten War)으로 흔히 일컬어지는 한국전쟁에 대해 미국 작가들은 어떤 반응을 보였을까? 전사 3만 6천여 명, 부상 10만 3천여 명이란 막대한 피해를 미군에게 가져온 이 전쟁을 소재로 적지 않은 소설들이 쓰여 졌지만 『붉은 무공 훈장』(The Red Badge of Courage, 1895), 『세 명의 병사』(Three Soldiers, 1921), 『거대한 방』(The Enormous Room, 1922), 『무기여 잘 있거라』(A Farewell to Arms, 1921), 『캐치-22』(Catch-22, 1961), 『제5도살장』(Slaughterhouse-Five, 1969), 『벗은 자와 죽은 자』(The Naked and the Dead, 1948), 『카치아토를 쫓아서』(Going After Cacciato, 1978) 등과 같이 미국소설 정전에 포함될 수 있는 작품을 딱히 지적하기 힘들다.[1] 그 원인에 대해 폴 파슬(Paul Fussell)은 징집된 병사도 물론 있긴 하지만 다른 전쟁과는 달리 상당수의 직업 군인이나 동원 예비군들이 이 전쟁에 투입되어 문학적 재능을 지닌 일반 징집병들이 자신들이 받은 충격이나 관찰을 문학적으로 승화시킬 수 있는 기회가 많지 않았다고 추측한다. 또 미국

---

[1] 정연선은 「중단된 성전」에서 2000년까지 100여 편 정도의 한국전쟁 소설이 발표되었다고 기술하고 있다(정연선 160).

정부에서 한국전쟁을 정치적으로 "치안활동"(police action)으로 규정
하였으므로 작가들에게 매력이 덜했을 것이고 2차대전이 종전된 후
얼마 되지 않아 전쟁의 참상이 낯익었기 때문에 진부한 문학소재라
고 생각했을지도 모른다고 언급한다(Fussell 591). 또 하찮게 여기는
아시아인과의 전쟁에서 많은 사상자만 낸 채 뚜렷한 승리를 거두지
못하고 자존심에 상처를 입은 것도 또 다른 이유가 될 수 있다. 파슬
은 작품성뿐만 아니라 양적 면에서도 빈약하다고 말했지만 최근 참
전 작가들의 경험이 근간이 된 소설이 지속적으로 출판되고 있기 때
문에 한국전쟁은 적어도 문학 세계에서는 분명하게 기억되고 있다.[2]
이것은 한국전쟁과 같은 양상으로 치러진 베트남전쟁과 이에 대한
문학 작품이 활발하게 발행되는 것에 작가들이 자극을 받았거나, 한
국전쟁 기념조각의 건립, 변화된 한국의 경제적 지위,[3] 북한과 미국
과의 정치적 마찰에 대한 언론의 주목, 또한 "노근리 사건"에 대한
AP 보도 등 여러 면이 함께 어우러진 결과이다.

　　한국전쟁 소설은 대부분 참전 경험이 있는 작가들이 썼고,[4] 미군의

2　국내외를 막론하고 영미문학 연구자들의 한국전쟁 문학에 대한 글을 찾기는 쉽지
않다. 외국 학자들이 한국전쟁 문학을 개괄적으로 다룬 저서와 논문은 다음과 같다.
Arne Axelsson, Restrained Response: American Novels of the Cold War and
Korea, 1945-1962 (New York: Greenwood, 1990), Philip K. Jason, "Vietnam War
Themes in Korean War Fiction," South Atlantic Review 61.1 (1996): 109-121. 박사
학위 논문에는 James R. Kerin Jr, The Korean War and American Memory (U of
Pennsylvania, 1994)이 있다. 국내 연구로는 정연선, 「중단된 성전: 한국전쟁에 대한
미국소설의 연구」, 『한국전쟁과 세계문학』 2003: 159-193이 있다.
3　미돌(D. J. Meador)은 『잊지 못한』(Unforgotten, 1998)에서 한국전쟁 기념비의 제
막식, 경제부흥을 작품 말미에서 다루고 있다.
4　참전하지 않는 여성작가들도 눈에 띈다. 쉴라 솔로몬 클라스(Sheila Solomon
Klass)의 『추운 벌판에서』(In a Cold Open Field, 1997)는 참전한 아들의 실종 통지를
받은 뉴욕에 거주하는 유태인 어머니의 이야기를 담고 있고, 린지 멕케나(Lindsay
McKenna), 『새벽의 용기』(Dawn of Valor, 1991)는 전투기 조종사와 간호장교 간의

관점에서 전쟁 모습을 사실적으로 전달한다.[5] 그러면서 신참 병사가 전투를 겪으면서 노련하게 변화되어 가는 과정이나 드물기는 하지만 전쟁에 의한 내면적 변화나 전쟁 후유증을 다루기도 한다. 반전 경향도 담겨 있지만 오히려 전우애와 자신들이 속한 부대, 특히 해병대에 대한 소속감, 부대 정신을 강조하는 소설이 다수를 이룬다. 또 생사 기로에 늘 서있었던 전투 경험은 작가로 하여금 전쟁을 객관적으로 바라보기 어렵게 했다. 주관적, 자전적 요소가 강한 이 소설들은 글쓴이의 최초이자 유일한 작품이 되는 경우가 대부분이다. 이들의 서사는 주로 병사나 초급 장교의 경험에 초점을 맞추어져 있고 솔직하며 거칠다. 그리고 개전 초기보다는 중공군이 개입한 이후를 주로 다루면서 중공군이 주적으로 나타난다.[6] 더욱이 베트남전쟁이 격화되는 1960년대 후반에서는 그 전쟁의 영향이 소설에 반영되었다.

이 글은 1951년부터 최근까지의 한국전쟁 소설을 다루면서 특히 병사들의 예전과는 다른, 전쟁에 대한 태도와 군을 바라보는 시각을 검토한다. 더불어 한국전쟁 소설에서 가장 뚜렷한 장르인 전쟁포로 소설에 담긴 미국 문화, 사회, 군대에 대해 비판적인 시각과 함께 많은 작품 속에 여과 없이 드러난 국군과 민간인을 바라보는 미군들의

사랑을 소재로 한다. 엘로이스 엥글(Eloise Engle)의 『새벽 임무』(Dawn Mission, 1962)는 항공간호장교가 쓴 작품이다.

5 유대교 군목으로 한국에서 복무한(1955~1957) 하임 파톡(Chaim Potok)이 피난민 노부부를 주인공으로 삼은 『나는 진흙이니』(I Am the Clay, 1992), 로저 클라크(Roger W. Clark)가 쓴 아버지가 납북된 가족의 이야기, 『하얀 호랑이를 타고』(Ride The White Tiger, 1959) 등이 그 예이다. 또 하진(Ha Jin)의 『전쟁 쓰레기』(War Trash, 2004)는 거제도 포로수용소에서 폭력으로 강요되는 이데올로기를 중공군 포로의 관점에서 다룬 주목할 만한 소설이다. 이 소설은 2008년 우리말로 번역되었다.

6 개전 초기부터 다룬 소설에는 콘 셀러스(Con Sellers)의 『전투 형제들』(Brothers in Battle, 1989)이 있다.

인종차별적인 시선을 다룬다.

2. 한국전쟁 소설: 새로운 전쟁 면모에 따른 변화

한국전쟁 소설은 한국전 고유의 특성을 반영하면서 앞선 1차, 2차 세계대전을 다룬 소설과 구분되는데 이 작품들에서 주목되는 것은 병사들이 전쟁을 바라보는 관점과 전쟁, 특히 한국전쟁에 대한 태도이다. 1차 대전을 다룬 헤밍웨이(Hemingway), 도스 페소스(Dos Passos), 커밍스(E. E. Cummings)의 인물들은 남성다움과 영웅적 자질을 입증하려는 낭만적 이상을 갖고 참전하지만 자신들이 전쟁이란 거대한 기계의 소모적인 작은 부품에 불과하다는 것을 인식하며 전쟁의 참상에 눈을 뜬다. 그러나 2차대전 소설에서 젊은이들은 이미 전쟁의 실체에 대해 인식하고 있었다. 이들은 징병이라는 '압박' 속에서 자신의 필요나 이기적 이유, 즉 자신의 경력에 도움이 되거나 생존에 유리한 보직을 찾았지만 애국이나 인도주의적 가치, 이데올로기에는 별반 관심이 없었다(Aichinger 38). 마찬가지로 한국전쟁에서도 병사들은 공산주의 침략을 저지하여 자유를 지킨다는 이데올로기를 품고 참전하지 않았다. 그러나 적어도 국가 전체가 전쟁 분위기에 젖어있어 대의명분이 있는 참전에 불평할 수 없었던 2차대전 병사들과는 달리 선별적으로 한국전쟁에 징병된 병사들, 특히 동원 예비군은 불만을 강하게 표시했다. 『밤을 사수하라』(Hold Back at Night, 1951)의 주인공 맥켄지(Mackenzie) 대위처럼 이미 2차대전의 혹독한 전투를 치른 후 건축 설계사로 자신의 사업에서 결실을 맺어가는 그에게 통보된 소집은 충격적이었다. 동료 사업자는 그에게 '적절한 이유'를 대고 회피하라는 권

유까지 한다. 『잊지 못한』(Unforgotten, 1998)에서 이발사는 소집된 예
비역 장교의 전형적인 반응을 전한다. "그가 소집에 대해 무척이나
울화가 치밀었다고 하던데. 지난번 전쟁에서 삼 년이나 싸웠고. 보험
사업이 잘되어가고 있는 지금 다시 전쟁에 나가야 되니"(Meador 55).
더구나 선별적 징병으로 인해 파병된 가족만이 한국전쟁에 관심을 보
였으며7 병사들은 자신들의 고통에 대해 무관심하게 보이는 국민들에
대해 저항감을 가졌다.

　소집 자체에 부정적인 동원 예비군들을 포함한 많은 병사들은 한국
전에서 왜 싸우는 가에 대한 의문을 갖고 있었으며 더구나 "신이 저버
린 한국"(Flood 47)에서 전투를 하는 것에 대한 불만을 토로했다. 미국
의 전략적 이익과 직접 관련이 없어 보이는 낯선 곳에서 병사들은 전
투를 어렵게 만드는 추위와 산이라는 자연 환경을 저주하며 차라리
유럽과 같은 동질감을 느낄 수 있는 문명화된 곳에서 싸우고 싶은 바
람을 표출했다(Frank 30). 『밤을 사수하라』의 이클랜드 상사(Sgt.
Ekland)나 중대장 맥켄지는 공적 이데올로기인 도미노 이론 또는 자유
세계가 공산주의자의 의지를 꺾어야 한다고 믿었지만 이 소설에서도
한국이 전략적 가치가 없는 아시아의 "더러운, 항문 배설로"이며 이곳
은 병사들이 "죽기에도 적절하지 못한" 곳임을 분명하게 나타낸다
(Frank 31). 이런 생각은 한국전 소설 중 널리 알려진 『도곡리 철교』
(The Bridges at Toko-Ri, 1953)에서 변호사 개업을 하다 소집된 전투기
조종사 브루베이커(Brubaker)가 격추된 후 자신이 "이해하지 못했던

7　『번쩍이는 갑옷 기사들』(Knights in Shining Armor, 2003)에서 한 장교는 이런
사실로 인해 잠을 이루지 못한다. "한국전쟁에 대해 라디오나 신문에서 보도가 많지 않
은 것과 관련이 있었다. 한국에서 전투를 하고 있는 병사들에 대해 고향에서 사람들이
별반 관심을 보이지 않는다고 어머니의 편지에서 강조하고 있다"(Sher 242).

전쟁에서 전혀 수호하려고 하지 않았던 곳"에 홀로 있음을 인식하는 데서 다시 확인된다(Michener 103). 지휘관들은 병사에게 전쟁의 이념과 목적을 주입시키기 위해 노력했지만 이들은 별 관심이 없었고 장교들 스스로도 확신이 없었다. 『교착된 판문점』(Stalemate at Panmunjom, 1980)에서 이런 이중적인 면이 적나라하게 드러난다. 병사들이 부산에 도착하자 소령이 "민주주의 군대의 일원으로 공산주의자들을 격퇴하고 존엄성을 보전"하는 등의 준비된 글을 읽은 다음 장교들을 따로 모이게 한 후 "왜 한국에 있는지 알죠. 육군의 명령에 의해 여기 있습니다"라는 말로 그 속내를 드러낸다(Walker 38).

휴전 회담이 진행되고 있는 시기를 다루는 소설에서 병사들은 전투 목적에 관해 더욱 강한 회의를 나타낸다. 오성산 근처의 전투를 다루고 있는 『승리도 패배도 없이』(No Victory, No Sting, 1992)에서는 한국전쟁에서 미군이 왜 싸워야 하는지에 대해 의문을 직접 제기한다. "우리는 무엇인가를 위해 싸움을 하고 있을 수도 있지만 그것이 무엇인지 알 수 없다. 또 그것이 가치 있는 것인지, 특히 이런 교착상태에서 설령 작은 전투를 이기더라도 그것으로 무엇을 할 수 있는지"(Sayers 11). 이런 관점은 『잊지 못한』에서 극적으로 드러난다. 주인공 윈스턴(Winston)은 미군이 중공군에게 처참한 패배를 당한 군우리 전투에서 은성무공훈장(Silver Star)을 받은 용기 있는 장교이다. 그러나 통일도 아닌 단지 휴전 회담이 진행되는 과정에서 많은 사상자만 가져오는 고지 공격이 아무 의미가 없다는 견해를 대대장에게 솔직하게 개진하다 군법회의에 회부된다.

결국 정치적 목표, 이데올로기에 대해 무관심하며 명령에 의해 파병된 병사들의 우선 관심은 자신들의 생존이 되기 마련이다.[8] 더구나 처음 도입된 1년 단위의 순환근무제(rotation)는 이런 태도를 심화시켰다. 고통분담의 원칙하에 처음 도입된 이 제도는 병사들이 자신들의 파병 기한만 채우면 되기 때문에 전투 동기를 약화시켰다. 또 이전과는 달리 제한 전쟁이란 정치적 제약 때문에 군사적인 면에서 유리하여도 승리할 수 없다는 점도(Sayers 109) 병사들이 생존에 집착하게 된 또 다른 동기가 되었다. 이런 태도는 장진호 철수 작전을 다룬 『형제들의 무리』(Band of Brothers, 1956)에서 통역병 최(Choy)의 눈을 통해 드러난다. "미군 어느 누구도 사명감은 없다. 어느 누구도 집에 돌아가는 것 말고 다른 것을 원치 않았다. 평화, 자유, 존엄, 원칙보다도 더 중요하게 여긴 것은 목숨 그 자체였다"(Frankel 55).

그러나 병사들은 전쟁 그 자체를 거부하거나 군대 조직에 대한 혐오감을 갖지는 않았다. 이들은 앞선 전쟁에 참전한 어른의 말을 통해 전쟁의 실체에 대해 어느 정도 깨닫고 있었다.[9] 이미 전쟁은 인간 사회의 보편적 현상으로 여겨졌기 때문에[10] 전쟁 수행의 주체로서 군대가 가진 중요성 또한 널리 인식되었다(Aichinger 69). 이런 인식으로 인해 군대 조직과 직업 군인으로서의 위상 또한 한국전쟁 소설에서 높이 평가된다. 한국전쟁 소설에는 메일러(Norman Mailer)의 소설에 나오는 것처럼 파시즘적인 군대 조직에 의해 망가지는 개인이나 고

---

8 새뮤엘 헌팅톤(Samuel Huntington)은 한국전쟁은 "미군 병사들이 단순히 싸우도록 명령을 받았기 때문에 싸운 주요한 전쟁으로는" 첫 번째 전쟁이었으며 "전통적인 전문 직업군의 징표라 할 수 있는 정치적 목표에는 극도의 무관심을 나타냈다"라고 주장한다. 정연선, 「중단된 성전」 재인용 165.

9 『부당한 취급』(Shortchanged, 1998)에서 1차 세계대전 참전병사는 마을 소년들에게 전쟁의 실상에 대해 이렇게 말한다. "전쟁에는 영광이 없단다. 죽은 자 뿐만 아니라 산자에게도 단지 고통만이 있을 뿐이란다"(Harding 112).

10 "몇 년 전 일어난 전쟁을 두고 그들은 모든 전쟁을 종결시키는 전쟁이라고 말했지만 그렇지 않았다. 지금 다시 전쟁이 벌어지고 있다"(Harding Jr 125). 『도곡리 철교』에서 타란트(Tarrant) 제독은 미국은 "세대마다 끝없는 전쟁"에 휘말리지 않을 수밖에 없고 "그 우둔한 전쟁을 다루는 방법을 배우는 편이 훨씬 낫다"고 말한다(Michener 42–43).

의로 병사를 사지로 내모는 지휘관은 찾기 힘들다. 때로는 『용기의 대가』(The Price of Courage, 1957)에서 후방 부대 참모였다가 처음 전투 부대를 맡은 멀린(Merlin) 소령, 『번쩍이는 갑옷 기사들』(Knights in Shining Armor, 2003)의 중대장 발크린(Barklin)처럼 무능, 과욕으로 인해 병사들의 조소를 받는 장교들로 인해 『캐치-22』의 경우처럼 바깥이 아닌 안에 '적'이 있음을 보여주지만 이들은 곧 전사하거나 지휘관직에서 교체되어 조직은 정상으로 돌아간다. 이런 맥락에서 이클랜드 상사는 계급 차이에 의한 불평등을 인식하고도 NBC 방송국의 기술자라는 좋은 일자리를 버리고 직업 군인의 길을 선택하여 높아진 그 위상을 실감케 한다.

군대의 합리성과 틈이 없는 체계는 무능과 어리석음을 용인해주지 않는다. 『승리도 패배도 없이』에서는 바보 같은 소대장, 죽음이 분명하게 예상되는 습격으로 내모는 상급 지휘관을 비판하지만 그와 못지 않게 병사들을 아끼는 중대장의 존재로 인해 병사들은 군대라는 조직 그 자체에 대한 거부감은 없다. 그래서 『미군 병사』(An American Soldier, 1969)에서 "군대는 정말 대단한 거야. 아주 잘 조직되어 있고 맨 위부터 아래까지 모든 것이 완벽하게 계획되어 있지"(Lynch 88)라고 찬양된다. 『화염의 계곡』(Valley of Fire, 1964)에서 북한군 포로를 후송하는 것을 귀찮게 여겨 사살을 지시하는 소대장 그리브스(Greaves)가 있긴 하지만 군대 조직의 건강함은 여러 소설에서 포로와 강간범을 절차에 의해 처리하려고 애쓰는 데에서 입증된다. 『형제들의 무리』의 중대장 패트릭(Patrick)은 치열한 전투 와중에서 한국인 하우스보이(houseboy)가 중공군과 내통한 것이 발각되자 분노를 삭이는 못하는 부하들의 반대에도 불구하고 즉결 처형하지 않고 정식 절차를 밟기 위해 애를 쓴다. 또 "국"(gook)으로 부르면서 인간 아래로 여겨지는 한국 여자를[11] 강간하려 한 병사를 엄히 처벌하는『밤을 사수하라』의 맥켄지도 인간적이며 이성적으로 행동한다.

다른 전쟁소설처럼 한국전쟁 소설의 주요 주제는 병사들 사이의 강한 유대감, 전우에 대한 헌신이다.『번쩍이는 갑옷 기사들』에서 한 병사가 자신들이 전사하거나 실종당한 전우, 포로가 되어 고문을 받을지도 모를 동료들에게 빚을 지고 있기 때문에 싸워야 한다고 말하자 다른 병사들이 적극적으로 호응하는 데서 보듯이(Sher 371) 이들은 전투를 통해 하나로 묶여지면서 전우와 자신이 속한 집단을 위해서 싸운다. 이 일체감은 전투에서 자신의 생존이 집단의 역량에 의해 달려 있다는 현실적 실용주의와도 밀접한 관련이 있다.[12] 이런 전우애, 소속에 대한 충성은 다른 소설에서도 쉽게 찾아볼 수 있다.『형제들의 무리』의 주제는 소설 서문에서 인용한 셰익스피어의『헨리5세』(Henry V)의 대사, "소수의 우리, 행복한 소수의 우리 형제들의 무리, 오늘 내 옆에서 피를 흘리는 자는 내 형제가 되리라"(We few, we happy few, we band of brothers; For he today that sheds blood with me shall be my brother)에서 드러난다. 패트릭은 부상을 입어 후송을 갈 수 있었음에도 불구하고 점차 수가 줄어가는 중대원과 전투를 함께 끝까지 치른다. 다시 대대장이 내린 위험한 측면 엄호 명령을 실행하기 위해 중대장이 자원자를 요청하자 병사들은 내키지 않지만 "누군가가 해야 돼"란 말에 동조하여 함께 임무를 수행한다. 이들은 '충성'(Always Faithful)의 의미를 지닌 셈퍼 파이(Semper Fi)라는 해병대 이념에 헌신

---

11 이 소설에서 미군 병사는 "한국 여자는 너무 더러워 강간할 마음도 생기지 않는다"고 말한다(Frank 35).

12 에이칭어(Aichinger)는 이미 이런 현상은 2차 세계대전 소설에서도 나타났다고 설명한다(Aichinger 42).

한다. 『밤을 사수하라』의 이클랜드의 경우도 중대장의 우회 습격 의도를 위장하기 위해 위험을 감수하고 부상병을 데리고 적들이 매복하고 있는 곳으로 걸어간다. 『여보게, 조심하게나』(Stay Safe, Buddy, 2003)에서 전우를 잃고 그 충격으로 인해 정신병원에 입원하게 되는 병사를 다루는 것처럼 전우애는 자주 다루어진다.

그러나 이에 못지않게 군대의 부정적인 면, 군대가 자랑하는 제도나 조직이 매우 형식적임을 드러낸 작품도 자주 볼 수 있다. 특히 베트남전쟁이 절정으로 치닫는 1960년대 후반에 나온 작품에서는 신이 우리 편에 있다는 믿음이 점차 허물어지면서 적도 밖이 아닌 안에 존재한다. 한국 문화에 대해 비교적 정확하게 꿰뚫고 있는 『죽음과 희롱하는 자들』(For the Love of Dying, 1970)에서[13] 전우를 적으로 오인하여 사살한 후 전투신경증(Battle Fatigue)이라는 정신 공황을 겪는 버델(Burdell)은 군종 목사나 군의관에게 형식적 도움 밖에 받지 못한다. 특히 설교를 준비한다고 하면서 쉽게 만나주지 않던 군종 목사가 던진 권고, 하나님을 사랑하면 적을 죽임으로써 그분께 봉사할 수 있다는 말에 그는 거부감을 갖고 전투와 살상에 신물을 낸다(Sidney 41). 『부대 긍지』(Unit Pride, 2005)에서 매춘 집을 찾는 군종 목사는 병사에게 "우리 모두 인간이죠"란 말을 던지며 자신의 욕망을 거침없이 보여준다(McAller & Dickson 128). 헌병들이 이곳을 급습하여 군목을 체포하지만 오히려 이들이 당혹스러워하며 어떤 보복을 받을까 두려워하여 방면한다.

또 전우애와 소속감에 대해 양가적인 입장을 보이는 작품도 있다.

---

13 이 소설은 1969년 김종운 번역으로 을유문화사에서 출판되었다. 저자는 국내 대학에서도 강의를 하였고 한국전쟁 소설을 다룬 글도 국내 학회지에 발표했다. "Korea and Korean as reflected in American Fiction." 『美國學論集』 29.2 (1997): 422-437.

『네 사랑하는 아들들』(Your Own Beloved Sons, 1956)[14]은 자신의 생존까지 위태롭게 하면서 전투에 적응하지 못하는 병사까지 돌보려는 스탠리(Stanley)상사에게 초점을 맞춘다. 그러나 이 소설에서 한 병사는 소속감을 높게 평가하는 반면 다른 병사는 그런 것은 존재하지 않는다고 생각한다. 군대 조직이 톱니바퀴처럼 완벽하게 작동하지 않고 있음을 분명히 한다(Anderson 111, 158). 『미군 병사』에서는 생존에 집착하는 콘디(Condit)라는 병사가 적이 밖이 아닌 안에 있음을 알게 되는 내용을 다룬다. 심지어 『죽음과 희롱하는 자들』에서는 한 병사는 자신을 구타한 대대장을 돌로 쳐서 살해하기도 한다. 프란시스 폴리니(Francis Pollini)의 『밤』(Night, 1961)과 같은 포로소설에서는 포로 간의 살인과 폭행을 통해 전우애, 집단적 유대감이 허상임을 입증한다.

3. 전쟁포로 소설

다른 전쟁 문학에서 쉽게 찾을 수 없는 전쟁포로 소설은 한국전쟁 문학의 독특한 하위 장르로서 미국 문화나 군대에 대한 날카로운 날을 세운다. 이데올로기의 격심한 충돌 현장이었던 한국전쟁 후 본국으로 송환을 거부한 21명의 미군 포로로 인해 미국 사회는 큰 충격을 받았다. 그리고 귀환 포로 중 일부는 영웅 대접 대신에 적에게 동조했다는 혐의로 군법 회의에 회부되었다(Wubben 3-19). 포로들은 수용소에서 미국이 이른바 반인륜적인 생화학 폭격을 가하고 있다는 '고

---

14 이 소설에서는 손자의 『병법』에 나오는 구절을 첫머리에서 인용한다. "병사들을 자식처럼 여기면 어디든 따라올 것이다."(Regard your soldiers as your children, And they will follow you into deepest valleys.)

백'을 하도록 끊임없이 강요당했는데 포로소설은 중공 포로 심문자들의 회유와 압박, 격리, 때로는 신체적 가해를 통해 포로들이 굴복당하거나 이에 저항하는 내용을 담고 있다.

소설에서 포로 심문자들은 대부분 미국이나 홍콩 등지에서 교육을 받은 영어 구사력이 뛰어나고 공산주의의 이데올로기에 충실한 자들이다. 포로 심리를 정확하게 꿰뚫고 있는 이들은 자본주의 폐단과 인종차별, 미국 사회의 타락, 참전 이유와 같은 포로들이 쉽게 답할 수 없는 거대 담론을 제기하는 공통적인 면을 가졌다. 실제 인종 차별에 대한 흑인 병사들의 반발도 포로소설에서 재현된다. 한 흑인 병사는 다른 포로들을 도울 것을 거부하면서 백인 병사에게 이렇게 말한다. "아무도 미국에서는 나를 돕지 않았어. 이것은 내 전쟁이 아니야, 백인. 너희들이 법을 만들고 전쟁도 일으키지"(Howe 135). 포로들의 사례를 에피소드 방식으로 엮어 놓은 『판문점으로의 여정』(A Ride to Panmunjom, 1956)은 미군 포로의 저항을 긍정적으로 다루면서 저항이 가능했음을 밝힌다.[15] 그러나 이 소설에서도 어떤 포로는 "왜 한국에 왔는가"라는 질문에 대한 답변을 찾지 못하고 갈등을 겪는다. 그리고 어느덧 자신들이 "명분 없이 고통당하고" 있다고 생각한다(Thorin 204). 『밤을 사수하라』의 쿠젠(Couzen) 소위의 경우 장진호전투에서 포로가 된 후 중공군 정치 장교 추(Chu) 중령 앞에서 끌려가게 된다. 놀랍게도 그는 신체적, 심리적 위협을 전혀 가하지 않고 담배와 술을

---

15 포로의 저항이 가능했음을 보여주는 또 다른 소설 『벅: 한국에서의 테네시 소년』 (Buck: A Tennessee Boy in Korea, 1982)에서도 적에게 협조하며 개인의 안락을 도모하는 일단의 포로에 대한 비판이 들어있다. "다른 미국인들은 고기 덩어리가 들어 있는 더 많은 쌀밥, 빵, 담배 몇 개비를 얻기 위해 동료 포로와 조국을 팔아 넘겼다"(Cox 172).

나누면서 편안한 분위기를 만들어 준 다음 대화를 나눈 후 풀어준다.[16] 추가 인종차별, 물질주의적 향락을 언급하자 쿠젠은 충분하지는 않지만 나름대로 미국의 입장을 옹호한다. 그러나 그는 트루먼 대통령이 해병대를 스탈린처럼 선전 조직을 갖고 있다고 공격한 것에 반발하여 자신도 모르게 "트루먼이 제대로 무언가를 알고 있다고 생각하지 않는다"라고 말하고 이 말이 선전에 이용당하지 않을까 걱정한다(Frank 85). 결국 밤은 쿠젠이 억누르고 감추어야 되는 미국의 약점을 상징한다.

포로소설은 미국 젊은이들의 유약함을 미국의 약점으로 언급한다. 즉 뚜렷한 삶의 가치가 부재하기 때문에 포로들이 고난에 부닥쳤을 때 삶을 쉽게 포기한다는 점을 지적한다. 『화염의 계곡』에선 D수용소에서 수용된 후 최초 5개월 동안 312명의 포로가 사망한 이유를 열거한다. 그들 다수는 21세 이하였는데 어떤 포로들은 "미국이라는 온실의 기후 바깥에서 살 수 있는 힘을 줄 수 있는 어떤 가치를 발견할 수 없었다. 미국의 자녀들은 진정한 삶을 살아보지 못했기 때문에 죽었다"(Howe 159). 즉 포로 심문자의 말을 빌리면 이들은 "연약하고 썩은" 존재이다(Howe 182).

미군의 전우애, 단결의 신화도 포로간의 잔혹 행위, 죽음의 행진과 같은 사건을 통해 그 실체를 드러낸다. 『밤』과 『화염의 계곡』은 행복한 미국 가족의 허상, 정부의 억압이라는 문제를 날카롭게 제기하는 동시 포로 간의 잔혹 행위를 공통적으로 다룬다. 소설 제목 『밤』에 함축되어 있듯이 밤은 이탈리아계 포로인 마티(Marty)가 부닥친 심리

---

16 중공군이 포로를 죽이지 않고 풀어 주는 경우는 『형제들의 무리』에서도 나온다 (Frankel 127).

적, 정신적 암흑과 신체적 고통을 의미한다. 또한 그가 감추고 싶은 기억을 뜻하는데 포로 심문자인 칭(Ching)은 이 영역에 침투하여 그를 지배하려 한다. 생존을 갈망하지만 적에게 협조하기를 거부하는 마티는 적에게 저항하는 포로와 협조하는 포로 사이의 중간자인데 집단교육 동안 그는 "고백"을 하도록 강요받는다. 포로 심문자는 "네가 나태하고 집중하고 있지 않음을 고백하지. 썩은 부르주아 사고로 가득 차 있음을 고백해. 한국 여자의 벗은 다리를 생각하고 있음을 고백하라고. 여자 몇을 강간했지?"라며 그를 다그친다(Pollini 38). 마티와 다른 포로들이 해야 하는 이런 고백의 본질은 도덕적 잘못보다는 공산주의 이데올로기를 대변하는 포로 심문자들의 지배, 권위에 대한 복종을 의미한다. 그가 거부하자 다른 포로들이 차려 자세로 서있는 처벌을 대신 받게 되고 결국 이들은 그를 집단 폭행하여 의식을 잃게 만든다. 동지 의식 대신 포로들은 오직 자신들의 이기적인 편안함만을 추구한다. 심지어 칭도 자신에게 협조하는 이런 포로들을 "내적 가치란 아무 것도 없지-천박하고 텅 빈 유치한, 바로 그것이지"라고 경멸한다(Pollini 147). 다른 한편으로 저항하는 포로들도 중공군에 협조하는 동조자들을 무참히 살해하면서 중공군 못지않은 잔혹한 면을 보인다.

『화염의 계곡』역시 동지 의식의 허상을 고발한다. 특히 흥미롭게도 이 소설은 해병 장교 그리브스(Greaves)를 주요 인물로 등장시켜 '셈퍼 파이'(Semper Fi)라는 미 해병대 신화를 무너뜨리면서 미국문화에 대한 비판적 접근을 시도한다. 소대장인 그는 적의 공격을 두려워하여 대대 본부로 도피 후 다시 귀대하던 중에 포로가 된다. 장교 신분을 감춘 그는 포로가 된 소대원까지 모르는 체하다 결국 그를 밀고까지 한다. 이 소설은 포로수용소로 향하는 죽음의 행진에서 포로들이 강요에 의하지 않고는 어려움에 처해 있는 동료들을 돕지 않는 모습을 통해 포로간의 유대감, 소속감의 부재를 고발한다. 앞서 칭이 미군 포로들을 경멸한 것처럼 이 소설의 포로 심문자 역시 같은 견해를 갖고 있다. "지금 이 수용소에 그런 형제애가 존재하는가? 너희 같은 부류들은 도대체 무엇을 갖고 있지? 포로들을 늘 감시하지 않으면 서로 싸움질만 하지 않는가. 이것이 자본주의이고 그 본질이지"(Howe 226).

　미국 사회에 대한 비판을 가하는 포로소설들은 『화염의 계곡』과 『밤』처럼 미국의 삶과 포로 생활을 교차 대조시키는데 『한 번 이상의 삶』(More Lives Than One, 1967)의 경우 포로의 고통에 무관심하며 전쟁과 무관하게 돌아가고 있는 미국 사회의 모습을 냉정하게 보여주면서 포로들의 심리적 고립을 강조한다. 포로들이 느끼는 고립은 『밤』에서도 적용된다. 이 소설은 포로가 겪는 심리적 단절감과 더불어 포로가 감추고 싶은 잠재의식을 교묘하게 파고들어 무의식의 세계까지 지배하려고 하는 포로 심문자 칭의 존재가 부각된다. 그는 마티가 잊고 싶은 정신적 상처를 노출시켜 굴욕감을 안긴다. 탄광촌의 불행했던 가정생활, 아버지가 탄광에서 죽기를 원하는 어머니에 대한 오이디푸스(Oedipus)적 충동, 그리고 결국 자살하는 어머니에 대한 기억을 마티에게 일깨우며 미국이 내세우는 행복한 가정생활의 실체가 허구임을 밝힌다. 또한 미국의 대중 연예 오락, 대량 광고의 폐해, 약육강식의 경제 제도, 무책임한 정치지도자, 교육자들에 대한 비난에 마티는 무기력하게 반응한다.

　『화염의 계곡』에서는 미국 사회가 개인에게 가하는 정치적, 사회적 억압을 주인공 자신의 경험과 연관시키고 있기 때문에 훨씬 설득력이 있다. 미국 공산당원이었던 베네데티(Benedetti)가 환멸을 느껴 조직을 탈퇴하자 FBI는 그에게 첩자가 되도록 강요한다. 이들은 거부하는 그를 감옥에 오랫동안 가두거나 이민자인 아버지를 추방할 수 있다고 협박한다. 그러면서 그가 공산주의자임을 동네 이웃들에게 밝혀 고립시킨다. 감옥에서 벌어지는 간수들의 성적 학대와 구타 등이 언급된다. 베네데티는 미국 정부와 공산주의자들의 수법이 유사함을 지적한다. 교묘한 방법으로 행해지는 억압은 "직장을 잃게 하며, '애국집단'이 전화를 걸게 하며, 여기처럼 고립시키고-시스템에서 원치 않는 것을 제거할 때 그 기법이 상당히 유사함"밝힌다 (Howe 234). 이처럼 공산주의에 대해 강한 비판을 하지만 그와 못지않게 미국의 제도와 사회적 억압에 관해서도 각을 세운다.

4. 한국군과 민간인의 재현: 베트남전쟁 문학의 서곡

한국전쟁 소설의 또 다른 특징은 베트남전쟁 문학과 영화에서 나타난 베트남인과 군인을 바라보는 미군의 시각이 국군과 민간인에게도 이미 적용되었다는 점이다. 베트남전쟁 문학에서는 베트남을 싸울 가치가 없는 "이류급의 지역"으로, 또 베트남 남자를 "작은 갈색의 형제", 여자들은 매춘녀로 묘사하여 이들을 보호해야 될 대상으로 여긴다(Christopher 165-66). 때로는 베트남인을 바라보는 편견이나 정형에서 탈피하고자 애를 쓰지만 결국 그 범주에서 벗어나지 못한다. 적과 아군을 막론하고 베트남인들은 모두 "국"[17]으로 불려졌고 이들의

---

17 아시아인들에게 무차별적으로 적용되는 이 경멸적인 용어는 필리핀인을 "goo-goos"라고 부르는 데서 시작되었다(Christopher 122). 어떤 작가들은 한국의 "국"에서 온 것이라고 추측하기도 한다. 『무익한 종』(The Useless Servants, 1993)에서는 캐리비언해의 푸에르토리코에 주둔하는 미군들이 그곳 주민들도 "국"으로 불렀다고 기록하고 있다 (Hinojosa 39).

생활 방식과 언어는 부정적으로 그려졌다. 몸을 바치는 여인들은 물론 세탁, 청소, 진지를 구축하는 사람들도 신뢰나 존중도 받지 못했다. 미군들은 베트남이 품고 있는 아름다움과 그 주민들의 인간다움은 간과하며 아시아인 특히 중국인에 대해 기존에 갖고 있었던 '하인'이라는 관습적 기호로 이들을 본 것이다. 또한 베트남인을 유약하고 무력한 존재로 보면서 이들이 갖고 있는 끈질긴 저항정신은 무시하고 있다. 또 베트남군의 전투력을 경멸하며 쉽게 적과 내통할 수 있는 존재로 보았다(Christopher 145).

마찬가지로 한국전쟁 소설의 미군들은 "신이 저버린 나라"라는 말에 압축되었듯이 한국에 대한 부정적 견해로 가득 차 있었다. 특히 인분 냄새가 진동하는 들녘은 이들에게 야만스런 표상이었다. 『한 번 이상의 삶』에서 하버드(Harvard) 대학 재학 중 소집된 주인공 해리(Harry)가 처음 부산항에 도착했을 때의 반응은 전형적이다. 그는 부산항에 도착하면서 부두 노동자들의 헤진 옷과 씻지 않은 몸, 그리고 먹고 있는 음식에서 나는 고약한 냄새들을 언급하며 "이들과 이들의 나라를 지키고자 하는 마음은 내게 조금도 없다. 이들도 역시 우리를 환영하는 것처럼 보이지 않는다"(Flood 32)라며 한국인과 거리를 둔다. 후에 그는 전장에서 "나는 여기 오지 않아도 되는데, 여기 있기에는 너무 아까워"라며 한탄한다. 이들은 한국인을 자신들과 별개의 감정을 지닌 타자로 보았는데 한 병사는 한국 사람은 사람이 죽어도 아무런 감정도 느끼지 않을 것이라는 생각까지 할 정도였다(Flood 40).

미군들은 본국에서 아시아인들에 대해 품었던 기존의 편견을 한국을 바라보는 데 대부분 적용시킨다. 사실 미국인은 한국인과 다른 아시아인을 구태여 구분하지 않았으며 아시아에 대한 지식은 거의 전무한 형편이었다. 해병을 상대하는 이동 매춘 트럭 이야기를 다루고

있는 『그동안 전선에서는』(Meanwhile, Back at the Front, 1961)의 표지 그림에서 한국 여성이 기모노를 입고 있는 모습으로, 『죽음과 희롱하는 자들』에는 울부짖는 베트남 아이와 여인의 모습이 그려져 있는 데서 그 단적인 예를 찾을 수 있다. 2차대전에서 미군이 독일군과 일본군을 보는 눈은 각기 달랐는데 아시아인에 대한 적대감이 확연하게 드러났다. "일본 포로를 접촉한 미군 병사는 이들을 '죽이고자 하는 감정이 더해졌지만,' 독일 포로를 다룬 미군은 '우리와 같은 사람'과 싸운다는 것이 불행하다고 생각했다"(Keen 43). 소설에서 아시아인은 동물, 특히 원숭이 이미지로 재현된다. 한국전쟁 중에 나온 소설 『손대지 마세요』(Don't Touch Me, 1951)에서 일본에 주둔하는 공군 소령 울포드(Wolford)는 도쿄로 가는 중 일본인들이 사람이 아닌 원숭이처럼 보여 꼬리가 어디에 있을까 하는 의문을 갖는다(Kantor 89). 후에 그는 같은 관점으로 적을 바라본다. 비행기가 추락하면서 조종

사 동료들이 무엇을 생각했는가를 상상하면서 승무원들이 탈출하여 포로가 되어 "침팬지"에게 고문받게 하기보다는 비행기를 충돌시켜 차라리 죽게 하는 것이 더 낫지 않을까 하는 갈등을 했을 것이라고 추측하기도 한다(Kantor 165).

이런 맥락에서 "국"에 함축된 인간 이하라는 경멸적 의미는 『네 사랑하는 아들들』에서 데커(Dekker)가 적이지만 대검으로 어떻게 사람을 찌를 수 있는지 설명할 때 분명하게 드러난다. "그들을 인간이 아니라 국으로 여겼기 때문에 쉽게 한다. 마치 개미처럼 밟아 버리던지, 파리채로 치는 것처럼"(Anderson 140). 더구나 같은 소설에서 맥카시(McCarthy) 하사가 지게를 지고 가는 민간인을 마치 놀이 삼아 조준하여 살해한다. 중대장은 하사 옆에 있었던 교사 출신의 칵스(Cox) 상사가 살인 행위를 제지하지 않은 것에 대해 충격 받는다. 이런 행위가 가능한 것은 칵스가 말한 것처럼 한국인은 "정신 나간 국"이기 때문이다. 『그레샴의 전쟁』에서도 오락적 가학이 반복된다. 원주까지 주류를 운반하는 기차 경비 임무를 받은 해병대원들은 철길 옆을 지나가는 한국인을 향해 술병을 머리에 던지거나 심지어는 초가지붕에 사격해서 불을 지르는 일을 서슴지 않는다.

미군들이 '동물과 같은 수준의' 한국인들에 대해 갖는 우월감은 미군이 카투사(KATUSA)를 보는 관점에서 다시 확인된다. 즉 카투사들이 장소를 가리지 않고 '볼일'을 보는 습성에 대해 여러 번 언급하면서 저들의 의식 수준이 기대 이하이며 마치 동물과 같은 존재, 아이처럼 학습을 시켜야 되는 존재로 묘사한다. 물론 영어를 제대로 하지 못하는 것도 문제가 된다. "말하기 안됐지만 거의 아무도 영어를 말할 수 없었고 아무데서 언제나 용변을 본다. 우리가 애기나 애완동물처럼 훈련시킬 때까지"(Sher 131). 그래서 어떤 소대장은 차라리 카투사를 받지 않겠다고 말하기도 한다.

한국 여인에 대한 태도는 인종차별과 성차별이 같이 어우러지기 때문에 더욱 가혹하며 여성들에게 폭력으로 성적 강요를 하기도 한다. 또 『미군 병사』에서 젖먹이 아이를 옆에 두고 매춘을 하는 여인처럼 다수의 한국 여인이 생존을 위해 몸을 팔고 있다는 온정주의적 입장을 보이기도 한다. 더구나 한국 여인을 일본 여자보다 한 단계 낮은 것으로 취급한다.[18] 매춘 여성의 순애보 같은 사랑에 감동되어 미군이 결혼을 하는 내용을 담은 로버트 크레인(Robert Crane)의 『전투에서 태어난』(Born of Battle, 1962)도 있긴 하지만 한국 여성들에 대한 태도는 『밤을 사수하라』에서 여자들이 더러워 강간할 마음도 생기지 않는다고 말한 것에서 극명하게 드러난다. 『그레샴의 전쟁』에서 이런 태도는 폭력과도 연결된다. 미군의 "전설적 영웅"인 맥스웰(Maxwell)은 "난 국 여자와는 관계를 갖지 않아. 그들에겐 고약한 냄새가 나지. 모든 국들은 고약한 냄새가 나. 마늘, 고추… 정말 예쁜 여자는 내 것을 빨게나 하지"(Crawford 127)라고 선언하며 술집에 가서는 여자의 머리채를 잡아 얼굴을 사타구니에 대고 개나 고양이 다루듯이 이렇게 강요한다. "이것을 먹어, 국, 이것을 핥아"(Crawford 132). 다른 소설에선 어린 소녀와 관계를 가진 병사는 자신이 군종 신부에게 고해를 해야 한다고 말하면서 "돼지" 같은 한국 여자를 욕망한 다음 본국에서 관계를 가졌던 "예쁘고 점잖은"(Lynch 167) 여자들을 그리는 것이 구역질나고 부끄럽다고 외친다. 즉 이들이 도덕적 순결을 지키지 않아 고해를 해야 하는 것이 아니라 자신들의 욕망의 상대로

---

18 "이 마을의 매춘부들과 향수 냄새를 풍기는 예쁜 일본 여자와 비교할 생각은 하지 말게나"(Lynch 158).

한국 여자와 미국 여자를 동등하게 간주했다는 것이 문제가 된다는 점이다. 미군들이 한국 여자와 비교해서 자국 여자를 바라보는 눈은 군병원의 간호장교를 보는 데에서 드러난다. "그들은 진정 여자였다. 그리고 백인이며 미국인, 우리가 기대할 수 있는 최고의 것은 이들과의 잠자리일 것이다(McAller & Dickson 117). 그러나 결국 미국 여자들도 이들에게는 성적 대상으로 존재할 따름이다.

한국전쟁 소설에서 지식 여성 역시 매춘과 연관된다. 그리고 이들 매춘 여성에게는 미국뿐만 아니라 미국인의 몸도 동경의 대상이 된다. 『여보게, 조심하게나』(Stay Safe, Buddy, 2003)에서는 아시아에서 가장 큰 여자 대학의 총장이 술집 마담 동(Madam Dong)으로 등장한다. 한국을 구원해주는 미군에 감사하는 그녀는 "언젠가 포주가 아닌 학자로서" 미국에 가고 싶다는 욕망을 표현한다(Cheek 105). 그리고 그 학교 음악과 학생은 성을 파는 접대 여성으로 등장한다. 미군들은 한국 여성들의 생활 습관이 미국과 다른 것을 경멸하면서도 동시에 신체적으로 닮으려고 애를 쓰는 것에 조소를 보낸다. "여기 매춘부는 겨드랑이에 3피트나 되는 털이 나있어. 어두운데 환하게 드러나지"(Morrissey 145). 미군들은 한국인들을 포함한 동양인들을 경멸적으로 말할 때 "치켜 올라간 눈"이라는 신체 특징을 주로 언급하는데[19] 매춘부들이 서양 여자의 눈처럼 둥글게 보이기 위한 화장을 언급한다(Crawford 129).

주목할 점은 마담 동처럼 미군에 대해 고마움을 표하는 한국인이 소설에 등장하는 경우는 거의 없고 『한 번 이상의 삶』의 해리처럼 미

---

19 일본에 휴가를 간 미군 병사는 일본 여자에게 '치켜 올라간 눈'과 '성기'의 모습이 같은지에 대해 묻기도 한다(McAller & Dickson 204).

군들은 한국인들이 자신들을 탐탁하게 바라보지 않고 있거나 혹은 증오하고 있다고 생각한다. 미군이 한국 땅에 있는 것을 한국인들이 원치 않는다고 생각하는 어떤 미군은 자신들이 한국인들을 돕기는커녕 고통을 주고 있다고 여긴다(Hickey 65). 특히 한국인들은 돌을 던져 눈물을 흘리게 한 미군 포로를 보며 웃는, 즉 고통을 즐기는 가학적인 사람들로 나타난다.[20] 때로는 대학생들이 플래카드를 들고 반미 시위를 하는 장면도 나오는데(Cheek 192) 이런 비사실적인 묘사는 물론 80년대 이후 한국의 반미정서나 베트남전쟁 소설을 반영하기 때문이다.

초기 소설에서도 미군들은 한국 통역자들이 자신들을 비판적으로 바라보고 있음을 뚜렷하게 인식하고 있다. 그리고 여러 소설에서 한국인 특히 통역병의 관점을 포함시키고 있다. 『형제들의 무리』에서 최원국의 경우 상당히 흥미로운 면을 보인다. 미군들은 저항적이고 비판적인 그래서 자신들의 신경을 건드리는 그가 전에 배속되었던 통역병과 다름을 인정한다. "전에는 우리에게 험한 말을 하지 않는 명랑하고 괜찮은 사람들이었는데… 아마도 영화 속에 나오는 미소 짓고 머리를 조아리는 겸손한 동양인의 틀에 그가 맞기를 우리가 기대하기 때문일 수도 있어"라는 정확한 판단을 내리면서 최의 말이 상당 부분 일리가 있음도 인정한다(Frankel 39). 최는 미군이 한국인을 '국'으로 부르면서 인간 이하로 취급하는데 어떻게 이들에게 미군에 대한 존경심을 기대하느냐고 분노한다. 그러면서 보통 한국인들은 미군과 중공군과의 차이를 느끼지 못하며 내일 자신들을 누가 지배할지 모르기 때문에 생명의 위협을 무릅 쓰고 정보를 제공하지 않을 것

---

20 이와는 대조적으로 『판문점으로의 여정』에서 평양에서 미군 포로에게 음식과 담배까지 건네주는 북한 주민의 친절에 관한 이야기가 나와 주목된다. 저자인 쏘린은 포로 생활을 하였기 때문에 이 기록은 실제 일어난 일로 여겨진다(Thorin 27-28).

이라는 충고한다. 아리스토텔레스를 인용하는 철학적 사고를 하는 최이지만 미국에 대한 그의 비판은 피상적인 것으로 드러난다. 이 소설에서 중공군의 포위망을 뚫고 나오면서 중대장 패트릭은 미국을 강하게 만든 여러 특성들이 상실된 것이 아니라 단지 잠복해 있을 뿐이라고 생각하며 최가 부인한 미국의 가치를 강하게 재확인한다.

미군들은 한국인이나 한국 병사들을 "국"이라는 부류로 단순하게 내려 보는 정도가 아니라 때로는 증오까지 한다. 『흠 없는 명예』(Honor Clean, 2002)는 "국"이란 말에 증오가 담겨있었다고 말하고 있다(Barry 246). 미군이 한국인들에 대한 증오를 폭발시킨 소설도 있다. 반전 소설인『죽음과 희롱하는 자들』은 병사들이 마을에 가서 집에 수류탄을 던져 사람을 몰살시키고 심지어는 여자의 가슴을 베고 다리 사이로 막대기를 집어넣는 한국판 '밀라이'(My Lai) 학살 사건을 재연한다. 미 해병이 생존을 위해 몸을 파는 아낙네와 섹스를 하던 중 몰아닥친 한국 청년들에게 맞아 죽자 대대장 키트리지(Kittredge)가 직접 복수를 부추긴 결과이다. 대대장의 언동에 항의하는 중대장 미첼(Mitchell)에게 그는 병사들이 한국인들을 증오한다는 것을 지적한다. "병사들의 자연스런 감정을 표출하도록 풀어 두게. 이들은 한국인들을 어쨌든 증오하잖아"(Sidney 98).

한국인들에게 대한 이런 증오는 한국전쟁 소설에서 가장 흔하게 나오는 국군의 전투력과 한국인에 대한 미군들의 불신과도 관련이 있다. 미군들은 민간인이나 국군을 도둑으로 보았다. 전입한 신병에게 병사는 농담조로 "어떤 것도 그냥 놔두면 안 돼. 세계 최고의 도둑들이 여기 있기 때문이지"라고 경고한다(Morrissey 145). 심지어는 국군 병사가 미군 막사에서 군화를 훔치다가 들켜서 얻어맞기도 한다(Cheek 238). "국"이란 단어를 전혀 사용하고 있지 않은 여성 작가가 쓴 작품에서도 "한국 소년들 일부는 손에 닿는 것은 모두 훔치는 데 일본에서는 거의 도둑이 없다"라고 할 정도이다(Engle 90).

자신의 나라를 지켜야 하는 국군이 정작 전투에서 도주하여 미군의 측면을 노출시켜 위태롭게 하는 행위에 대한 미군의 경멸과 분노는 더욱 빈번하게 나타난다. 『미군 병사』에서는 한 병사가 국군이 아무런 쓸모가 없다고 말하자 다른 병사가 "국"에게 무엇을 기대하느냐고 되묻는다(Lynch 124). 국군이 승선한 배에서 미 해군 병사는 미군 사이에 널리 퍼진 생각을 직접적으로 드러낸다. "이것이 수병들과 한국군과의 첫 번째 대면이었는데 이들은 전선을 이탈해 미군들의 측면을 노출시키는 나쁜 평판을 갖고 있었다"(Custer 104). 미군들은 단지 국군에게 경멸 어린 시선만 던지지 않았다. 다른 소설에서는 중공군 공격에 국군들이 총을 버리고 항복하자 미군들이 국군에게 사격을 가하며, 또 미군을 지나쳐 도망치는 국군을 사살한다(Sidney 139). 미군들은 한국군에 대한 신뢰는 끝이 났다고 여기며 이들이 꼬리를 돌려 도주해 전선이 뚫린 것에 분노한다. 도주하는 국군을 사살하는 미군의 모습은 드문 일은 아니고 여기에는 한국인 통역병도 같이 참여한다. 『죽음과 희롱하는 자들』에서는 중공군의 공격으로 인해 국군이 진지를 이탈하면 미군이 투입되어 저지하는 모습이 반복된다. 여기서도 미 해병대에 배속된 통역병 안은 후퇴하는 국군 소대장을 만류하지만 그가 병사들을 따라 달려가자 총으로 쏜다(Sidney 139). 『흠 없는 명예』에서는 부대 명칭까지 구체적으로 거명하며 빈약한 전투의지를 질타하기도 한다(Barry 131). 더욱이 단순한 비겁함뿐만 아니라 무책임한 존재로도 나타난다. 『한 번 이상의 삶』에서는 국군이 통보도 없이 비밀리에 후퇴를 할 경우를 대비하는 미군의 모습이 나오며(Flood 77) 다른 소설에서는 진지를 인계할 때 지뢰 지역도 제대로 표시하지 않아 미군이 사망하는 데에 대한 분노를 표출한다(Crawford 182). 더구나 한국군은 진실과는 상관없이 상대방이 듣고 싶어 하는 말만 하기 때문에 생각이 있는 사람이라면 이들을 신뢰할 수 없다고 단언한다(Brady 89).

신뢰의 문제뿐만 아니라 미군들은 미군에 배속된 카투사, 통역병또는 하우스보이도 얼마든지 적으로 변할 수 있다고 의심하기 때문에 이들의 존재에 불안감을 보이며 움직임조차 감시하기도 한다. 이런 불신이 극단적으로 드러난 경우는 『그레샴의 전쟁』(Gresham's War, 1968)에 나온다. 이 소설에서 주인공은 자신의 부대에 배속된 통역병 김에 대한 경멸과 의심을 적나라하게 나타낸다. 김뿐만 아니라 한국인에 대한 혐오감은 주로 냄새를 통해 드러내는데 여기서도 그에게 "마늘과 고추냄새 같은 것이 그에게만 독특한 땀 냄새와 어울려 난다"고 말한다(Crawford 19). 이들이 포로를 잡기 위해 작전을 나갔을 때 김이 방향을 이야기하자 기분이 상한 그는 김을 위협하고 후에 그의 입을 벌리지 못하게 막는다. 중공군과 부닥치게 되자 김이 배신을 할까 두려워해 결국 손까지 묶은 다음 살해해 버린다. 미군들의 하우스보이가 적의 첩자로 밝혀지는 내용을 담은 소설도 있어 한국인들에 대해 품고 있었던 불신을 엿볼 수 있다. 『성상』(The Ikon, 1961)에서 한 병사는 이렇게 설명한다. "어떤 대령의 열두 살 된 하우스보이가 최고 공산 스파이로 드러나기도 했어. 정말 알 수 없지"(Barbeau 56). 또 『번쩍이는 갑옷 기사들』에서도 하우스보이 조이(Joy)가 수류탄을 던져 병사를 죽이고, 전선을 대치하고 있는 중공군과 내통하여 전등을 돌리다가 발각되어 처형당하고, 『형제들의 무리』에서는 하우스보이가 중공군과 전투를 벌이는 중에 작전 지도를 전달하고 돌아오는 등의 비현실적 내용을 담고 있다.

주목할 것은 우리를 바라보는 관점에 있어 백인 작가들과 소수 민족 작가 사이에 분명한 괴리가 존재한다는 점이다. 즉 치카노 (Chicano) 출신 작가나 흑인 장교 출신 작가가 쓴 소설에선 국군과 한 국인에 대해 긍정적인 면을 부각시키면서 동병상련의 감정을 보인 다. 일기 형식으로 기술된 『무익한 종』(The Useless Servants, 1993)에서 텍사스(Texas) 출신인 로란도 이노호사(Rolando Hinojosa)는 국군이 탱 크도 없이 그리고 빈약한 포병으로 힘든 전투를 잘 하고 있다고 생각 한다. 국군에 대한 미군들의 불평은 인종차별에서 오는 것이라는 견 해를 밝힌다(Hinojosa 36). 인종차별을 직접 느끼는 그는 흑인 병사에 게도 연민을 갖는다. 『교착된 판문점』은 미군 내의 인종차별에 강하 게 저항하는 내용을 담고 있는데 흑인 소대장 브룩스(Brooks)는 대대 관측초소에 근무하는 카투사를 교체하라는 육사 출신 중대장의 명령 에 이 병사가 임무를 충실히 수행하고 있다고 판단하여 끝까지 저항 한다. 앞서 그는 미군의 인종차별적 행위에 대해 이렇게 비판한다. "우리는 민주주의를 수호하기 위해 여기 와있다. 그러나 이 사람들에 대한 대우는 이 원칙과는 완전히 어긋난다. 한국인들은 나무를 자르 고 호를 파고 탄약을 나르고 지뢰를 제거한다. 지금, 이들은 또한 장 교들의 하인이기도 하다. 지금 이런 지위가 백인이 아니기 때문에 그 런 것인지 의심스럽다"(Walker 70). 드물게도 백인 작가 역시 한국인 의 존재에 대한 긍정적 인식을 하는 경향도 보인다. 『승리도 패배도 없이』에서는 카투사들이 초기와는 달리 전투를 이탈하지 않고 제 역 할을 하고 있다고 인정하며 한국인들을 업신여기는 자신들을 카투사 들이 이상스레 생각할 것이라고 추측한다(Sayers 44).

5. 노근리 사건을 보는 눈

『흠 없는 명예』는 노근리 사건에 대한 AP 보도나 다른 민간인 학살 사건을 바라보는 참전용사들의 대표적 관점을 보여준다. 이 소설에서 각기 교수와 형사가 된 두 해병 참전용사는 피해자들이 배상을 청구한 것에 분개하면서 오히려 생명을 바쳐 한국의 자유와 민주주의를 지킨 자신들의 고통에 대한 대가를 한국 정부에게 요구할 권리가 있다고 믿는다. 이들은 전쟁 초기 전투준비가 되어 있지 않은 상황에서 미군이 한국전에 투입되어 북한군에게 몰리면서 극도의 절망적 상황에 봉착해 있었음을 지적한다. 이들은 취재 기자에게 전장에서 느끼는 죽음에 대한 공포를 상상할 수 있는지 되물으면서 참전병사들의 유일한 절대 명제는 생존이었음을 강조한다. 그리고 현재 그 학살을 고백하는 자들은 당시와 시공간적인 거리를 둔 지금, 전쟁의 가장 추한 본질을 감춘 선별적인 말을 전달하고 있다고 공격한다. 그리고 그때의 지옥과 같은 전장 상황에선 자신들도 그렇게 행동했을 것이라고 적극적인 옹호를 한다. 더구나 이들은 중공군이 진입해서 본격적인 살상이 시작된 것을 용서할 수 없는 범죄로 주장하며 그중 미군 사상자가 다수였음을 지적한다. 또 자신들의 죄는 베트남 참전용사와는 달리 불평하지 않은 채 너무 오래 동안 침묵한 것이라고 말한다. 이 소설에서 주인공들이 직접 체험한 피난민과 섞인 적과 총격전을 벌이는 가운데 양민이 살상당한 "보흥리" 사건을 다루면서 같은 맥락에서 노근리 사건이 일어났음을 암시한다.

그러나 한국전쟁 소설 전체를 통해 볼 때 이런 상황적인 논리 말고도 원치 않는 전쟁에 오직 명령에 의해 참전하여 정치적 목표에 극도로 무관심한 병사들이 자신의 생존에만 집착한 점, 또한 "신이 저버린

땅"의 군인과 민간인을 "국"으로 바라보는 경멸 어린 시선도 이 사건의 근저에 분명 깔려있음을 알 수 있다. 그러면서 자신들을 사로잡았던 극도의 절망감과 좌절 또한 이 사건의 단초가 되었음에 분명하다.

한국전쟁 포로소설과
젠더, 모성주의, 국가안보

1. 한국전쟁 포로소설과 프로이트

한국전쟁 포로소설에서 독자에게 흥미롭게 눈에 띠는 것은 미국문화에 대한 날선 비판과 더불어 프로이트적인(Freudian) 사건이 서사에 반복되는 점이다. 왜 포로소설에 전쟁과 걸맞지 않는 근친상간, 오이디푸스(Oedipus) 욕망이 개입되었는가에 대한 문제 제기가 이 글의 출발점이다. 1950, 60년대의 프로이트에 대한 관심은 한국전쟁 포로소설에만 국한된 것이 아니었다. 당대 미국 지성계에서는 백인 남성성에 대한 음울한 관점이 대세를 이루고 있었다. 특히 남성 자아(self)라는 가부장적 주체가 사회의 변화, 집단, 모성주의(Momism), 대중문화라는 거대한 힘에 압도되어 위기를 맞고 있다고 인식되었다.[1] 자아라는 개념을 다층적으로 접근하기 위해서는 정신 분석이라는 이론 도구의 활용 또한 필수적이기 때문에 프로이트의 출몰은 꽤 자연스럽

---

1   Arthur M. Schlesinger Jr., The Vital Center: The Politics of Freedom (New Brunswick, NJ: Transaction Press, 1949; 1988)에서 이 문제를 다루고 있다. K.A. Cuordlieone, Manhood and American Political Culture in the Cold War (New York: Routledge, 2005)의 1장 "Postwar Liberalism and the Crisis of Liberal Masculinity"는 슬레신저가 제기하는 문제를 잘 설명하고 있다.

다. 1950년대가 자아라는 개념에 더욱 집착하게 된 것도 시대 변화와 맞물린다. 1940년대에는 미국의 경제 대공황으로 인해 지식인들은 계급, 빈곤, 착취, 사회 정의와 같은 거대 담론에 골몰할 수밖에 없었을 것이다. 그리고 2차대전이 끝난 후에 호전된 경제로 인해 사회에 만연된 소비주의, 물질주의, 레저 생활 등이 개인에게 가하는 폐해에 대한 성찰 또한 시대의 필연적 흐름이었다. 미국 사회에는 남성들이 풍요로운 삶이 제공하는 편안함과 편리함에 익숙할수록 순응적이 되어 '견실한 야생적 자아'를 상실하게 될지 모른다는 우려가 팽배하였다. 더 주목할 것은 전쟁 전후 미국 여성의 지위 변화가 뚜렷해서 가부장적 남성 질서가 도전받고 있다는 점이었다. 즉 2차대전으로 인해 여성이 노동인력으로 편입되고 공장뿐만 아니라 사무직까지 진출하여 전통적인 남성의 역할을 대체하면서 전쟁에서 돌아온 남성들의 영역을 위협하였다. 적극적 사회 진출로 인한 여성 권력의 부상으로 남성들은 가부장적 권위의 누수를 실감하기 시작했으며 여성과 자녀가 자신들의 통제에서 벗어나고 있음을 인식하게 되었다. 더구나 참전한 흑인 남성들이 "제대군인 원호법"(GI Bill)을 통해 대학 교육을 받을 기회와 가능성을 얻게 되면서 백인 남성들의 위기의식과 불안은 더욱 심화되었다(Oliver xiii-xiv). 이런 백인 남성의 가부장적 권위의 와해와 관련된 남성성의 위기에 대한 반응이 전쟁포로 소설과 누아르(noir) 영화에서 프로이트적인 시각으로 다루어진 셈이다.

이런 흐름과 맞물려 한국전쟁 포로소설은 구체적인 정치적 사건들을 반영하는데 한국전쟁은 미국민들에게 "추위," "장진호전투," "맥아더 장군"뿐만 아니라 "포로" 그리고 "세뇌"라는 이미지를 강렬하게 부각시켰다. 이 포로/세뇌 이미지는 1953년 7월 휴전 전후에 이루어진 포로 교환에서 21명의 미군 포로가 본국 송환을 거부하고 중공행을 결정함으로써 미국 사회에 가한 큰 충격에서 비롯되었다. 『배신자』(The Turncoat, 1976)에서 미국 관리는 미군 포로 출신으로 중공에 거주한 후 귀환을 결심한 호오쏜(Hawthorne)에게 당대 미국인들의 놀라움을 전한다. "자네가 1953년에 중공으로 가자 나라가 크게 격앙되었다네. 자네가 처음이었고 미국인들을 충격에 빠트렸지. 어떻게 미국 청년이 조국보다 중공을 택했는지 어느 누구도 이해할 수 없었다네"(18). 따라서 '포로'의 이미지는 적에게 저항을 하는 전통적인 영웅의 표상이 아니라 적에게 세뇌되어 협조하거나, 적국에 남기로 결정한 배신자와 같은 부정적인 인식과 결합되었다. 사실 미국처럼 국가적 정체성에 예외적인 가치를 부여하는 나라는 찾기 힘들 것이다. 1630년 아벨라(Arbella) 선상에서 청교도 지도자인 존 윈쓰롭(John Winthrop)이 새로운 정착지를 "산 위의 도시"(a city upon hill)로 규정하면서 "세상의 빛"이라는 신약성서의 개념을 적용하여 우월적 정체성을 부여하였고, 이 독특한 예외성은 케네디나 레이건 대통령을 통해 미국 정치에서도 지속적으로 강조되었다. 이런 자부심 넘치는 전통에서 '야만적인' 중공을 선택한 미군의 존재를 인정할 수 없었을 것이다.[2] 더욱이 탐 엥글하트(Tom Engelhardt)가 언급한 대로 한국전쟁은 미군이 "국"(gook)이라 호칭하는 인간아래의 적과의 전쟁에서 2차대전에 비할 수 있는 대규모 물적, 인적 자원을 투입하고도 승리를 거두지 못한 최초의 전쟁이라는 점에서 미국민들에게 큰 실망을 안겨주었기 때문에 포로들의 예기치 못한 행위는 더욱 부각되었다 (Engelhardt 63-65).

---

2   『밤』(Night, 1961)에서 중공군 장교는 자신들이 "야만인"이 아님을 지속적으로 강조하는데(Pollini 18) 이는 미국인들이 자신들을 어떻게 바라보는지 인식하고 있음을 드러낸다.

포로들의 배신과 굴복은 미국 사회로 하여금 자신들의 교육과 문화에 관한 비판적 성찰을 하게 만들었는데 『화염의 계곡』(Valley of Fire, 1964)은 미국 청년들이 과연 의미 있는 삶을 살았는지에 대한 의문을 제기한다. "D수용소에서 [최초 5개월 동안 사망한] 312명의 미군 병사들 중 아마 50여 명은 그들의 짧은 삶 동안 미국이라는 온실 기후 밖에서 살 수 있는 힘이 되는 어떤 가치를 찾거나 받지 못했기 때문이다. 312명의 미군 병사들, 대다수가 20세 미만인 이들은 진정한 삶을 살지 못했기 때문이다"(159). 이처럼 "온실 속" 미국 청년들의 "진정한" 삶이 사회적 문제로 부각되어 치열한 논쟁이 전개되었다.[3] 그리고 이 논쟁의 핵심에 자녀와 남편에 대한 과보호와 과잉지배로 대변되는 이른바 "모성주의"가 자리 잡고 있다.[4] 이 모성주의는 남성의 주체적 자아의 형성에 대한 어머니의 역할과 관련하여 오이디푸스 콤플렉스(complex), 근친상간 등 프로이트의 개념을 적용하고 있기 때문에 한국전쟁 포로소설과 프로이트가 연결되는 것이다. 이 글은 『꼭두각시』(The Manchurian Candidate, 1959), 『밤』(Night, 1960), 『배신자』, 『화염의 계곡』과 같은 한국전쟁 포로소설을 중심으로 1950, 60년대의 미국문화와 맞물린 남성성, 성애, 모성주의의 관계를 구명할 것이다. 특히 성애, 젠더와 같은 사적 영역과 정치, 국가안보의 공적 영역

---

3 한 연구에 의하면 70% 정도가 적에 협조한 것으로 나타났다(Engelhardt 65). 실제 미 육군 연구 보고서는 미군 전쟁포로들이 영국군 그리고 터키군 포로에 비교될 수 없는데 그 원인을 "어린 시절과 사춘기의 어떤 실패--새로운 유약함"에서 찾았다. Eugene Kinkead, "The Study of Something New in History." New Yorker 26 (October 1957) 114. Beverly Merrill Kelley, Reelpolitik II: Political Ideologies in '50s and '60 Films (Rowman & Littlefield Pub. New York, 2004) 225 재인용.

4 윌리엄 E 메이어(William E Mayer) 소령은 미군 포로들이 약한 모습을 "군림하는 어머니" 탓으로 돌렸다. "Why Did Many GI Captives Cave In?" U.S. News and World Report, February 24, 1956, 60-65. Kelley 225 재인용.

과의 갈등 내지, 경계의 붕괴가 작품에서 어떤 방식으로 재현되고 있는지에 초점을 맞춘다.

2. 대중문화, 세뇌 그리고 모성주의

1950, 60년대의 공산주의 세뇌에 대한 두려움은 대중문화가 수동적인 태도를 심어 준다는 믿음과 연결된다. 그리고 이 수동성을 여성성의 특성으로 연결시키면서 남성성의 '오염'을 걱정하고 있는데 결국 남성의 여성화에 대한 불안감을 반영하고 있는 것이다. 『화염의 계곡』에서 미군 포로들은 "연약하고 썩은" 병사들로 평가 절하되고 있다(182). 이런 유약한 미국의 젊은이들이 왜 생겨났는가에 대해 『밤』에서 중공군 포로 심문자 칭(Ching)은 대중 연예 문화의 범람에 대한 폐해를 먼저 언급한다.

> 미국인들은 어린아이 같거나 기껏해야 청소년 수준의 대중오락과 부패하고 냉소적인 대중 광고의 쇄도에 묻혀있다. 대중 광고의 문화는 그것 자체에 유혹되어 깊고 위험한 무지에 빠져있다. 자유로운 개인, 자유는 신화에 불과하고 현실은 지구상에서 가장 압박받는 국민에 불과하다. 대중 광고에 숨이 막힐 지경이다. 그들은 아무것도 모르고, 아무것도 느끼지 못하며, 삶의 진리에 관해 아무것도 생각하지 않는다. 무척이나 조잡한 정신 상태이다. (155)

중공군의 입을 빌었지만 이 견해는 당대 미국 지성계의 대중문화에 대한 관점을 대변한다. 할리우드 영화와 더불어 맥도날드 햄버거, 디즈니랜드의 등장, 그리고 홍수같이 안방에 파고드는 텔레비전 프로그램은 당대 지성인의 반감과 거부를 불러 일으켰다. 이들에게 대중문화는 곧 앞선 글에 함축되었듯이 주체적 자아의 실종, 지배질서에 대한 순응, 저급함, 무지, 상업주의의 상징이었다.[5] 이런 물질적이고도 타락한 대중문화에 대한 저항은 당대 미국 문학에서도 발견되는데 1950년대의 대표 작가 샐린저(J. D. Salinger)의 『호밀밭의 파수꾼』(The Catcher in the Rye, 1951)에서도 노골적으로 드러난다. 『화염의 계곡』은 주체적 자아의 실종과 공산주의의 세뇌를 연결시킨다.

> D수용소의 병사들은 정신적인 개념 혹은 정치적 이념보다는 세속적인 가치를 받아들이도록 길들여져 왔다. 그들은 미국에서 권력에 복종했는데 그것이 늘 그래왔던 방식이었기 때문이었다. 어느 누구도 왜 복종을 해야 하는지 그 뚜렷한 이유를 이해하지 못한 채였다. 그들 누구도 권리 장전(Bill of Rights)이 무엇인지 중공군 정치장교에게 말할 수 없었다… 마지막에 이들 중 많은 사람들이 남한이 전쟁을 시작했다고 믿게 되었다. (298)

흥미롭게도 1942년 필립 와일리(Phillip Wily)가 여성혐오적인 논쟁적 저서, 『독사의 자식들』(Generation of Vipers, 1942)에서 라디오나 TV가 남자들을 여성화된 바보로 만든다고 주장한 데서(Wily 214) 알 수 있듯이 새롭게 등장한 전자 매체가 남성들을 거세시키는 무기로 인식되고 있음이 주목된다. 특히 텔레비전이 "남성성을 오염시키고 남자들로 하여금 여성성이란 질병으로 아프게 하며 … 가부장적 고급문화의 이상적인 규범을 망가트리고 '진짜 남자'를 수동적인 가정적인 남자로 만든다"(Spigel 51)고 생각했다. 즉 대중문화를 여성성과 결부시

---

5 『배신자』에서 중공군 포로 심문자는 미군 포로들의 저급함을 이렇게 비난한다. "속지 말게나. 외설, 편협, 옹졸함, 그리고 애국에 관한 시끄러운 헛소리는 용기나 남자다움 혹은 미국인이라는 것과는 아무 상관이 없다네"(Lynn 191).

켜 이 둘을 비하시키는 가부장적인 견해가 근저에 깔려 있는 셈이다. 실제 당대의 미국인들은 상업 광고의 성장, 대중 매체의 확산에 따른 위험성을 경고받고 있었고[6] 이런 인식이 『화염의 계곡』과 『밤』 같은 한국전쟁 포로소설에도 투영된 셈이다. 『꼭두각시』에선 미디어 노출에 집착하고 있는 세태를 기자의 반응을 통해 꼬집는다. 명예무공훈장(Medal of Honor)을 수여받는 레이먼드(Raymond)가 공항에서 자신의 사진을 촬영하려는 기자에게 "그만둬"라고 소리치자 기자는 "지금 시대는 성범죄자나 마약거래상 같은 사람만이 사진 찍기를 거부하는 세상인데"(3)라고 당혹스러워 한다.

특히 『꼭두각시』는 TV나 미디어를 통해 형성/세뇌되는 미국인들의 인식을 구체적으로 다루는데 특히 이 대중 조작의 뒤편에 여성권력이 존재하고 있음을 강조하면서 여성화된 대중 매체 권력에 대한 두려움을 은연중 내비치고 있다. 아이슬린(Iselin) 부인은 백악관에서 훈장을 받는 레이먼드의 뺨에 침이 "질질 흘리게" 키스를 하면서 남편에게 아들의 손을 흔들라고 외친다(61). 더불어 부인이 남편을 부각시키기 위해 레이먼드의 머리 위에 "자니(Johnny) 아이슬린의 아들"이라는 깃발을 들었지만 정작 신문 사진에는 대통령 이마 위에 그 깃발이 나오면서 미디어 조작의 간계가 폭로된다. 가장 극적인 장면은 상원의원인 남편이 부인의 지시대로 TV 프로그램에 출연하여 국방부에 침투한 공산주의자의 숫자를 날조하여 발표할 때이다. 이 흑색선동은 미국 정계에서 주목받지 못했던 아이슬린이 언론의 화려한 조명을 받으면서 부통령 후보까지 진출하게 되는 전환점이다. 주목

---

6 이 문제에 관한 대표적 저서는 다음과 같다. Vance Packard, The Hidden Persuaders (New York: Pocket Books, 1957)

할 점은 그가 허위 사실을 주장할 때 사람들은 실제 공산주의자가 정부에 침투해있는지에 대한 의문을 제기하거나 관심을 갖는 대신 제시된 거짓 숫자를 갖고 법석을 떨며 그의 날조를 일방적으로 수용하는 것이다. 숫자조차 수시로 바꾸는 아이슬린이 정치판에서 생존할 수 있는 것은 부인이 지적한 대로 "미국인들은 생각만 하면 두통이 생겨 피하려"(131) 하는 성향 때문이다. 이처럼 『꼭두각시』는 사고를 하기 싫어하는, 주체적 자아를 상실하여 '세뇌'가 가능한 미국인들을 노골적으로 조롱하면서 『화염의 계곡』과 『밤』과 동일한 시각을 공유한다.

앞서 언급한 대로 와일리는 미국 남성성의 약화의 원인을 대중문화와 결합된 "모성주의"라고 부르는 '부자연스런' 여성 권력에서 찾았다. 그리고 『독사의 자식들』에서 상원의원의 경우처럼 중년의 아내에게 조종당하는 남성들의 모습을 극단화시켜 제시하였다. 그는 5장 「평범한 여성」(Common Woman)에서 과중한 가사노동에서 벗어난 중년 여성들이 가정에서 과도한 권력을 휘둘러 남편들을 거세하며 자녀 특히 아들을 숨 막히게 하여 정신적으로 옭아매고 있다고 주장한다. 과도한 모성주의 권력과 이로 인해 약화된 남성성은 자연 질서의 역행이며, 남성들의 사회적 권위의 포기는 잠재적으로 재앙을 가져올 수 있다고 보았다. 모성주의는 남편들을 여린 공처가로 만들고 아들에게 성숙하지 못한 정신 상태를 만드는 장애를 가져오게 한다고 설명한다. 따라서 파괴적인 엄마는 남성 자아를 말살시켜 미국 사회를 모계중심 사회로 만들고 있다는 도발적인 주장을 펴고 있다(Wily 184-204). 와일리의 극단적인 주장은 당대의 분명한 흐름이었는데 이런 주장은 다른 잡지에서도 찾을 수 있다. "미국은 모계중심제가 되었다. 여성들이 소유하고 운영한다. 모계중심에서 남성들은 부

드러워졌고 여성들이 남성적이 되었다. 남성을 위한 부엌 노예가 되
길 거부하거나, 인큐베이터가 되고 싶지 않은 자족적인 여성은 포식
적인 여성 동성애자에게 쉽게 속아 넘어간다."[7]

와일리의 모성주의가 극명하게 드러나는 장면은 『꼭두각시』에서
국방부에 침투한 공산주의자들의 숫자를 매번 바꾸어 제발 자기를
바보처럼 만들지 말라는 상원의원 남편의 불평에 대해 부인이 일갈
할 때이다. "갑작스레 당신이 무언가를 알고 말하는 망할 놈의 전문
가인양 보여주고 싶은 거요"(130). 아내의 손아귀에서 거세당한 그는
공식석상뿐만 아니라 일상생활이나 언어까지도 아내에게 지배당하
고 심지어는 폭력의 희생자가 된다. "그는 아내에게 호되게 야단맞을
것임을 알고 있었고 실제 그랬었다. 그날 밤 집에 돌아왔을 때 아내
는 그를 보자 아주 흥분했고 그는 자신을 보호하고 아내가 뭉툭한 물
건으로 때리는 것을 막기 위해…"(132). "레이먼드의 어머니에 의해
주문 제작"되는 그에겐 공적 영역이란 아예 존재하지 않는다(91). 이
런 억압적인 아내와의 결혼 생활은 말 그대로 거세당한 남자로서 심
지어는 성관계조차 갖지 못하는 상황에 이른다. "그들의 파란만장한
삶 동안 레이먼드의 어머니는 자니 아이슬린 위에 대단하게 군림해
왔다… 아마 그녀가 남편을 얼마나 꽉 잡고 있는지에 대한 진실은 쉽
게 인정할 수 없을 것이다. 그 진실은 이들의 결혼이 성적으로 완성
되지 못했다는 점이다. 자니가 레이먼드의 어머니와 관계를 맺으려
할 때 마치 멸종된 파충류 위에 올라타 있는 수컷 나비인 것처럼 발
기불능이 되었다"(70).

7　Lee Mortimer & Jack Leit, U.S.A. Confidential (New York: Crown Publishers, 1952) 46-53. Peter Biskind, Seeing Is Believing (New York: Owl Books, 1983) 274 재인용.

『꼭두각시』처럼 극단적인 경우는 아니지만 남성성의 위기 혹은 남성 헤게모니 상실에 대한 위협은 포로소설 뿐만 아닌 다른 한국전쟁 소설, 『사요나라』(Sayonara, 1953)에서도 확인된다. 뛰어난 공군 조종사인 그루버(Gruver)는 장군의 딸인 에일린(Eileen)과의 결혼을 망설이는데 그 이유는 아버지 웹스터(Webster) 장군의 공적 행위가 부인의 영향력에 의해 지배된다는 소문으로 인해 딸이 어머니와 비슷할지도 모른다는 두려움 때문이다. "솔직히 말하자면 나는 웹스터 부인이 몹시 두렵다. 그리고 지금 그녀의 딸도 결혼하면 같은 성향이 될 것이다." 그러면서 "남자들이 에일린처럼 매력적인 여성을 멀리하도록 만든 그 무엇인가가 미국의 삶에 생겼다"(138)라고 덧붙인다. 소설은 그 "무엇"에 관한 실체를 구체적으로 밝히지 않지만 당대의 독자들은 그것이 모성주의임을 알고 있다. 결국 자신을 "중요한 사람이라고 느끼게 해주는"(17) 일본 여성에 대한 미군들의 욕망에는 미국 여성에 대한 두려움이 깔려 있는 셈이다.

3. 젠더, 성애와 국가안보

『꼭두각시』는 모성주의에 따른 근친상간, 동성애를 포함한 성애가 공산주의 위험, 국가 전복과 함께 엮여 있음을 입증시켜 주는 대표적 텍스트이다. 또한 '정상'이 아닌 가정에서 이 관계가 어떻게 작동되고 있고, 성적 일탈이 정치적, 공적 영역에 속할 수 있음을 입증해준다. 『밤』, 『배신자』, 『화염의 계곡』과 같은 다른 포로 소설에서도 『꼭두각시』와 같은 유사한 정형을 찾을 수 있다는 점에서 모성주의의 영향력을 가늠해 볼 수 있다. 냉전시대에 모성주의와 같은 여

성에 대한 도발적인 견해는 정치성과 깊게 연관이 있다. 모성주의가
공산주의의 위협을 가져오는 유일한 이유는 아니지만 위축된 남성성
은 공산주의와 대결하는 냉전 상황에서 결코 바람직하지 않은 것으
로 여겨진 것은 분명하다. 우선 연약한 남자, 강한 여성을 조장하는
사회에 대한 두려움은 스탈린식의 전체주의적 사회를 바라보는 시선
과도 관련이 있다. 1950년대 『Look』과 같은 대중 잡지에서 공산주
의가 여성성을 앗아가는 것으로 다루어졌는데 크고 튼튼한 여성 노
동자들이 공산주의라는 거대한 기계에서 남성화된 노동력을 제공하
는 것으로 묘사되었다. 또한 여성들의 미를 가꾸는 소비재의 결핍
또한 잡지에서 지적되곤 했다. 남성과 여성의 노동력을 동일시하여
국가의 생산성을 증대시키려는 공산주의는 남성성과 여성성 모두를
지워버리는 것으로 인식되었다. 더불어 공산주의는 남성을 희생시
켜 여성에게 더 많은 권력을 부여하여 젠더 관계를 전복한다는 생각
까지 갖게 만들었다(Cuordlieone 78-79)

　모성주의의 폐해로서 언급되는 근친상간, 동성애는 한국전쟁 포로소
설과 직접적인 관련이 있다. 앞서 언급한 대로 모성주의는 아들의 정신
적, 성적 성숙을 가로막아 유아기적 상태에 머물게 하여 이성에 대한
애정을 가로 막아 동성애자가 되게 하거나 혹은 아들의 애정을 끌어들
여 근친상간을 범하게 한다.[8] 동성애는 당대의 매카시즘(McCarthyism)
의 열풍과 같은 극단적 반공주의를 통해 국가안보와 직접적으로 충돌한

8　1963년 『여성의 신비』에서 베티 프리단(Betty Friedan)은 모성주의가 여성을 집
안으로 구속시키면서 일어나는 폐해로 생겼다고 주장하면서 근친상간과 동성애를 이렇
게 설명한다. "남자의 동성애는 어머니에 대한 금기된 과도한 사랑을 감추고 있다; 모든
여성에 대한 혐오와 반감은 자신을 어른으로 성장하지 못하게 가로막은 한 여자에 대한
반응이다." The Feminine Mystique (New York: Doubleday, 1984) 273-276,
285-287. Cuordileone, 131-132 재인용.

다. 이 시대에 동성애자에 대한 정치적 억압이 최고조에 달했는데 그 억압 논리는 동성애자들은 공산주의자들에게 약점이 잡혀 쉽게 스파이로 이용될 수 있기 때문에 국가기관에서 일하기에 부적합하다는 것이었다.[9] 결국 국가안보가 성애와 젠더의 규범을 규정하였을 뿐더러 사적 영역도 국가의 적들에게 도피할 수 있는 '성역'이 될 수 있다는 이유로 감시의 대상이 된 것이다. 이런 점에서 포로들의 남성성에 관해 의문을 제기하는 것은 당대의 정치적 맥락에선 지극히 자연스런 일이었다. 강력한 가부장적인 '정상'적인 가족 관계가 국가를 전복하려는 세력에 대항할 수 있는 최고의 방어이며 정치적 건강함과 활력을 입증할 수 있다고 생각했기 때문이다.

『꼭두각시』는 처음부터 레이먼드의 젠더와 성애에 관해 여러 암시를 하고 있다. 특히 레이먼드와 아이슬린 부인 사이의 근친상간의 가능성을 강력하게 제시하면서 왜 그가 공산주의자의 조종을 받는 좀비 역할을 할 수 있는지에 대한 원인을 일그러진 가정에서 찾고 있다. 레이먼드 일행이 포로가 된 후 세뇌를 맡은 중국인 옌로(Yen Lo) 박사는 레이먼드가 선택된 이유에 관해 설명한다.

> 레이먼드는 우울하고 과묵한 심리의 사람이다. 그는 절대적 분노로 인해 고통 받고 있다… 레이먼드의 마음은 메말랐다. 그의 결함의 핵심에는 성적, 사회적으로 소심한 성향이 감추어져 있다. 이 성적, 사회적

---

9   이런 편견은 실제 아이젠하워(Eisenhower) 정부가 1953년 동성애자들을 연방정부에서 축출시키는 명령을 내리게 하였다. John D'Emilio and Estelle Freedman, Intimate Matters: A History of Sexuality in America (New York: Harper and Row, 1988) 293. Kevin Ohi, "Of Red Queens and Garden Clubs: The Manchurian Candidate, Cold War Paranoia, and the Historicity of the Homosexual," Camera Obscura 20.1 (2005) 153 재인용.

소심함은 아주 밀접하게 연관되어 있는데 무척이나 엄하고 거만한 얼굴 표정 뒤에 감추어져 있다. 이런 허약한 의지는 다른 이의 의지에 의존하려는 그의 지속적인 필요성과 혼합되었다. (43)

위 글은 레이먼드의 문제가 직간접적으로 동성애와 모성주의로 연결되어 있음을 제시하고 있다. 이미 "C중대의 어느 누구도 레이먼드를 좋아하지 않았다"(25)에서 그의 사회성의 결여를 지적하고 있고 그가 동성애와 관련되어 있음이 곳곳에서 언급되고 있다. 한국의 매춘 집에서 여자를 멀리하는 그를 두고 한 병사가 "[레이먼드]가 동성애자이거나 아주 신앙심이 깊다고"(21) 생각한다. 아이슬린 부인은 아들과 사귀는 조시(Jocie)에게 편지를 보내 아들이 "동성애자이고 타락한"(104) 존재라고 밝힌다. 다른 경우에서 어떤 여자는 직접 "도대체 당신 무슨 문제가 있나요? 당신 동성애자인가요?"(111)라고 묻고 있다. 이처럼 공산주의자나 그 조종을 받을 수 있는 자가 동성애와 의지 박약자로 구체화 되고 그 뒤에는 아들 위에 군림하는 괴물 같은 어머니가 존재한다. 레이먼드의 정신 상태는 레이먼드가 귀국하면서 최면 상태에서 옌로의 지시에 따라 살해한 (작전 중에 전사한 것으로 알고 있는) 에드 마볼(Ed Mavole)의 부모에게 찾아갔을 때 제시된다. 그는 에드가 아닌 자신이 죽었어야 했다고 흐느끼면서 "침대의 베개 위에 누워있는 [마볼] 어머니의 큰 가슴, 자애로운 가슴에 얼굴을 묻었다"(10). 마치 어린아이가 어머니의 젖에 얼굴을 파묻고 우는 듯한 이 묘사는 레이먼드가 아직도 어머니의 영향 아래 있는 상태임을 암시한다.

아이슬린 부인은 아들의 자아 정체성을 왜곡시키는 데 결정적 역할을 함으로써 와이어가 제시한 냉전시대의 모성주의의 공식을 완벽하게 구현하는 인물이다. 그녀는 아들 레이먼드에게 자신이 공산주의자로 몰고 있는 상원의원 조단(Jordan)의 딸 조시와 헤어지도록 강요한다. "지금 우리는 전쟁 중이다. 이 냉전이 점점 심해져 이 나라의 모든 남녀 그리고 어린이까지 의와 자유 편에 속하는지 아니면 토마스 조단의 편에 있는지 자신의 입장을 밝혀야 할 것이야"(102). 또한 어머니의 강요는 그녀의 말대로 "모든 남녀와 어린아이까지 동원되는" 냉전이 격화되는 한 로맨스와 같은 사적 영역조차 공적 영역으로 편입됨을 입증해준다. 자신의 삶을 지배하는 어머니에 대한 아들의 감정은 앞서 언급한 "절대적 분노"이다. 이 분노는 그녀를 죽이고 싶은 충동까지 이끈다. 백악관에서 대통령을 기다리면서 그는 "만약 어디선가 총을 찾아 그녀의 얼굴을 쏜다면" 하는 생각까지 한다. 하지만 어머니에 대한 강렬한 성적 욕망이 아니더라도 그녀의 매력에 대한 숨길 수 없는 양가적 감정이 그를 지배한다.

> 레이먼드는 어머니와 함께 있을 때면 그녀의 미모를 감탄하며 바라보고(gape) 있다는 두려움을 계속 가졌다. 그들이 대화할 때, 만날 때마다 그의 눈은 그녀 피부의 세밀한 곳에 흠이 있는지 살펴보았고, 그녀의 제스처를 평가해보며 무언가 우아함의 상실을 찾으려 했지만 아무 소용이 없었다. (190)

작품에서 아들보다는 어머니가 정상적 가족 관계를 파괴하는 괴물성을 드러낸다. 그리고 이 일탈은 그녀의 어린 시절 아버지와의 근친상간 관계에서 확인된다. 열 살 때부터 여인의 성숙한 가슴을 지닌 그녀가 비 오는 날 느끼는 성적 욕망과 희열이 적나라하게 묘사된다.

그녀는 아주 비밀스럽고 아주 흥분되는 애정을 갖고 아버지를 사랑했고 이것은 다른 이들에 대한 평범한 감정, 모든 다른 사람들, 특히 그녀의 형제에 대한 감정, 어머니에 대한 끈끈함을 뛰어넘은 영원한 것이다. 그녀는 어둠 속에 누워 빗소리를 들었고 아버지가 소리 없이 조용조용 계단을 올라오는 것을 들었다. 그리고 아버지는 다락방의 빗장을 내려 잠갔다. 그녀는 긴 모직 잠옷을 벗고 아버지의 따뜻함과 경이로움을 기다렸다. (73-4)

아이슬린 부인의 일탈은 아들과의 관계까지 연장된다. 레이먼드는 국가에 대한 전복 도구이자 성적 일탈의 대상이기도 하다. 전당대회에서 대통령 후보를 저격하도록 최면을 건 상태에서 어머니는 아들의 얼굴을 잡고 사랑스레 응시하며 말한다. 그리고 어린 시절, 비 오는 날 아버지와의 경험을 재현한다. 바로 그 순간 그녀가 입고 있는 중국식 가운을 통해 공산주의, 오리엔탈리즘, 그리고 근친상간이 결합된다.

정말 네가 아빠처럼 닮았구나. 네가 웃을 때 바로 그 순간 내가 다시 어린 소녀가 되어 기적의 사랑이 다시 시작되는구나. 그래, 그래 지금 키스해 다오. 정말, 정말, 키스를, 그녀의 긴 손가락이 그의 어깨로 파고들어 그를 긴 의자에 있는 자기에게 끌어당겼다. 그녀의 왼쪽 손이 중국 로브를 젖히자 그녀는 아빠를 기억했고 어린 소녀일 때의 다락방에서 빗방울 소리를 기억했다. 그리고 오래전에 상실했던 황홀한 평온을 맛보았다. (290)

이런 강렬한 근친상간의 욕망을 지닌 괴물처럼 된 어머니는 공산주의 위협과 성적 일탈, 가정 파괴가 직접 연관됨을 입증한다. 더불어 부인과 같은 미모의 지적 여성이 공산주의자임을 표방하면서 공산주의의 위협을 근친상간으로 상징화하고 있는 점도 주목할 만하다.

아이슬린 부인의 괴물성은 모성애를 강조할 때 아이러니하게도 더욱 강조된다. 소설은 공산주의 위협을 가정으로 전치시키면서 그 위협을 더욱 강조한다. 레이먼드의 어머니는 가정을 강화시키는 대신 보호받아야 할 가정을 배신의 근거지로 만들어 아들을 죽음으로 내모는 결정적 역할을 한다. 서재에서 어머니가 아들에게 전당대회에서 대통령 후보를 암살하도록 지령을 내릴 때 공산주의 첩자와 어머니의 두 역할에서 그녀가 겪은 갈등이 드러난다.

> 그들이 너를 이렇게 [암살자]로 만들지 정말 몰랐어… 그렇게 해서 나를 자기들에게 더욱 묶어놓으려 했겠지… 내일 이제 반전을 시킬 차례야. 나는 무엇보다도 어머니이고 그 다음에는 미국인이지. 내가 권력을 잡으면 그들을 쓰러뜨려 가루로 만들 거야. 네게 저지른 일과 나를 업신여기며 과소평가한 대가이지. (289-290)

어머니의 권력 욕구는 공산주의 이념을 넘어서는데 그녀는 조작과 음모에 뛰어난 존재로 부각되고 있다. 그녀는 "어머니"의 역을 내세우면서 아들에 대한 자신의 책임을 강조하지만 결과적으로 권력에의 의지를 불태우기 때문에 더욱 부정적으로 투영된다. 그리고 바로 그 순간 앞서 지적한 대로 근친상간의 욕망을 분출하면서 아들에게 키스를 하기 때문에 모성애가 오히려 뒤틀려 버린다. 레이먼드에게 살인지령을 내릴 때 그녀는 아들을 수단으로 삼아 권력을 잡겠다는 욕망을 강하게 부각시키기 때문에 남성화된 여성(부인)이 여성화된 남성(상원의원인 레이먼드)을 지배할 때 국가안보나 사회 질서에 매우 유해함을 보여주면서 사적 영역이 공적 영역으로 확대될 수 있음을 입증한다. 결국 젠더의 권력관계에서 여성이 주도권을 잡을 때 어떤 위험한 결과가 가져오는지 드러내면서 여성 혐오주의를 불러일으킨다.

소설은 세뇌에 의한 허위 공적 때문에 명예 메달을 받은 아들의 총에 의해 사살되는 어머니를 통해 가정 밖으로 나오려고 하는 여성, 그리고 남편과 자식 위에 군림하려 하는 여성에 대한 철저한 응징을 하면서 미국 사회의 가부장적 규범을 재정립한다. 아이러니하게도 국가를 전복하려고 하는 어머니와 양아버지를 처단하면서 그는 진정한 '명예 메달'을 받을 자격이 생긴 셈이다. 더불어 극단적인 반공주의자가 바로 최고의 공산주의라는 역설을 아이슬린 상원의원과 부인을 통해 입증하면서 서사가 종결된다.

다른 전쟁포로 소설에서도 공산주의자들의 세뇌에 넘어가는 미군 포로의 경우 레이먼드와 유사한 성격과 가정 경험을 공유하고 있음이 드러난다. 『꼭두각시』의 주인공과는 달리 이들은 국가안보에 치명적인 존재는 아니지만 모성주의의 영향을 받는 인물이란 점에서 공통점을 갖고 있으면서 동시에 근친상간의 욕망을 두드러지게 보여준다. 『밤』의 경우 포로 심문자 칭(Ching)은 매우 치밀하게 포로인 랜디(Randi)의 심리적 약점을 파고들어 그를 세뇌하여 저항하는 포로의 우두머리의 정체를 실토하게 만든다. 흥미롭게도 칭은 랜디를 어린아이 취급을 하면서 자신의 편으로 만든다. 그리고 랜디 역시 '모성주의'의 희생자로 부각된다.

> 마티는 어떻게 어머니를 자신의 편에 서게 할지를 알았다. 그녀는 분노하며 아버지를 욕하며 지칠 때까지 계속 울었다. 아버지가 자기를 어떤 식으로 꾸짖을 때마다 그는 어머니가 이렇게 할 것을 기대했다. 어머니는 아버지의 행위를 자신이 사랑하는 마티에 대한 공격으로 받아들였다. 이들 사이에서 아버지는 거의 무기력하게 되었다. (37)

어머니는 철저하게 아들 편을 들어 아버지가 가장의 권위를 행사하지 못하게 가로막는다. 아버지는 표정을 통해 아들을 비난하지만 입을 다물고 있게 되어 가정에서 무기력하게 된다.

랜디 또한 근친상간의 욕망으로 인한 죄책감에 시달린다. 탄광에서 일을 하고 있는 남편과의 생활에 만족하지 못한 어머니는 그가 사고로 죽기를 바라고 그 욕망은 아들의 무의식 속에 투영된다(76). 칭은 심문을 통해 랜디의 무의식에 잠재된 어머니에 대한 오이디푸스적인 욕망을 드러낸다. 그러면서 어머니의 자살을 랜디의 탓으로 돌리면서 그에게 정신적 고통을 준다. "네 질투하는, 잔인하고도 시기하는 공격-너는 그녀와 이야기하거나 가까이하는 누구도 견딜 수가 없었지. 그녀를 너만 차지하고 싶었지. 그녀를 가두어두었어-네 죄야"(78).

『배신자』의 호오쏜 역시 레이먼드나 랜디처럼 비정상적인 가정에서 성장했음이 강조된다.[10] 레이먼드의 경우처럼 그도 비사교적이며 소외된 존재이다. "그의 시무룩한 태도 그리고 비사교성은 그를 '괴짜'로 낙인찍었고 웨이벌리 고등학교 학생들은 그를 활동에서 배제시켰다"(37). 이런 삶의 뒤편에는 아들을 학대하는 술에 찌든 배관공 아버지의 가정 폭력, 그리고 어머니에 대한 아들의 근친상간 욕망이 숨어 있다.

---

10 1976년 출간된 이 소설은 '배신자'를 비교적 호의적으로 다루며 다른 포로들의 조악하고 천박한 행위를 강조하며 균형을 맞추려는 시도를 하고 있다. 심지어는 중공군도 극단적인 비인간화된 존재로 나타내지 않는다. 이는 전쟁이 끝난 지 어느 정도 시간이 흘렀고 1971년 핑퐁 외교로 시작된 두 나라의 관계가 닉슨의 중공 방문(1972) 그리고 양국 수교(1979)로 가는 상황을 반영하기 때문이다. 그리고 이 소설은 진정한 '배신자'가 누구인가를 묻고 있다. 고위층에 속한 군 장성, 정치가들이 고급 정보를 중국을 비롯한 적성 국가에 조직적으로 빼돌려 사익을 취한다. 그리고 포로생활 중 중공군에 협력해 혜택을 누린 고급 장교가 귀환 후 합참의장이 되는 상황을 설정하고 있다.

처음이자 마지막으로 소년은 몸을 앞으로 구부려 그녀[어머니]의 입술에 부드럽게 키스했다. 그녀의 입은 촉촉했고 두툼했다. 제럴드가 그녀의 따듯한 반응을 느낄 때 입술이 떨어졌다. 16살의 나이에 제럴드 하워드 호오쏜은 아주 아름다운 여인인 어머니에게 애정 어린 정열적 사랑을 한 것이다. (33)

유약하게 자란 그를 아버지는 동성애자로 부르면서 어머니의 탓으로 돌린다. "그 애를 잘 봐요. 젠장, 약해 빠진 동성애자야, 당신 아들은 동성애자. 당신 잘못이요. 당신 잘못"(32). 실제 동성애자는 아니지만 그가 신병훈련소에서 다른 동성애자의 구애 상대가 되면서 유약함이 부각된다. 『배신자』의 절정은 중공에서 귀환한 호오쏜이 죽은 어머니 방에서 어린 시절로 돌아가 어머니에 대한 환상을 하는 장면이다. 그리고 마치 어머니처럼 자기를 보호하고 헌신적으로 도와주는 매닝(Manning) 부인에게 "엄마, 엄마, 사랑해요, 엄마가 필요해요. 제발 내 곁에 있어주세요."(398)란 말과 함께 그녀를 강간하며 '근친상간'을 행한다. 랜디와 호오쏜 모두 레이먼드처럼 자살을 택하면서 세뇌에 넘어간 한국전쟁 포로들에 대한 사회의 냉혹한 인식을 투영한다. 그리고 이 인식은 강인한 가부정적 남성성을 회복하지 못한 남성들에 대한 거부감과 동일선상에 있다.

4. 미국 자존심의 확인과 미국 남성성의 재무장

전후 백인의 가부장적 남성 권위의 약화 그리고 남성성의 결핍에 대한 불안감을 공산주의에 의해 도전받는 포로의 남성성으로 재현한 것은 그 꼬리표를 붙일 수 있는 '희생양'을 명확하게 찾을 수 있고 사

회의 동의를 쉽게 구할 수 있기 때문이다. 더불어 근친상간, 오이디
푸스 콤플렉스와 같은 프로이트적 사고는 가부장적 질서가 지배하는
상징계로 온전히 진입하지 못해 일어나는 현상이기 때문에 유약한
남성성을 다루는 포로소설에 담겨질 수 있었던 셈이다. 그러나 실제
한국전쟁 때의 미군 포로의 행태가 앞선 전쟁과 비교해서 현저한 차
이가 있다는 증거가 많지 않다.[11] 국가의 위기를 '남성다움'의 위기로
파악한 당대 정서를 반영하는 한국전쟁 포로소설처럼 베트남전쟁 이
후 미국 사회는 다시 전쟁 실패 책임을 '남성다움'의 위기로 파악하여
역사의 반복을 보여 주었다. 즉 "여성의 힘의 증대와 그에 따른 아버
지의 약화와 쇠퇴"[12]에서 패전의 원인을 찾았고 1981년에 취임한 레
이건 대통령의 국정 철학 또한 이런 인식을 반영하고 있다.[13] 그의 재
임 시대에 할리우드 영화 주인공 람보가 베트남전쟁 포로를 구출하
고 아프가니스탄까지 그 영역을 확장하여 미국 사회의 "재남성화"를
촉구한 것은 시대정신과 부합되는 현상이다.

　다른 한국전쟁 포로소설은 정상적이고 이성애자인 포로의 경우 절대
로 적의 세뇌에 굴복하지 않는 강한 모습을 담은 서사를 통해 미국의
자존심을 끝까지 견지한다. 『한 번 이상의 삶』(More Lives Than One,
1967)의 경우 공산주의자의 심문을 끝까지 견디면서 탈출까지 시도하는
해리(Harry)의 경우는 하버드 대학생으로 아버지 역시 역사 교수인 중산
층 출신이며 약혼자를 몹시 그리워한다. 또 다른 소설 『칼과 메스』

---

11 H. H. Wubben, "American Prisoners of War in Korea: A Second Look at the
'Something New in History' Theme," American Quarterly 12.1 (1970): 3-19.
12 수잔 제퍼드. 이형식 옮김 『하드바디』 (동문선 2002) 20.
13 베이루트에서 일어난 미국인 인질 사건과 관련해 레이건 대통령이 던진 말, "어제
밤 람보 영화를 보았는데 이제 어떻게 해야 될지 알았어"는 강한 남성성을 추구하는
사회 분위기를 적절하게 함축하고 있다(Jacobson & Gonzalez. 179).

(Sword and Scalpel, 1957)의 경우도 마찬가지이다. 극한 상황에서도 끝까지 의연하게 행동하는 군의관 스캇(Scott) 대위 역시 수용소에서 애인(Kay)과 군종신부(Father Tim)를 위해 자신을 기꺼이 희생할 수 있는 건강한 이성애자이다. 즉 미국의 자부심은 정상적인 가정이나 젠더의 정체성을 지녔다면 배신자가 되거나 공산주의자들에게 결코 세뇌되지 않았을 것을 확인시키면서 강건한 가부장적 이데올로기를 견지하게끔 한다.

최근 한국전쟁 소설의
확장과 변모

1. 새로운 작가들의 등장

일반 독자의 생각과는 달리 1953년 한국전쟁이 종결된 지 60여 년이 지난 지금도 한국전쟁 소설은 미국 작가들에 의해 적은 숫자이긴 하지만 여전히 출간되고 있다. 그리고 이 작품들은 최근에 나온 폴 저비(Paul Zerby)의 『풀밭: 한 청년의 한국전쟁 여정』(The Grass: A Young Man's Journey to the Korean War, 2009), 존 엘모(John Elmo)의 『거지의 섬: 전쟁소설, 한국 거제도』(Beggar's Island: A Novel of War, Koje-Do, Korea, 2014)의 경우처럼 주로 인생의 황혼기에 있는 미군 참전병사들이 자신의 경험을 소설 형식을 빌려 정리하는 경우가 대부분이다. 『거지의 섬』에서는 필자의 거제도 근무의 경험이 담담하게 실려 있고『풀밭: 한 청년의 한국전쟁 여정』의 경우에는 청년기의 성장 경험과 한국전쟁 참전 특히 고지전투에서 대검으로 찔러 죽인 어린 중공군 병사에 관한 기억으로 인한 주인공의 정신적 고통을 담고 있다. 또 소설의 말미에는 서울의 번잡한 거리와 더불어 변화된 한국의 모습을 언급한다. 주인공은 이런 발전이 자신들의 피의 대가라고 감상적으로 생각하지는 않는다. 왜 한국전쟁에 참전했는 냐는 질문에 대해서도 단지 국가의 명령에 따라와서 자신을 죽이려

하는 적과 싸워야만 했다고 회상한다. 또한 한국전쟁에 참전한 병사들의 죽음, 귀환한 부상자들, 정신적 고통을 받고 있는 참전용사에 대해 미국 사회가 관심을 쏟지 않는 것에 대해 언급한다. 최근 한국 경제의 변모된 모습이 포함되기는 했지만 이 작품에서 다룬 내용은 기존의 한국전쟁 소설에서 이미 재현된 것이다. 기존 작품들은 참전 병사의 관점에서 2차대전과는 달리 자신들에게 관심을 보이지 않는 미국민과 사회에 대한 저항감 그리고 한국전쟁 참전에 대한 목적의식의 부재, 한국민과 국군에 대한 비하와 경멸에 찬 미군의 시선을 다룬다. 더구나 한국 여성들에 대한 재현은 성차별 인종차별로 가득하다. 낯선 환경에서 혹독한 추위를 겪어야 하는 미군 병사들의 고통도 비중 있게 부각된다.[1]

그러나 흥미롭게도 문학성이 뛰어난 작품은 한국전쟁에 직접 참전하지 않은 작가들에 의해 생산되고 있다. 프레드릭 부시(Frederick Busch)의 『전쟁 아기들』(War Babies, 1989), 하임 파톡(Chaim Potok)이 쓴 『나는 진흙이니』(I Am the Clay, 1992), 폴 졸브로드(Paul G. Zolbrod)의 『전투 노래』(Battle Songs: A Story of the Korean War in Four Movements, 2007)는 각기 진지한 주제의식과 새로운 인물 재현으로 한국전쟁 문학을 풍요롭게 하고 있다.[2] 한국인들을 감정이 있는 인간으로 본격적으로 재현한 것은 파톡의 『나는 진흙이니』이다. 그리고 이런 재현은 장진호전투에서 부상당한 미군과 그를 살려준 한국 여인

---

1 정연선은 한국전쟁 소설을 전쟁의 참모습을 전달하기 위해 전쟁을 소재로 사용하거나 병사의 통과의례, 직업군인과 징집병사와의 도덕적 갈등, 병사들의 갈등과 좌절을 각기 다루는 네 그룹으로 나누고 있다 (정연선 「중단된 성전: 한국전쟁에 대한 미국소설의 연구」 170).

2 이들은 한국계 미국인도 아니며 한국전쟁과 직접적인 관련도 맺고 있지 않다. 다만 파톡만이 유대교 군목으로 휴전 후 한국에서 복무한 경험이 있다.

에 대한 서사인 데이비드 왓스(David Watts)의 『흥남의 희망』(Hope in Hungnam, 2012)에서 계속된다. 부시의 작품은 전쟁포로 자녀들의 만남을 통해 전쟁이 참전병사들뿐만 아니라 그 자녀들에게 끼치는 영향을 다루면서 포로소설의 새 유형을 보여준다. 그리고 졸브로드의 소설은 폭력과 전쟁이 미국문화와 삶에 이미 깊게 박혀있음을 보여주는 반전 성향을 보여주면서 베트남전쟁 서사를 강하게 연상시킨다. 이 글은 새로운 면모를 보이는 위 작품들을 중심으로 최근 한국전쟁 소설이 그 주제나 소재의 측면에서 다양한 양상을 보이면서 그 영역이 확장 변모되고 있음을 논의하고자 한다.

2. 『나는 진흙이니』: 새 한국 여인상

최근 한국전쟁 소설의 변화 중에서 미군과 한국 여인과의 관계를 새롭게 설정한 서사의 등장이 주목할 만하다. 『흥남의 희망』에서 자신의 생명을 구해준 한국 여인과 미묘한 감정의 줄다리기를 하는 미군 병사는 더러운 '국' 여자와는 관계를 하지 않겠다는 『그레샴의 전쟁』(Gresham's War, 1968)의 병사와는 극명하게 대조가 된다. 미군부대 철조망을 사이에 두고 몸을 팔아 생존하는 『사원 능선』(Monastery Ridge, 2008)의 아낙네처럼 기존의 한국전쟁 소설에서 미군과 한국 여자와의 만남은 매춘부나 생존을 위해 몸을 파는 여인들을 통해 이루어진다. 또 이들에 대한 묘사는 인종차별주의와 성차별 때로는 폭력으로 채색되어있다. 그러나 인간 아래의 존재로 또는 성적 지배와 복종의 대상으로 재현되었던 한국 여성이 『흥남의 희망』에서는 미군과 동등한 인격체로 부상한다. 장태복이란 여성은 미군 잭(Jack)이 자신

의 터전을 "쓸모없고 버려진"(Watts 134) 희망이란 찾아볼 수 없는 곳
으로 여기며 아이들과 함께 떠나도록 권유하자 그녀는 마을을 역사
와 삶이 깃든 곳으로 반박한다. 소설은 그녀가 고향을 버리고 아이들
과 함께 흥남으로 가서 수송선 빅토리(Victory)호를 타기 전까지 겪는
내적 갈등에 초점을 둔다. 이처럼 이 서사는 특이한 소재뿐만 아니라
제삼 세계의 타자 특히 여성의 목소리를 통해 자신의 문화와 땅을 어
떻게 바라보고 있는지를 제시한다는 점에서 기존의 한국전쟁서사와
는 확연하게 구분된다.

　『전투에서 태어난』(Born of Battle, 1962)에서 매춘녀의 순애보적인
사랑에 감동하여 결혼한 미군을 다룬 작품도 있지만 여기에서 순이
라는 여성은 아무런 목소리도 내지 못한 채 철저하게 종속적인 관계
를 미군 주인공과 유지한다. 이와 달리 장태복은 독립적이고 주체적
인 존재이다. 이런 새로운 변화는 래리 크랜츠(Larry Krantz)의『사단
들: 잊혀진 전쟁의 소설』(Divisions: A Novel of a Forgotten War, 2013)에
서 미 군사 고문단 소속 코니(Connie) 상사가 결혼을 고려하고 있는
수민을 "나이에 걸맞지 않게 조용한 위엄이 있는 여인"(Krantz 10)으로
생각하며 한 인격체로 존중하는 데에서도 확인된다.

　한국인들 특히 여성을 감정이 있는 인간으로, 존중할 수 있는 인격
체로 본격적으로 재현한 것은 하임 파톡(1929–2002)의『나는 진흙이
니』가 처음이다. 미군 유대교 군목으로 1955년부터 57년까지 한국에
서 근무했던 저자의 경험이 투영된 이 작품은 생존을 위해 몸부림치
는 평범한 민간인들이 겪어야 하는 고통을 상세하게 재현하고 있다.
이들은 침략하는 공산군뿐만 아니라 굶주림, 추위, 비정하고 때로는
잔혹한 인간들과 심지어는 아군 병사들에 의해 고초를 당한다. 이 서
사에서 "동두천", "서울"이라는 지명, "김신규"라는 소년의 이름은 언

급되지만 연도와 지역 및 심지어는 주인공인 노인 부부를 포함한 인물의 이름, 한국이라는 국가까지 밝히지 않음으로서 전쟁이 시공간을 초월해서 누구에게나 고통을 끼칠 수 있음을 나타낸다. 그리고 전쟁의 고통에서도 사람들은 여전히 따뜻한 인간애를 통해 서로의 상처를 보듬을 수 있음을 밝히면서 희망을 제시한다.

한국전쟁 소설은 참전병사의 관점에서 서사가 진행되는 것이 일반적이지만 이 소설처럼 전쟁으로 인해 삶의 뿌리가 흔들리는 농민 특히 여성이 서사의 중심에 놓인 것은 매우 드물다. 할머니는 보편적인 어머니에게서 찾을 수 있는 모성애와 강인한 생명력을 갖고 있다. 할아버지는 할머니의 외모에 대해 "왜소하고 갈색이고 주름이 졌다. 마른 땅처럼 거미줄같이 갈라진 움푹 들어간 곳의 검은 눈에는 친절함이 빛나고 있다"(Potok 50)고 생각한다. 그녀는 치명적인 부상을 입고 도랑에 쓰러져 죽어가는 낯모르는 아이를 거두어 할아버지가 끄는 수레에 싣는다. 할머니는 다친 소년을 치료하기 위해 군 앰뷸런스를 가로막고 미군 장교에게 약을 받기도 한다. 이처럼 소년의 생존을 위한 그녀의 헌신은 인종, 젠더의 두려움과 차이를 극복하게 한다. 더구나 그녀는 야전병원에서 소년이 진료를 거부당하자 그의 가슴에서 파편까지 직접 제거하고 또 상처를 실로 꿰매기도 한다. 흥미롭게도 이 소설의 제목 『나는 진흙이니』는 그녀의 어머니가 서양 선교사를 통해 배운 영어 찬송가 "저는 진흙이요 주는 토기장이시니 오직 주님의 뜻을 이루소서"(Have thine own way Lord have thine own way. Thou art the potter, I am the clay, Potok 138)에서 온 것이다. 할머니의 어머니가 선교사에게 영어로 배운 찬송가의 가사를 노랫말의 의미도 모른 채 딸에게 그대로 알려준 것이다. 더불어 십자가의 징표까지 할머니는 배운 그대로 따라한다. 그녀는 이렇게 함으로써 좋은 영을 불러

올 수 있다고 믿고 있다. 그리고 피난의 고통 속에서 낯선 소년을 살리는 할머니의 희생은 자신도 알지 못하는 이 노래의 의미를 실체적으로 구현하기 때문에 그 아이러니를 더해준다.

할머니의 생명에 대한 헌신은 그녀로 하여금 담대하게 남편의 가부장적 권위에 맞서게 한다. 이 서사는 소년을 지키려는 할머니, 그를 거부하는 할아버지, 그리고 소년 간의 미묘한 감정의 흐름을 잘 그려내고 있다. 할아버지는 아까운 식량과 할머니의 관심이 그에게 가는 것이 못마땅할 뿐이다. 그리고 자녀를 낳지 못하는 아내가 아이를 내버리자는 자신의 말을 거부할 때 분노를 느낀다. 노인은 이 소년이 자신의 핏줄이 아니어서 제사를 지낼 수 없는 것에 대해 견딜 수 없어 한다(Potok 172). 혈연을 중시하는 한국 사회의 특징을 잘 포착하고 있는 셈이다. 남편은 아내의 고집과 저항에 깜짝 놀라기도 하는데 가부장제의 권위에 도전하는 그녀가 몹시 곤혹스럽기만 하다.

> 아내는 더 이상 자신의 위치를 모른다. 이렇게 위세 부리고 싸움을 하려 하는 마음이 어떻게 생겼을까? 내가 아내를 친절하게 대했는데 내게 화를 냄은 이 아이 때문인가? 이 마법을 지닌 이 마술사가 아내에게 무엇을 했단 말인가? (Potok 110)

할머니의 생명에 대한 존중은 인간을 넘어 동물에게까지 확장된다. 삶의 극한 상황에서도 나눔과 배려를 통해 서로가 생존할 수 있음을 부각시키는 중요한 장면은 소년과 할머니가 배고픈 상황에서도 냇가에서 잡은 물고기를 개 세 마리와 함께 나눠먹을 때이다. 그리고 그중 어린 개는 소년이 의식을 잃자 악취가 나는 상처를 혀로 핥고 결국 소년은 치유된다. 동물과 인간 사이에도 따뜻한 유대관계가 형성된 것이다.

실상 버려진 소년 김신규는 비단 옷을 입고 있어 지주 집안의 아들로 여겨진다. 그리고 이것은 구약성서의 요셉을 상징하기도 한다. 요셉이 집안을 기아에서 구해 일으킨 것처럼 이 소년 역시 그렇게 될 것임을 암시한다. 결국 소년은 미군부대에서 일하고 할아버지에게 소까지 마련해 주면서 이 집에 꼭 필요한 존재가 된다. 특히 아내가 죽자 할아버지는 소년이 떠나지 않기를 원한다. 이제 소년은 "음식과 아내의 관심을 빼앗은" 존재가 아닌 구원자와 같은 위치로 변모되어진 것이다.

이 소설은 "바둑이"라는 개, "토끼와 거북이"의 전래설화, 제사, 가부장적 문화, 생산을 하지 못하는 여인을 바라보는 관점, 호랑이를 영물로 바라보는 시선, 산모가 먹는 미역국 등, 우리 문화를 서사에 자연스럽게 흡수하고 있는 점에서도 다른 한국전쟁 소설과 차별된다. 개고기에 대해서도 충분한 이해의 관점에서 바라보며 매춘과 같은 미군 주둔이 마을에 미치는 폐해도 다루고 있다. 그럼에도 불구하고 우리 문화를 신비적 주술적으로 보는 점은 거북스럽다. 그리고 한국인의 삶을 주체적으로 의지를 갖고 살아가기보다는 신비주의와 운명에 맡긴 채 살아가는 것으로 묘사하고 있다.

더불어 소년의 새 출발도 자신의 힘보다는 유대인 랍비 장교의 도움으로 서울로 유학을 가는 것으로 이루어진다. 서사에서 강한 생명력과 타인에 대한 헌신을 보이는 할머니의 경우도 자연과 삶을 지배하는 영(spirits)들에게 제사를 바치는 샤머니즘적인 면에 집착해 있다. 할머니는 빨래를 하다가 냇가로 몸이 빨려 들어가고 곧 다음날 죽게 된다. 이 죽음조차도 신비하게 묘사되어 있다.

그녀가 시냇물 속을 바라보자 물의 영들이 어둡고 휘감겨져 있었다.
그리고 놀랍게 그들이 손을 뻗어 그녀를 부드럽게 잡아당기자 얼굴이
시냇물로 미끄러져 들어갔다. 그녀 주변에 있는 아낙네들이 그녀를 물
밖으로 꺼내 집으로 데려갔다. (Potok 223)

이런 샤머니즘적인 시각으로 인해 한국인들은 신비주의적이거나
원초적인 모습으로 재현되어 기계로 상징되는 "거인" 미군 병사와 대
조를 이룬다. 그러나 무엇보다도 기존의 미국전쟁소설에서 잘 들을
수 없었던 한국인 특히 여성의 생각과 목소리가 비록 그것이 제한적
이긴 하지만 서사의 전면에 등장한 것은 이 소설의 큰 미덕이다. 그
리고 『흥남의 희망』의 장태복이란 조용하지만 주체성을 지닌 한국
여성은 분명 할머니의 연속선상에 놓을 수 있을 것이다.

3. 『전쟁 아기들』: 한국전쟁 포로소설의 변형

한국전쟁 문학의 또 다른 확장은 한국전쟁의 독특한 양상을 반영
하고 있는 전쟁포로 소설에서 이루어진다. 공산주의와 민주주의 이
념이 격렬하게 충돌한 한국전쟁에서 21명의 미군 포로는 본국 귀환
을 거부하고 중공을 선택하여 미국 사회를 크게 동요시켰다. 포로들
은 수용소에서 미군이 이른바 반인륜적인 "생화학전"을 수행하고 있
음을 인정하도록 강요당했으며 귀환 포로들 중 일부는 적에게 협조
했다는 이유로 군법회의에 회부되기도 했다. 이를 계기로 전쟁포로
를 소재로 하는 『칼과 메스』, 『밤』, 『한 번 이상의 삶』, 『배신자』와
같은 소설들이 출판되었다. 이 소설들은 포로수용소에서 미군 포로
에게 가해진 비인도적인 행위, 세뇌 그리고 이에 대한 저항 등에 초

점을 맞춘다. 특히 중공군의 회유와 세뇌에 굴복한 미군 병사들을 다룬『밤』,『배신자』에서는 미국 젊은이들의 유약함과 더불어 미국 사회의 정치적 사회적 억압, 부패, 약육강식의 경제 체제 등에 대한 비판을 가하고 있다.

　부시(1941-2006)의『전쟁 아기들』은 한국전쟁포로의 자녀를 통해 전쟁의 참상을 일깨우며 전쟁포로 소설의 새 영역을 열었다는 점에서 주목할 만하다. 작가는 기존 소설처럼 포로수용소의 삶을 직접 다루지 않지만 전쟁의 기억에 대한 집착이 가져오는 고통을 탐구하면서 참전병사의 자녀들까지 파급되는 전쟁의 상흔을 더욱 강렬하게 보여준다. 이 소설은 또한 악의 본질 인간의 영혼을 갉아먹은 죄책감에 대한 탐구를 통해 삶에 대한 성찰을 하고 있다. 이 작품은 35세의 성공한 변호사 피터(Peter)가 1984년 9월 어머니에게 영국 솔즈베리(Salisbury)에 사는 힐러리 페늘(Hilary Pennels)을 찾아가겠다고 밝히는 것으로 시작된다. 피터의 아버지는 한국전쟁 때 포로수용소에서 적에게 협조를 한 이유로 귀환 후 반역죄로 수감 중 사망했다. 피터의 삶은 아버지가 행한 수치스런 행위에 대한 죄책감으로 짓눌려있었고 그는 아버지가 지은 역사의 과오를 씻기 위해 애를 쓴다. 수십 년 전에 종결된 한국전쟁이란 유령이 아직도 그의 삶을 지배하고 있는 셈이다.

　서사는 전쟁포로의 아들과 딸의 결합을 전장(戰場) 소음과 연관 지으면서 이들이 아직도 한국전쟁의 기억에 쫓기고 있음을 강렬하게 드러낸다. 호텔 식당 그리고 책을 파는 가판대에서 우연하게 부닥치는 피터와 힐러리의 관계는 매우 빠르게 진전되어 서사의 신빙성이 떨어지기도 한다. 피터와 "역사로 맺어진 누이"(Busch 94)인 힐러리 역시 한국전쟁의 유령에 지배당하고 있어 둘은 강한 동질감을 느낀다. 마을 근처에는 무기성능 시험장이 위치하고 있어 대포 소리 전투기 소음이 항상 존재하여 힐러리의 삶은 전쟁의 분위기로 에워싸여져 있다. 이들이 그녀의 집에서 처음 관계를 맺을 때에도 쿵 하는 소리에 창문과 바닥이 흔들린다. "총격전 속에 섹스를 해본 적이 있어요? 피터 자, 당신에게 기회가 왔어요. 자, 해요"(Busch 29).

이 소설은 토마스 하디(Thomas Hardy)의 인물들을 반복적으로 언급하는데 서점을 운영하는 힐러리는 자신과 피터의 만남을 하디 소설의 주제인 운명(fate)과 연결 짓는다. 피터와 함께 스톤헨지(Stonehenge)에 간 그녀는 자신을 테스(Tess)에 비유하면서 제단에 바쳐진 제물 시늉을 한다. 피터 또한 자신의 뿌리를 찾는다는 점 즉 아버지의 과거를 씻으려 애를 쓴다는 점에서 하디의 인물과 연관이 되고 그 또한 이를 인식하고 있다. "나는 하디의 작품을 이해하고 있었다. 자신의 뿌리를 찾기 위한 일에 몰두하고 있는 한 남자에 관한 장(chapter)을 알고 있었다"(Busch 93). 힐러리가 자신을 어떤 면에서 제단에 바쳐진 제물이라고 인식하고 있는지 점점 그 실체가 드러나면서 독자들에게 충격을 준다. 하디의 인물들은 끊임없이 과거의 유령으로 인해 비극을 맞는다. 피터와 힐러리는 유령을 거부하지만 그 영향에서 결코 벗어나지 못한다. 이 둘이 사랑에 빠지게 되자 피터가 자신들이 왜 서로를 증오하지 않는지에 대해 물어보자 힐러리는 과거의 유령과 자신들은 상관이 없다고 단호하게 선언한다.

그것은 어리석은 질문이네요. 피터! 당신 아버지가 자신이 원하는 삶과 죽음의 방식을 선택했기 때문인가요. 그리고 우리 영웅 페늘 중위는 [반대로] 선택해서요? 그들이 빌어먹을 무덤에서까지 우리를 지배하고 있다고 여기나요? (Busch 81)

힐러리는 부모들의 역사가 자신들을 소유하고 있음을 거부하고 자신의 삶을 살아갈 권리가 있다고 선언한다. 부모들의 삶과 별개이기 때문에 피터의 아버지를 비난할 마음이 없다고 말하고 피터와의 만남을 시작할 때 그렇게 작정했음도 밝힌다(Busch 88). 지적이고 자유로운 힐러리는 또한 전쟁 영웅과 반역자에 대해 기존의 견해와는 다른 관점에서 접근한다. 그녀는 국가주의와는 대치되는 철저한 개인주의 생각을 피력한다. 즉 반역을 했지만 살아 돌아온 피터의 아버지와 영웅으로 추앙을 받지만 결국 아내와 자식을 '저버린' 힐러리의 아버지를 그녀는 국가가 아닌 가족의 관점에서 바라본다. 힐러리는 자신의 아버지가 가족 대신 "부하, 전쟁, 그리고 명예"를 선택한 것을 "망할 영웅주의"로 규정하며 분노한다(Busch 90). 자신에게는 죽은 영웅보다는 살아 돌아온 평범한 아버지가 더 중요한 것이다.

미국인의 순진함, 유럽인의 복잡성이란 대조가 이 소설에서도 부각된다. 힐러리는 피터가 형사범을 취급하는 냉철한 변호사임에도 불구하고 순진한 인물로 여긴다. 실제 그는 힐러리의 다층적인 면을 제대로 파악하지 못해 결국 큰 절망감에 빠지게 된다. 힐러리는 자신을 성에 개방적이며 지적인 여성으로 규정짓고 있다(Busch 51). 그녀의 지적인 면은 존 단(John Donne)의 「성스러운 소네트」(Holy Sonnet) 14편 "내 심장을 치소서, 세 인격체인 하나님"(Batter my heart, three-personed God)의 마지막 부분을 인용하여 피터를 유혹하며 범해달라고 요청하는 데에서 드러난다. "나를 당신에게 데려가서 가두소서. 왜냐하면 나의 마음을 사로잡지 못하면 나는 자유롭게 되지 못할 것이고 나를 범하지 않으면 결코 순결하지 못할 것입니다"(Take me to you, imprison me, for I / Except you enthrall me, never shall be free, / Nor ever chaste, except you ravish me). 자신을 "범해달라는" 이 요청을 피

터는 자신을 유혹하는 단순한 시구로 받아들이지만 그 의미는 훨씬
다층적임이 후에 드러난다.

피터와 힐러리가 한국전쟁의 그림자에서 벗어나려 하지만 전쟁의
기억 은 페늘 중위와 같이 포로가 되었던 팍스(Fox) 상사를 통해 이
둘을 지배하고 있다. 상사는 한국전쟁의 비참함을 일깨워주면서 동
시에 악의 화신으로 이들을 짓누른다. 피터는 팍스의 썩은 이빨과 입
에서 나는 냄새에 주목하며 그의 실체에 대해 어느 정도 인식한다.
그리고 팍스가 자신이 법정에서 주로 변호하던 형사 범죄자와 같은
부류의 사람임을 직감한다. "그는 거칠고 다른 이들을 해치는 데 머
뭇거리지 않는다는 것을 사람들이 알게 하는 데 관심이 있다"(Busch
39). 팍스는 수용소로 향하는 죽음의 행진, 특히 도랑물을 먹고 설사
를 하게 되는 포로들을 이렇게 묘사한다.

> 저들은 먼저 달려가서 쪼그려 앉았지. 감시병들이 쪼그려 앉아 있는
> 그 옆을 지나가면서 M1소총 개머리판으로 내려쳐 죽게 했어. 미군들이
> 뛰어가면서 볼일을 보라고 소리쳤어. 그들 중 한 명의 바지가 배설물로
> 가득 찼지. 순전히 혐오감 때문에 중공군이 총으로 죽였어. (Busch 46)

이런 극한 상황에서 팍스 역시 살아남기 위해 포로들이 공산군에
협조한 것을 인정하고 있다. 나중에 그는 힐러리에게 피터의 아버지
도 역시 같은 범주에 들어갔음을 언급하며 반역은 생존과 관련이 있
었음을 암시한다. "그 사람도 살기 위해서는 먹어야만 했지"(Busch
96). 적대감에 찬 팍스가 자신에게 의도적으로 고통을 주고 있음을
피터는 철저하게 느끼고 있었다. 피터의 아버지를 언급하며 그에게
모멸감을 주는 것도 그 게임의 일환이다. "안됐지만 네 아버지는 비
열하고 위험스러운 견딜 수 없는 개자식이었네"(Busch 39).

힐러리를 통해 아버지의 반역에 대한 죄책감에서 벗어나 한국전쟁과의 화해와 치유를 원했던 피터의 순진함은 소설의 결말에서 큰 상처를 입는다. 서사는 왜 힐러리가 제단의 제물이 되고 또 팍스가 피터에게 적대감을 보이는 이유를 밝혀준다. 피터는 처음부터 팍스가 힐러리의 '후견인'을 넘어 무언가 성적인 냄새를 함축하는 특별한 것임을 직감한다. "나는 그와 힐러리와의 친밀함에 질투가 났다. 그녀가 그에게 키스하는 방식뿐만 아니라 그 앞에서 마치 벌거벗은 것처럼 서있는 자세 때문이었다"(Busch 39). 그렇지만 이 직감은 힐러리가 인용한 시의 의미를 꿰뚫지 못한 것처럼 그냥 스쳐가 버린다.

전쟁에서 여성의 몸은 국가적 이데올로기, 혹은 가부장적 남성의 욕망에 의해 유린되기 마련이다. 호텔에 머물던 피터는 "되돌아가라는" 육감을 무시하며 예정에도 없이 힐러리의 집으로 차를 몰고 간다. 그리고 자신의 목소리를 흉내 내며 비웃는 듯한 힐러리의 소리를 침실 문간에서 듣게 된다. 힐러리는 피터에게 질문을 했던 것과 자신의 생각을 더해 피터의 내면의 생각을 팍스에게 정확하게 표현한다. 피터는 귀에 익숙한 침대의 움직이는 스프링 소리를 들으면서 절망한다. 팍스는 힐러리의 '후견자' 이상인 것이다. 그리고 그는 놀랍게도 폭력과 위협을 가하는 팍스의 행위를 알게 된다. "나는 살과 살이 부딪치는 소리를 들었다. 마치 그가 그녀를 때리는 듯한, 왜냐하면 그의 다음 말은 '힐러리 내가 네게 묻고 있잖아'라는 것이었다"(Busch 96). 그리고 그녀가 답변하지 않고 무언가를 거부하자 몸에 총알을 퍼부어서 배신하지 못하게 하겠다고 위협한다. 폭력을 통해 포로들을 지배했던 공산군들의 행위가 그녀의 몸을 통해 다시 재현된 것이다. 상관의 딸을 폭력까지 행사하며 정부로 삼은 그는 전쟁포로라는 피해자에서 가해자로, 동시에 그녀는 팍스의 '전쟁포로'로 변한 것이다. 그리고 그녀의 몸은 폭력을 앞세우는 남성주의와 여전히 지속되는 한국전쟁의 트라우마를 상징하는 증거가 된다. 그러기에 힐러리는 남성주의 그리고 전쟁의 제물로 바쳐진 것이다.[3]

한국전쟁 포로소설의 결말이 그러하듯이 이 소설도 음울하게 종결된다. 팍스의 폭력은 여성들뿐만 아니라 남성에게까지 가해진다. 그는 공항까지 쫓아와 면세점의 여직원 앞에서 피터의 입술에 강제로 '승리의 키스'를 한다(Busch 111). 그만이 힐러리를 지배할 수 있다는 자신감과 승리감의 표현인 것이다. 피터가 혐오스런 그를 때릴 수 없는 것은 그 역시 힐러리처럼 팍스가 두려웠기 때문이다. 폭력을 동반한 남성주의는 남자까지도 그 피해자가 될 수 있음을 보여준다. 아버지의 역사를 내던지고 싶은 힐러리, 힐러리를 통해 화해와 치유를 원했던 피터, 그리고 가해자 팍스, 모두 한국전쟁이란 과거의 굴레에서 벗어 나오지 못한다. 한국전쟁은 여전히 이들에겐 진행형인 셈이다.

4. 『전투 노래』: 치유의 발걸음

한국전쟁 참전의 의미를 미국문화와 연관시켜 날카롭게 파헤치는 졸브로드의 『전투 노래』는 베트남전쟁 서사에서 찾을 수 있는 여러 주제를 한국전쟁의 맥락에서 재현하고 있어 한국전쟁 문학의 새로운 면모를 부각시킨다. 한국전쟁과 베트남전쟁은 냉전체제에서 같은 민

---

3 이 서사의 신빙성이 떨어지는 또 다른 이유는 힐러리가 경제적 능력과 더불어 뛰어난 지적 능력을 지녔음에도 불구하고 피터의 압박에 따라 움직이는 매우 수동적인 여성으로 재현된다는 점이다 이는 필자가 의식적으로 힐러리를 하디의 주인공 테스와 강하게 연관시키려고 의도하는 데에서 파생된 것으로 여겨진다.

족 간에 벌어진 이념 전쟁으로 아시아에서 공산주의의 확산을 막으려는 미국의 전략 그리고 전쟁을 바라보는 미국 정부와 국민 그리고 병사 사이의 간극이 크다는 점에서 유사하다. 실제 필립 제이슨(Philip Jason)은 야간 전투를 지배하는 공산군, 뛰어난 전쟁무기를 보유한 데서 오는 미군의 그릇된 우월감, 정글 더위와 같은 미군에게 위협적인 자연환경, 월남군의 싸우고자 하는 의지의 부족 등과 같은 베트남전쟁의 특성이 한국전쟁 소설에 이미 투영되어 있음을 많은 작품을 열거하며 입증하고 있다(Jason 111-114).

『전투 노래』는 한국전쟁이 미국 광산촌의 공동체 특히 젊은이들에게 끼친 영향, 이들의 집단적 남성 유대감, 미국문화의 폭력성과 참전을 연결시킨 점에서 다른 한국전쟁 소설과 차별된다. 이 소설은 특히 "한방주의"(one-shot code)가 상징하는 사내다움을 표방하는 젊은이들의 남성적 유대를 다룬 베트남전쟁 영화 〈디어 헌터〉(Deer Hunter, 1978)와 흡사한 면을 보인다. 제철소를 중심으로 하는 이들의 출신 배경, 가정폭력, 전쟁 상처의 치유로 내딛는 서사의 결말, "한방주의"에 담겨 있는 남성적 폭력 문화가 두 작품에서 겹쳐진다. 더불어 이 소설은 〈플래툰〉(Platoon, 1986), 〈지옥의 묵시록〉(Apocalypse Now, 1979)처럼 적은 외부가 아닌 내부에 있음을 각인시킨다는 점에서 베트남전쟁 서사와 그 맥을 같이하고 있다.

피츠버그(Pittsburgh) 근처의 석탄 광산 마을 출신인 샘(Sam)은 입대를 앞두고 술집에서 벤(Ben), 프랜(Fran), 딕(Dick)을 만나 한 무리를 이루는데 첫 번째 이야기는 이 넷의 만남과 출신 배경을 보여주며 세 번째 서사와 함께 미국문화의 폭력성과 한국전쟁과의 관계를 탐구한다. 입영 열차에서 샘은 광산촌 청소년들의 거친 삶을 세밀하게 재현하며 음주와 폭력 그리고 충동적인 성이 일상화된 삶을 부각시킨다.

이들 사회에는 폭력의 정점인 주먹대장이 있고 그는 도전을 늘 받아야만 한다. 싸움이 일상화된 청년들은 매우 배타적인데 이 폭력 문화의 저변에는 경제적 빈곤이 깔려있다.

가난에 시달리는 탄광촌의 청년들은 외부인들과 도시 청년들이 으스대거나 자신들을 비웃고 특히 마을 처녀들에게 치근거리는 것을 참지 못한다. 여성들은 이들의 경제적 열등감을 보상할 수 있는, 자신들의 남성적 자존심을 충족시키는 기표로 존재하기 때문이다. 그러면서 마을 여성들은 이들 청년들의 성적 욕망을 충족시키는 겁탈의 대상이 된다. 첫 서사는 샘이 도시 청년 팻(Pat)을 통해 양서와 고급 취향의 문화, 높은 도덕을 접하면서 다른 삶이 존재함을 깨닫는 정신적 성장을 다룬다. 그는 팻과 마을 청년과의 갈등을 지켜보면서 자신이 속한 사회의 동물성을 분명하게 인식하게 된다. 샘과 더불어 탄광 청년들과 어울리던 팻이 마을의 어린 소녀를 겁탈하려는 스티브(Steve)를 저지하는 싸움에서 이기자 마을 청년들의 분위기가 변한다.

> 팻이 스티브를 이기자 어려움을 더 겪게 되었다. 마을 아이들이 하나씩 싸움을 걸기 시작했고 모든 것이 변하기 시작했다. 매번 그가 마을에 올 때마다 누군가가 싸움하기를 원했기 때문에… 그들은 이 낯선 녀석이 얼마나 정말 싸움을 잘하는지 알고 싶었다. (Zolbrod 43)

폭력을 통해 자신들의 정체성을 확립하고 서열을 정하는 이 동물적 문화에서 삶의 유일한 판단 기준은 싸움 잘하기이다. 오직 폭력이 전부인 문화를 견디지 못한 팻은 결국 이 마을을 떠나게 된다. 후에 폭력적인 탄광촌의 문화가 한국전쟁에 참전한 이 지역 청년에게 어떤 결과를 가져 왔는지 실체적으로 확인된다. "이곳 분지 지역에 있

는 다른 어떤 도시보다도 이 도시의 청년들이 한국에서 더 많이 전사
했다. 우리 어머니는 여기 소년들이 그렇게 싸움하기를 좋아했기 때
문이라고 하셨다"(Zolbrod 221). 오로지 남성적인 강인함만을 남자다
운 것으로 여기는 마초 문화의 폐해를 냉정하게 지적한 것이다.

　세 번째 서사에서도 전쟁의 폭력이 이미 미국 가정과 사회에서 깊
이 깃들여 있음을 보여준다. 이 서사는 전투에서 오른팔을 잃고 도쿄
육군병원으로 후송된 딕의 의식의 흐름을 기록하고 있다. 그는 미국
인의 꿈에는 전쟁에 대한 욕망이 담겨있다고 생각한다. "우리는 이
세상에 전쟁의 노래를 꿈꾸며 오지 않았나? 그 노래를 가장 억제되
고도 절제된 신호에서도 부를 준비가 되어있다는 의구심이 든
다"(Zolbrod 103). 〈디어 헌터〉에서는 "한방주의"를 실행하는 사슴 사
냥 후 마이클(Michael) 일행이 술집에서 듣는 피아노 연주가 바로 베
트남전쟁의 헬기 소음과 겹쳐지면서 베트남전쟁에서 일어나는 폭력
이 이들의 삶 속에 깊이 박혀있음을 분명하게 보여준다. 같은 맥락에
서 딕의 의식에는 약육강식의 미국 자본주의, 이혼한 아버지와 어머
니의 갈등, 어머니가 사망한 후에 일어나는 부자간의 불화가 담겨있
어 '전쟁'이 한국뿐만 아니라 미국의 광산촌 사회 및 가정에서도 흔히
벌어지고 있는 일상임을 보여준다. 딕은 기술 만능과 배금사상에 물
든 아버지 그리고 종교적 광신에 빠진 어머니 사이에서 벌어지는 양
육권 '싸움'에 휘말려 고통스런 어린 시절을 보낸다. 돈을 벌기 위해
가난한 농부를 유혹해서 불필요한 물건을 거리낌 없이 파는 아버지
의 '약탈'과 같은 상술을 옆에서 지켜보는 아들은 견딜 수 없어 했다.
더구나 아버지의 방식대로 자신의 삶이 지배당하자 딕은 남성성과
용기를 한국전쟁 참전에서 입증하고자 한다. 『전투 노래』와 〈디어
헌터〉는 "조국과 가족"을 위해서 싸운다는 남성들의 구호가 단지 판

타지에 그침을 보여준다. 『전투 노래』의 해체된 가족처럼 〈디어 헌터〉에서도 아버지가 술에 취한 채 딸을 구타하고 그녀는 집을 나와 친구 집에 머물기 때문이다.

두 번째와 마지막 서사는 각기 벤과 샘의 관점에서 진행되면서 징집당한 미국 청년이 한국전쟁에서 왜 싸워야 하는 질문에 대한 탐구를 하고 있다. 이들에겐 자유와 민주주의 수호라는 공적 이데올로기는 존재하지 않으며 적도 중공군이나 북한군과 같은 공산주의자만 해당되지는 않는다. 〈디어 헌터〉의 "한방주의" 기표인 마이클(Michael)처럼 벤은 전투에서 두려움 없이 행동하는 강한 남성주의의 상징적 면모를 보인다. 마이클과 딕은 로렌스(D. H. Lawrence)가 언급한 쿠퍼(Cooper)의 사슴 사냥꾼-"고립되고 이기심이 거의 없는, 극기적이며 참을성이 많고 죽음이나 죽임과 함께 살아가는 순수한 백인"-과 동일선상에 있다(Lawrence 68). 친구들의 위험을 본능적으로 느끼면서 보호하는 그에게 "친구들을 해치고자 위협하면 누구든지 적"이 된다. 공산주의가 무엇인지 모르고 상관하지도 않는 그가 중공군을 증오하는 이유는 친구들을 죽이려 했기 때문이었다(Zolbrod 60). 이데올로기에 상관없이 전투를 하는 이런 벤의 증오 대상은 핀리(Finley) 상사이다. 전투에서 늘 비겁하게 도망하는 핀리는 딕을 부상당하게 하고 이를 은폐하기 위해 프랜과 벤까지 위험한 상황에 몰아넣는다. 여성스런 목소리가 보여주듯이(Zolbrod 68) 핀리는 전투에서 늘 뒷전에서 어슬렁거리며 위험을 회피하고 자신의 목숨만 부지하기 위해 애를 쓴다. 결국 프랜이 죽자 분노한 벤은 핀리의 목을 조르면서 총에 맞아죽는다. 〈지옥의 묵시록〉(Apocalypse Now, 1979)에서 윌라드(Willard) 대위가 암살하도록 지시받은 대상은 다름 아닌 미군 커츠(Kurtz) 대령이고 〈플래툰〉(Platoon, 1986)에선 일라이어스(Elias)는 갈등을 빚는 반스

(Barnes)에게 사살당한다. 베트남전쟁 서사처럼 『전투 노래』도 적은 외부가 아닌 내부에 있음과 병사들이 "민주주의"를 위해 싸우는 것이 아님을 보여준다.

마지막 서사는 전쟁으로 인해 변모되는 인간의 모습, 국민의 관심에서 소외되는 병사들과 부상병을 부각한다. 의무병인 샘은 딕뿐만 아니라 많은 부상병과 전사자를 직접 다루면서 회의적이고 폐쇄적인 인간으로 변모했다. 그리고 전쟁에서 살아남기 위해서 냉혹하게 행동한다. 숨어있는 게릴라를 찾기 위해 마을에 불을 지르자 적들이 총을 버리고 투항하지만 샘은 그냥 사살해 버린다. 샘은 생존이 도덕, 윤리보다 앞서는 전쟁터에서 순진함을 상실한 차가운 인간으로 바뀐 것이다.

한국전쟁에 참전한 미군 병사들은 국민들의 관심과 지원을 받지 못하는 것에 대해 소외감과 반발심을 갖고 있었다. 의회에서 "노병은 사라질 뿐이다"란 연설을 하고 대통령 후보자로 떠오른 맥아더 장군과는 달리 한국전쟁에서 어린 부상병들이 진통제로 인해 잠에 빠져 관심도 받지 못한 채 "사라지는" 것에 대한 분노가 소설에서 표출되어있다. 전쟁 예산을 배정하는 의회 그리고 병사들과는 달리 안락을 즐기는 장군에 대해서도 비판적이며 냉소적이다. 앰뷸런스와 헬기의 부족 때문에 부상병의 후송이 어려워진다. 그러자 한 하사관은 전쟁이 끝나는 것처럼 보이자 의회에서 앰뷸런스 구입 예산을 배정하지 않을 뿐더러 헬기는 부상병 후송 대신 서울에서 판문점까지 장성들을 위해 아이스크림을 공수하는 데 사용된다고 냉소적으로 지적한다 (Zolbrod 159). 이런 상황에서 샘 역시 벤처럼 이 전쟁에서 아무런 의미를 찾지 않는다. 한국을 떠나기 전 후임병사가 도대체 이 전쟁이 무엇인지, 그들이 여기서 어떤 일을 하고 있는지에 대해 묻자 그는

"신경 쓰지마… 너는 살아 있잖아. 생각하지 마. 아무것도"(Zolbrod 170)라며 전쟁의 공허함, 그리고 생존이 유일한 기준이 되는 전쟁에서 다른 어떤 것도 의미가 없음을 강조한다. 이 공허함 역시 베트남전쟁 영화 〈햄버거 힐〉(Hamburger Hill, 1987)에서 치열한 고지 전투가 끝난 후 전우들의 의미 없는 죽음에 대해 병사들이 냉소적으로 되새기는 "이건 아무 의미 없어, 아무것도"라는 말과 중첩된다.

이 소설은 고통을 겪는 사람들이 서로를 보듬을 때 치유와 구원을 얻을 수 있다는 희망을 제시하는 점에서 『나는 진흙이니』의 주제를 반복한다. 그리고 이제는 한국전쟁 소설이 치유에 방점을 두고 있음을 드러낸다. 샘의 치유는 원폭 피해자 니코(Neko)와의 만남을 통해 이루어진다. 샘은 자신의 고통 때문에 다른 사람에게 상처를 주어서는 안 됨을 인식하게 된다. 그리고 눈이 하나밖에 남지 않은 니코가 겪은 절망과 아픔을 이해함으로써 자신의 상처가 아물 수 있음도 알게 된다. 미국에 대해 반감이 있는 니코도 등반 중 위기에 처했을 때 자신을 구조해준 샘으로 인해 분노가 풀어지면서 둘의 화해가 이루어진다. 웃음을 되찾은 성숙한 인간으로 변모한 샘은 전사한 친구들의 가족을 방문할 계획을 마음에 품고 의사가 되고 싶은 소망도 표출한다. 더 이상 자신이 부를 전쟁의 노래는 존재하지 않게 된 것이다 (Zolbrod 223). 〈디어 헌터〉의 마이클도 전쟁에서 돌아온 후 혼자 나간 사냥에서 "한방주의"를 포기하고 사슴을 살려준다. 상처받은 남성들의 집단적 모험은 결국 폭력의 실체에 대한 철저한 깨달음으로 종결된다.

5. 마무리를 대신하여

이 글에서 다룬 소설들은 참전병사가 아닌 일반 작가들의 작품으로 타자와 그 문화 및 역사에 대한 고찰, 여성 목소리의 부상, 전쟁포로의 자녀라는 새로운 소재의 발굴, 전쟁과 폭력 문화와의 관련성을 다루면서 한국전쟁 문학의 영역을 확장하고 있다. 기존 참전 작가들은 주로 자신이 겪었던 전투 경험에 몰입하는 경우가 많지만 이들 작가들은 감정적인 면에서 거리를 두면서 한국전쟁이란 역사 소재에 자유로운 상상력을 동원하여 접근할 수 있었기 때문일 것이다. 이들의 서사는 한국전쟁 소설에 흔히 나오는 미군과 한국 여성 간의 강간과 매춘 대신 폭력적 강간을 포함시킨 점도 주목이 된다. 이런 재현은 여성이 전쟁터뿐만 아니라 일상적으로도 남성 폭력, 가부장적 권위의 부당한 행사로 인해 침묵을 강요받고 지배당하는 존재임을 일깨운다. 그러면서 폭력, 성애, 전쟁이 밀접하게 연결되어 있음을 확인시켜 주면서 파괴적인 남성 폭력 권력에 대한 비판적인 의식을 불러일으킨다. 『전쟁 아기들』에서는 서사의 결말에 주인공들의 아픈 상처가 계속되면서 전쟁포로에 관한 상흔이 참전용사 가족에게 여전히 깊게 각인되어 있음을 보여주지만 『나는 진흙이니』, 『전투 노래』, 『흥남의 희망』에서는 전쟁의 상처보다 그 치유에 방점을 두면서 소설의 서사가 종결되고 있는 점도 관심을 끈다. 전쟁의 상처에서 벗어나고 싶은 욕망 역시 베트남전쟁 서사의 특징과 유사하기 때문에 앞으로 두 전쟁을 다룰 서사들의 긴밀성을 예측하게 한다.

2부

할리우드와 한국전쟁

잊혀질 수 없는 기억
: 할리우드의 한국전쟁 재현

1. 2차대전 영화의 정형과 냉전 이데올로기

영화는 관객이 납득할 수 있는 행위에 대한 이야기와 이미지를 만들어내고 이를 내면화시킨다. 사실 공통의 경험에 근거한 정체성을 관객에게 형성시키는 데 뛰어난 영화에 담긴 정치·사회적 의미는 간과할 수 없으며, 그 정치적 선전효과 역시 누구나 인정하는 바이다. 그리고 그 필요성은 국가가 위기에 처했을 때 더욱 진가를 발휘하기 마련이다. 실제 2차대전 중에 제작된 할리우드 전쟁영화는 국가의 효율적 전쟁수행을 위해 국민의식을 통합시키는 선전도구의 기능을 담당했다. 즉, 적의 힘과 위협을 극대화시켜 과장하고, 이들의 '야만적'인 문화적 타자성을 강조하여 국가에 대한 국민의 헌신을 이끌어냈다. 더불어 미국 군대를 효율적이고 평등하며 영웅적인 조직으로 내세웠다. 또 군인들은 명예를 존중하고 국가에 대한 긍지를 지니고 기꺼이 희생을 하는 것으로 재현했다.[1]

---

[1] 2차대전 기간에 제작한 할리우드 전쟁영화의 선전성에 관한 내용은 다음 저서를 참조. Robert Fyne, The Hollywood Propaganda of World War II (Lanham: Scarecrow, 1997).

　　영화의 선동성을 인식하고 있는 미국 정부는 2차대전 동안 전쟁공보
국(Office of War Information)을 통해 할리우드 제작자들을 통제했고 의회
가 주도한 반미활동조사위원회(House Un-American Activities Committee)
는 할리우드에 자기검열 의식을 불러일으켜 표현과 제작의 자유를 제한
했다. 특히 정보기관의 직간접적 감시가 이루어졌고, 영화인 노동조합
에서 급진사고를 지닌 회원을 축출하였다.[2] 할리우드 역시 자발적으로
정부, 특히 군대의 검열을 거치는 경우가 대부분이었다. 이는 전쟁영화
제작에 있어 군의 적극적 지원이 있는 경우 리얼리티를 높일 뿐 아니라
제작비를 상당 부분 줄일 수 있고 더불어 제작 후 논란의 여지를 줄일
수 있기 때문이었다. 그 반대급부로 군은 자신들이 원하는 전쟁과 병사
의 모습을 재현할 수 있었으므로 이들은 자연스레 공생관계를 유지할
수 있었다.

　　이런 맥락에서 2차대전 중 제작된 전쟁영화의 서사 정형은 〈웨이크
섬〉(Wake Island, 1942), 〈바탄〉(Bataan, 1943), 〈공군〉(Air Force, 1943),
〈목적지, 동경〉(Destination, Tokyo, 1944) 등을 통해 확립되었다. 이 영
화들은 소규모 부대 병사들이 결사항전을 벌이거나 적진에서 위험한
임무를 수행하는 내용을 담고 있다. 이 병사들의 의식을 통해 전쟁을
바라보는 시각이 뚜렷하게 드러난다. 집단을 구성하는 다양한 인종
적, 사회적 배경을 지닌 인물들은 죽음에 직면해서도 침착하며 유머
를 잃지 않는다. 이들 개인 간의 협동, 집단과 개인의 영웅적 행위가
작품에서 적절하게 어우러진다. 그리고 이 집단에는 안정성, 동질감
을 해치는 말썽꾸러기가 존재하지만 결국 그는 자신의 잘못을 깨닫고

2　Lary May, "Reluctant Crusaders: Korean War Films and the Lost Audience,"
Remembering the "Forgotten War," ed. Philip West and Suh Ji-moon (New York:
M. E. Sharp, 2000) 110-15.

공동의 목표에 녹아든다. 임무에 충실한 병사들은 어느 누구도 전쟁에 대해 회의하거나 이의를 제기하지 않고 기꺼이 자신을 희생하면서 사회통합의 이데올로기를 공고하게 한다.

전쟁 종결 전후에 나온 작품들은 전장의 현실에 근접한 사실주의적 내용을 담고 있어 주목된다. 〈병사 조의 이야기〉(The Story of G. I. Joe, 1945)는 이전 작품과는 달리 배고프고 지친 병사들의 어두운 모습과 전장에서 이들이 겪는 참혹한 공포와 죽음을 사실적으로 드러낸다. 〈햇빛 속의 행군〉(A Walk in the Sun, 1945)은 병사들의 전쟁공포증을 다루는 데 여기서 이들은 조롱이 아닌 관심과 보호의 대상이 된다. 〈유황도의 모래〉(Sands of Iwo Jima, 1949)나 〈정오의 출격〉(Twelve O'Clock High, 1949)은 전장 상황이나 병사 또는 지휘관의 심리를 사실적으로 보여준다. 그러나 이런 변화는 전장의 현실과 전쟁영화와의 간극을 메우려는 할리우드의 독자 판단이 아닌 노동자들의 파업이나 장기결근을 원천봉쇄하여 전쟁 수행의 효율성을 높이려는 정부의 요구에 부응한 결과이다.[3] 즉 노동자의 근로조건에 대한 불만을 전장의 병사들이 겪는 공포나 고통, 죽음에 비교시켜 잠재우려는 시도인 셈이다. 따라서 전쟁 자체에 대한 회의나 미국 사회의 취약한 문제, 인종차별, 군대의 비인간적 명령체계나 지휘관의 탐욕, 무능처럼 전쟁 수행에 장애가 될 수 있는 근원적 문제는 다루어지지 않았다.

이처럼 할리우드 영화는 역사적 대상 자체보다도 영화 제작 당시의 정치사회 분위기와 연관되기 때문에 냉전(cold war) 중에는 공산주의 이데올로기와 맞닿을 수 있는 거대기업에 대한 혐오, 대중의 힘에

---

3 Guy Westwell, War Cinema: Hollywood on the Front Line (New York: Wallflower, 2006) 45.

대한 찬양, 공산주의 팽창을 저지하는 데 장애물인 고립주의가 작품에서 배제되었다. 즉, 자본주의를 비판하거나 민중에 대한 찬양과 같은 내용들이 억압되어, 〈스미스 씨 워싱턴에 가다〉(Mr. Smith Goes to Washington, 1939), 〈분노의 포도〉(The Grapes of Wrath, 1940)와 같은 영화는 시대정신에 거슬리는 것으로 간주되었다. 심지어 아카데미 수상작 〈우리 생애 최고의 해〉(The Best Years of Our Lives, 1946)조차 냉정한 고용주, 이윤만을 추구하는 은행에 대한 비판적 시각으로 의혹의 눈초리를 받았다.

미국 사회의 근간이나 사회기능에 대해 이의나 의문을 제기하는 시도, 즉 무언가 사회적 저항을 담은 목소리는 공산주의 동조세력으로 의심받을 수 있는 분위기가 팽배하였다.[4] 실제로 한국전쟁 중 제작된 영화는 이런 기류를 반영하는데, 사병 대신 장교가 영화의 주인공이 되는 것도 바로 이런 이유이다. 〈작전 일 분 전〉(One Minute to Zero, 1952)의 자노스키(Janowski) 대령, 〈후퇴란 없다〉(Retreat, Hell!, 1952)의 콜벳(Corbett) 중령 등이 용감하고 탁월한 지휘력을 행사하는데, 이처럼 장교들이 절대적 권위를 갖고 신뢰받는 인물로 등장하는 점도 민중이 아닌 엘리트들에 대한 믿음, 권위에 대한 복종이 사회가치로 부상한 냉전의 시대정신 영향이었다.[5]

---

4 Nora Sayre, Running Time: Films of The Cold War (Madison, Wisconsin: The Dial Press, 1982) 32-56 참조. 이런 분위기는 영화의 제작 여건을 어렵게 해서 결국 한국전쟁을 소재로 한 작품수가 2차대전을 다룬 영화에 비교해 적은 한 원인이 되었다. 더불어 당대 할리우드는 1940년대 후반부터 제작시스템의 붕괴, 텔레비전과 같은 새로운 오락 매체의 등장으로 인한 관객의 급격한 감소로 인해 어려움을 겪고 있었다.

5 물론 시대정신을 거스르는 영화도 있다. 비겁하고 무능한 지휘관(중대장)을 부하가 살해하는 〈공격〉(Attack!)과 같은 충격적인 작품은 한국전쟁이 종결된 이후인 1956년에서야 제작되었다. 전쟁의 광기, 지휘관의 탐욕과 허영에 의해 병사들이 희생당하는 내용인 〈콰이강의 다리〉(The Bridge on the River Kwai, 1957)와 〈영광의 길〉(Paths

2차대전 중 제작된 영화처럼 한국전쟁을 소재로 하는 다수의 영화들은 미국 정부가 규정한 전쟁의 공식 이념, 선전 전략에 표면적으로 충실하게 만들어졌다.[6] 그렇지만 한국전쟁이 처한 고유한 군사·정치·사회적 상황, 그리고 2차대전 말기부터 뚜렷하게 드러난 전쟁영화의 새로운 경향으로 전과는 다른 색채를 띠게 되었다. 정치적 목적에 무감각한 병사들, 그리고 공산주의 팽창과 침략을 바라보는 지도층과 일반 대중 간의 간극이 영화에서 분명하게 드러나기 시작했다. 또 전쟁 종료 후 제작된 작품에서는 전쟁 자체에 대한 회의나 미국 사회의 근원적 문제가 부각되기도 하였다. 즉, 한국전쟁은 미국인으로 하여금 참전의 이유에 관한 첨예한 논의를 촉발시키는 전환점이 되었고, 이를 다루는 영화는 인종 문제, 전쟁의 도덕성, 군 내부의 갈등, 가족들의 반응까지 포함시키면서 전쟁 장르에 주목할 만한 변화를 가져왔다. 그리고 이런 모습은 아시아에서 곧 벌어질 베트남전쟁을 재현하는 할리우드 영화를 예고하고 있다. 이 글은 한국전쟁 영화가 2차대전 영화의 정형을 탈피하여 베트남전쟁 영화에 다가서고 있음을 개별 작품을 통해 입증하려 한다.

---

of Glory, 1957)은 영국군 혹은 프랑스 군대의 경우로 전치되어 재현되기도 했다.

6 Robert J. Lantz, Korean War Filmography (Jefferson: McFarland, 2003)에서 91편의 영화가 열거된 것에서 알 수 있듯이 한국전쟁을 배경으로 삼은 작품 수는 일반적으로 알려진 것보다 많고, 거의 대부분 1950년부터 1965년 사이에 제작되었지만 1970년 〈매쉬〉(M*A*S*H) 이후로도 서너 편의 영화가 간헐적으로 나왔다. 1980년대에는 〈인천〉(Incheon, 1982)뿐만 아니라 특이하게도 네덜란드군을 소재로 하는 〈영광의 야전〉(Field of Honor, 1986)이 제작되었고, 가장 최근에는 〈잊혀진 전쟁〉(The Forgotten, 2003)이 저예산 독립영화로 나왔지만 우리 관객에게 소개될 기회조차 갖지 못하였다.

2. 한국전쟁 중 제작된 영화: 정형과 이탈

2차대전의 경우처럼 한국전쟁이 발발하자 트루먼 대통령은 영화
제작자들을 백악관에 초대하여 "당신들이야말로 진실을 전하는 데
가장 크게 공헌할 수 있는 조직"이라고 치하하면서 협조를 구했다
(May 115).[7] 전쟁 중에 제작된 〈작전 일 분 전〉, 〈너를 원해〉(I Want
You, 1951), 〈후퇴란 없다〉는 '진실'에 대한 정부의 관점을 담고 있는
대표작이다. 〈작전 일 분 전〉은 적이 누구인지 그리고 전쟁의 원인
및 성격을 명확하게 규정한다. 이 작품에서 전쟁이 발발하기 전 자노
스키와 파커(Parker) 대령은 UN 보건위원 린다 데이(Linda Day)에게
"공산군이 이미 움직이기 시작했고, 이 계획은 모스크바에서 작성됐
다"라고 확신 있게 말한다.[8]

그리고 전쟁이 시작되면서 북한 전투기가 서울 도심의 민간인을
공격하여 여인이 시신 앞에서 울거나, 뒤로 손을 묶인 채 살해된 미
군의 모습을 보여주어 공산군의 야만성을 강조한다. 반면 미군은 피
난민을 치료하고 아이들과 풍선껌을 나눠 씹으며 어울리는 따뜻한
인간애를 보이면서 공산군과 뚜렷하게 대비된다. 즉, 이 영화는 전쟁
의 책임이 누구에게 있는지 그리고 공산군의 행위가 왜 비난받아야
하는지를 알려주며 참전의 이유를 명쾌하게 전달하고 있다. 〈너를
원해〉에서는 공산군을 막지 못하면 한밤중에 누가 와서 이유도 모른

---

7 미 정부와 할리우드와의 관계는 현재에도 계속된다. 9·11테러 이후 부시 행정부는
테러와의 전쟁을 위한 분위기를 고조시키기 위해 할리우드 관계자들과 접촉하여 〈블랙
호크 다운〉(Black Hawk Down, 2001)과 〈우리는 군인이었다〉(We Were Soldiers,
2002)와 같은 애국적이며 친군부적인 영화를 앞당겨 발표하게 했다(Westwell 1-2).
8 최근 소련과 중국의 전쟁 관련 중요 비밀문서가 공개되면서 소련의 적극적 역할을
입증하는 연구결과가 나왔다. 김영호 외 『6 ·25 전쟁의 재인식』(기파랑 2010).

채 데려가고, 원치 않는 사진이 방에 걸려 있거나 직장도 마음대로 사직할 수 없는, 선택의 자유를 빼앗긴 전체주의 사회에 살게 될 것이라고 징병 심사위원장이 경고하면서 공산주의의 위협을 관객들에게 일깨우기 위해 애를 쓰고 있다.

〈후퇴란 없다〉의 경우 공산주의에 대한 반감보다는 미 해병의 불굴의 전투정신을 찬양하는 데 초점을 맞추면서 해병대 입대를 자연스레 유도한다. 영화는 2차대전 용사였던 동원예비군 핸슨(Hansen) 대위의 개인주의 성향을 비판하면서 그가 해병정신을 점차 되찾는 모습과 해병 가족의 막내 맥더밋(McDermid)이 입대하여 전쟁공포증을 극복하고 강인한 해병으로 변모되는 과정을 추적한다. 핸슨은 죽음을 무릅쓰고 고립된 병사를 구출하는 작전에 자원하면서 '완벽한 해병'임을 입증하고 부상당한 대대장, 선임하사는 후송을 거부하고 끝까지 전장에 남는 모습을 담으면서 '충성'(Semper Fi)이라는 해병정신을 구현한다. 더구나 영국 해병대와의 끈끈한 동지애까지 강조하면서 해병대라는 집단에 대한 충성심이 화면에 가득하다. 〈작전 일분 전〉처럼 이 영화도 전쟁터에서도 발휘되는 미군의 휴머니즘을 부각시킨다. 대대장은 부대를 지휘할 때의 엄격한 태도와는 달리 자신을 경계하며 쉽게 다가오지 않는 배고픈 어린 남매에게 인내심을 갖고 음식을 나누어주는 자애심을 보인다.

그러나 이런 선전영화의 정형을 간직한 전쟁영화에서도 한국전쟁의 고유한 특성 그리고 당대의 사회문화 흐름으로 인해 새로운 변화를 찾을 수 있다. 할리우드는 한국전쟁을 다룰 때 2차대전 영화의 정형을 좇았지만 그 틀에 맞지 않는 전쟁 상황에 봉착하게 되었다. 즉, 동족 간에 벌어진 전쟁에 중공군이 개입하면서 전선이 고착되었고, 휴전회담으로 인해 정치적 고려에 의한 전투가 제한적으로 벌어진다는 점이었다. 이런 와중에 작전에 방해되는 포로 사살, 게릴라와 뒤섞인 민간인 살상에 따른 도덕성의 문제, 전쟁에 대한 국민적 관심이 결여된 상태에서의 병사들의 약화된 전투의지 등이 영화에 직간접으로 투영되면서 2차대전 영화와 뚜렷한 차이를 보이게 되었다.

실상 엄청난 전쟁의 고통을 치른 후 경제성장으로 인한 풍요로운 소비생활을 누리기 시작한 미국 사회는 문화적, 지리적으로 연관이 없는 낯선 땅에서 벌어지는 전쟁에 대해 참전병사 가족을 제외하고는 별다른 관심을 보이지 않았다. 심지어는 전쟁 중에 철수까지 주장하는 국민의 비율도 무시할 수 없을 정도였다.[9] 〈사냥꾼〉(The Hunter, 1958)에서 주인공 쎄르빌(Serville) 소령은 "진짜 큰 전쟁 후에 곧바로 이 전쟁이 일어나 어느 누구에게도 설득하기가 어렵다는 것이 문제이다"라고 그 원인을 설명한다. 〈후퇴란 없다〉에서도 멋진 차를 운전하는 핸슨은 소집 명령을 받은 후 무겁고 어두운 표정을 짓고 내키지 않는 마음으로 가족과 함께 소집 부대로 향한다. 핸슨의 경우처럼 2차대전에서 자신의 몫을 다했다고 생각하고 안락한 삶을 누리는 동원예비군들은 참전에 심적으로 반발했고 마지못해 명령을 받아들였다. 이 동원예비군들의 전쟁에 대한 거부반응은 전쟁 종료 후 제작된 〈도곡리 철교〉(The Bridges at Toko-ri, 1955)의 브루베이커(Brubaker) 중위가 철수를 주장한 데서도 확인된다.

---

9 1951년 3월 갤럽(Gallop) 여론조사는 응답자의 23%가 철군해야 한다고 응답했고 43% 정도만이 전쟁 수행에 찬성하였다. 전쟁 초기부터 존재한 참전에 대해 부정적 여론은 점점 정도가 심해졌고, 마침내 트루먼 대통령은 1952년 차기 대통령선거에 출마하지 않겠다고 선언했다. 합동참모본부장 브래들리(Bradley) 장군조차 "the wrong war, in the wrong place, at the wrong time, with the wrong enemy"란 말까지 할 정도였다. Beverely Merrill Kelley, Reelpolitik II: Political Ideologies in '50s and '60s Films (New York: Rowman & Littlefield, 2004) 180.

전쟁에 대한 그다지 호의적이지 않는 분위기는 미 정부가 효과적인 전쟁 수행을 위해 극복해야 할 큰 과제였다. 특히 이 경향은 휴전 회담 동안 더욱 뚜렷해졌다. 〈후퇴란 없다〉에서 한국전쟁에 관한 생각은 남부 출신의 병사가 남북전쟁에 빗대어 자신들이 싸우고 있는 "남쪽"이 이번에는 "정당한" 편임을 피력하는 데서 그 일면을 엿볼 수 있다.[10] 즉, 이들은 남북 전쟁의 경우처럼 한국전쟁을 2차대전과 같은 선과 악의 대결보다는 내전으로 여긴다는 점이다. 실제 이 영화에서는 공산군을 중립적으로 재현하여 정치적 면을 어느 정도 탈색하고 있다.

징병되는 청년 혹은 그 가족들의 한국전쟁 참전에 대한 생각은 〈너를 원해〉에서 알 수 있다. 이 영화에서 어떤 아버지는 아들을 건설회사의 필수 직원으로 선정해 징집을 피해달라고 부탁한다. 또 다른 가족의 어머니는 아들의 징집에 반발하여 남편의 1차대전 전쟁 기념품을 던져버린다. 일본의 진주만 공격과는 달리 직접 관련이 없는 '내전'과 같은 한국전쟁에서의 희생을 달갑게 여기고 있지 않음을 보여준다. 적어도 1950년대 초반 일반 대중들은 지도층만큼 공산주의 위협을 심각하게 받아들이지 않았거나 남의 전쟁에 개입하는 데 적극적이지 않았음을 엿볼 수 있다.[11] 여기서 주목해야 될 것은 2차대전 영화

---

10 영화의 대사는 다음과 같다. "This is one war that makes sense. North against South. This time we're fighting on the right side." 할리우드에서 제작한 남북전쟁 영화는 손에 꼽을 정도다. 내전인 남북전쟁은 애국심을 불러일으키는 역사적 소재와는 거리가 있어 매력적이지 않기 때문이다. 〈바람과 함께 사라지다〉(Gone with the Wind, 1939)가 대표적이고 스티븐 크레인의 소설을 영화화한 〈붉은 무공 훈장〉(The Red Badge of Courage, 1951), 북군 흑인 병사들의 희생을 다룬 〈글로리〉(Glory, 1989) 등이 있다. 그중 반전 성격을 띤 〈붉은 무공 훈장〉이 한국전쟁 때 나온 점은 이 전쟁을 바라보는 시각을 반영한다.

11 Peter Filene, "'Cold War Culture' Doesn't Say It All," Rethinking Cold War

와는 달리 가족들이 전쟁영화의 중요한 요소로 등장하는 점이다. 〈후퇴란 없다〉처럼 담담하게 사실을 받아들이며 목소리를 내지 않는 핸슨 부인과는 달리 이 경우에는 여인들이 남편과 아들의 참전에 대해 생각과 감정을 분명하게 표출하고 있다. 누아르(noir) 영화에서 볼 수 있듯이 2차대전을 거치면서 부각된 여성들의 힘이 투영된 셈이다. 물론 이들의 반발은 결국 수그러들지만 한국전쟁은 참전에 대한 가족들의 생각 또는 저항이 영화에서 드러나는 전환점이 되었다.

선과 악이 뚜렷하게 구별되는 2차대전과는 달리 동족 간에 벌어진 한국전쟁은 미군에게 적과 아군을 구분하기 어려운 문제를 제기했고[12] 특히 게릴라와 섞인 피난민 살상에 관한 장면은 베트남전쟁 영화와 유사함을 보여준다. 〈작전 일 분 전〉은 자유를 위해 싸우는 미군도 절대적 선이 될 수 없음을 일깨워준다. 이 영화는 공산군 게릴라가 섞인 민간인의 남하를 막기 위해 포를 쏘아야 하는 미군 지휘관의 고뇌를 담고 있다. 피난민을 총으로 위협하는 적들의 비열함을 강조하고, 또 "전쟁은 인간 최악의 불치 상황으로 때로는 병든 조직과 더불어 성한 조직까지 도려내게 한다"라는 의료진의 주장까지 곁들여 이 행위를 정당화한다. 그러나 민간인까지 살상하는 이 포격 장면에 대해 미군은 거부감을 느껴 삭제 요청을 하였지만 제작사는 이를 거부해 영화 제작을 미군이 지원했다는 문구가 빠지게 되었다.[13] 이 장면에서 노인이 길을 차단하는 미군을 "오랑캐"라고 부르면서 대들

Culture, ed. Peter J. Kuznick & James Gilbert (Washington: Smithsonian Institute, 2001) 157.

12 이 곤란한 문제에 대해 〈철모〉에서 주인공은 "함께 뛰면 국군, 뒤쫓아 오면 북한군"이라는 적과 아군을 구분하는 기발한 방법을 제안한다.

13 Lantz, 앞의 책 270. 더불어 이 작품은 미군 영내 영화관에서 상영이 금지되었다.

기도 한다. "오랑캐"라는 우리말을 영어자막으로 처리하지 않아 그 의미가 미국 관객들에게 전달되지는 않지만 미군을 바라보는 눈길이 늘 호의적이지 않다는 점은 분명하다. 더구나 이 민간인에 대한 가차 없는 살상은 미군에게 잠재한 인종차별의 적나라한 표출일 수도 있다.[14] 미군이 도움을 주는 나라에서 환영받지 못할 수도 있다는 암시는 분명 2차대전 영화에서 볼 수 없는 장면이었고, 이는 베트남전쟁 영화에서 더욱 두드러진다.

전쟁 중 제작된 영화 중에서 쌔뮤엘 풀러(Samuel Fuller)의 〈철모〉(Steel Helmet, 1951)는 사회적 논란과 군의 거센 저항을 일으킨 작품으로, 전쟁영화 장르의 변화를 촉발시키는 주목할 만한 작품이다. 외견상 2차대전 영화의 정형처럼 소규모 정찰대가 산중의 절에서 압도적인 규모의 적을 맞이하여 결사항전을 벌이는 이 영화는 한국전쟁에서 왜 싸우는가라는 질문을 관객들에게 도전적으로 던지는데, 여기에서 민주주의 수호, 하나님, 조국, 가족을 위해서라는 기존의 답은 존재하지 않는다. 흥미롭게도 이 질문을 던지는 주체는 포로가 된 북한군 장교인데 그는 흑인차별법(Jim Crow Law), 2차대전시 일본계 시민의 집단수용 등을 언급하며 흑인과 일본계 병사에게 이들이 국가에서 부당한 처우를 받고 있음에도 불구하고 왜 참전하는지에 대한 곤혹스런 질문을 제기한다. 즉, 이 작품은 국가에 대한 긍지를 내세우기보다는 국가의 정의에 의문을 던지면서 미국 사회의 가장 취약한 급소를 날카롭게 찌른다. 이런 면에서 풀러의 작품은 전쟁 중에 제작된 것 가운데 가장 뚜렷하게 2차대전 영화의 정형을 파괴하고

---

14 Andrew Dowdy, The Films of the Fifties: The American State of Mind (New York: William Morrow, 1973) 75.

있다.

사실 미국 정치와 사회통합에서 가장 걸림돌이 되는 인종차별 문제에 대한 거론은 2차대전 전쟁영화의 금기사항이다. 2차대전 때 인종차별은 미국의 대외 논쟁거리로 대두되었다. 이는 파시즘에 대항하여 민주주의 가치를 수호한다는 점을 미국이 전쟁이데올로기로 내세우지만 정작 자국에서는 유색인종에 대한 차별이 엄연하게 존재하기 때문에 외교적으로 자기모순에 당착하게 되었기 때문이다. 더불어 유색인인 일본군이 백인의 나라에 직격탄을 날리는 것을 보고 인종차별로 인한 절망감에 사로잡힌 일부 흑인들은 같은 유색인이란 공통점으로 인해 일본을 옹호하기도 하였다. 실제 사회학자 호레이스 케이튼(Horace R. Cayton)은 "작은 황색 녀석"(little yellow bastard)들에게 백인들이 굴욕을 당하는 것에 만족감을 느꼈다는 고백을 자서전에 남기는 등 양가적인 면을 보이기도 하였다.[15] 이런 모순과 흑인들의 분위기를 인식하고 있기 때문에 전쟁공보국은 사회통합이란 가치를 영화에 심도록 하여, 2차대전 영화의 정형이 되는 〈바탄〉에 실제로 반영되었다. 흑인 병사 엡스(Epps)는 예전의 삼보(Sambo)가 아닌 똑똑하고 진지한 인물로 등장하면서 흑인 역시 존중할 만한 인간임을 부각시켜 흑인들의 불만을 잠재우려 했다. 2차대전 때 미군은 인종적으로 각기 분리된 부대에서 전투를 했지만 이 영화는 흑백 혼합의 결사대를 통해 전쟁 수행에서 단합된 미국의 힘을 강조한다. 〈하나님은 내 동료 조종사〉(God Is My Co-pilot, 1945)에서 주인공 스캇(Scott)이 일본군 비행기를 계속 격추시켜 가면서 영웅으로 부상하자

---

15 Horace R. Cayton, Long Old Road (New York: Trident, 1965) 275. Brian Locke, Racial Stigma on the Hollywood Screen: From World War II to the Present (New York: Palgrave, 2009) 20 재인용.

고향에서 그 소식을 듣고 열광하는 흑인들의 모습이 화면 속에 담긴 것도 같은 맥락이다. 하지만 흑인 병사들이 겪는 차별은 사회뿐만 아니라 군대에서 엄연하게 존재하였고 영화에서 보여준 이상은 현실과 늘 괴리가 있었다. 그러나 외면적으로 할리우드 전쟁영화에서 인종차별 문제는 군내에서 평화적으로 해결되며 단합된 부대정신을 강조하는 것으로 해결된다. 군내의 흑백갈등은 비로소 전쟁 종결 후 제작된 〈용감한 자들의 고향〉(Home of the Brave, 1949)에서 다루어지는데, 흑인 병사가 느끼는 인종차별은 피해의식으로 인한 과민반응이라는 식으로 설명하며 흑백 병사가 자연스럽게 화해하는 결말을 취한다.

한국전쟁 영화에서 인종차별에 대한 해결책은 급진적이기보다는 유보적이다. 이것은 베트남전쟁 영화에서도 마찬가지이다. 할리우드 영화에서는 급진적 해결책 대신 주변에서 탐색만을 시도한다. 〈철모〉에서 흑인 위생병 톰슨(Thompson)은 흑인들이 겪는 차별을 인정하지만 서둘러서 되는 일이 아니라며 기득권을 옹호하는 답변을 한다. 다나까(Tanaka) 역시 자신을 미국인으로 규정하고, 이 문제는 외국인이 간섭할 성격이 아닌 미국 내부문제라는 투로 넘겨버린다. 이런 답변이 지금 관객들에게는 상투적인 것으로 여겨질 수 있지만 이 도발적 질문은 미국에서 박해받는 집단들에게 미국인이란 무엇이며 조국을 위해 싸운다는 것이 무엇인지에 대해 근원적 의문을 제기한 셈이어서 많은 관객들을 불편하게 했다. 이 아픈 문제를 제기하는 공산주의자들은 결코 다루기 쉬운 존재가 아님을 영화는 보여준다. 더불어 북한군 장교는 자신이 소련공산주의자가 아닌 북한공산주의자임을 밝히면서 이념의 토착화를 선언한다.

또한 〈철모〉는 전투에서 겪는 병사들의 '진짜' 경험을 재현하겠다는 감독의 단단한 결심을 담고 있다. 이 영화에서는 2차대전 영화

〈철모〉 구해준 한국 소년을 아랑곳 하지 않는 미군 병사 잭

〈바탄〉, 〈웨이크 섬〉은 물론 앞서 언급한 〈후퇴란 없다〉, 〈작전 일
분 전〉에 담겨 있는 감상주의나 영웅주의를 찾을 수 없다. 2차대전
을 겪은 노련한 잭(Zack) 상사는 오직 이기심과 냉혹함이 생존의 길
임을 입증한다. 상사는 소년이 자기를 결박에서 풀어주자 한마디 말
도 없이 자신의 상처부터 보듬는다. 희생정신은 찾을 수 없고, 심지
어 죽은 병사의 옷을 뒤져 필요한 물건을 챙기기도 한다. 다른 병사
들 속에 합류한 것도 담배라는 보상 때문이다. 특히 그는 전장 현실
과 거리가 있는 군대 규범에 대해 냉소적이다. 전투 경험이 일천한
소대장 드리스콜(Driscole)이 죽은 병사의 목에 걸려 있는 인식표를
떼어오도록 병사에게 명령하자 잭은 "그냥 두시죠. 죽은 사람은 죽
은 거예요. 미련 두지 마세요"라고 훈수한다. 전사자의 인식표를 제
거해야 하는 규범에 따라 시체에 손을 댄 병사는 부비트랩에 의해
폭사 당한다. 북한군이 미군 포로를 결박한 채 사살한 것처럼 북한
군 포로에게 총을 쏘며 분노를 터뜨리는 그의 모습은 미군의 절대적
선을 부정한다. 미군이나 공산군 모두 전쟁터에서는 이성을 상실한
존재에 불과하다.

'진짜' 경험에 관한 풀러의 집착은 〈총검을 꽂고〉(Fixed Bayonet, 1951)에서도 반복되는데, 이번에는 전장의 병사 심리를 예리하게 파헤친다. 영화는 먼저 미 정부가 한국전쟁을 "치안활동"(police action)으로 규정한 것에 대해 이의를 제기한다.[16] 한 병사가 "이게 치안활동이라고 하던데"라고 말을 꺼내자 다른 병사가 "그러면 경찰을 보내지"라고 되받는다. 이처럼 이 영화 역시 불편한 진실에 초점을 둔다.[17] 감독은 병사들에게 왜 전쟁에 참전했는가에 대한 물음을 던지지 않는다. 이미 명령에 의해 참전한 이들에게 이 질문은 별 의미가 없기 때문이다. 그 대신 장기복무를 하는 병사에게 왜 군대에 계속 남아 있는지 묻는다. 그러자 각기 가난, 게으름, 허영 등을 열거하는데, 이런 현실적 답변은 병사들에 대한 관객의 낭만적 기대를 일거에 깨뜨리며 이들이 찬란한 무공훈장과 거리가 먼, 생존에 지친 인간임을 일깨운다. 전장의 병사들은 현실의 고통을 잊기 위해 환상을 즐긴다. 이들은 집에 돌아가면 어떤 낙원이 기다리고 있을까라는 환상을 즐기면서 각자의 생각을 화면 밖 소리로 드러낸다. 볼링장 사업을 하고, 수영장에서 하루 종일 누워 있거나, 의사가 되는 상상을 펼친다. 그러나 이런 욕망은 예기치 않은 생각으로 단절되며 전쟁터에서 부닥치는 추운 겨울날의 시급한 과제로 귀결된다. "보병들이 걱정해야 하는 단 세 가지는 총과 두 발이다." 오직 전쟁의 차가운 현실이 관객들의 정신을 들게 할 뿐이다. 한국전쟁에 대한 낭만적 환상은 애초부

---

16 트루먼 대통령이 의회의 승인을 얻지 않고 미군 참전을 신속하게 결정한 이유에 대해서는 김영호 「탈냉전과 6 ·25전쟁의 재인식」, 『6 ·25전쟁의 재인식』(기파랑 2010) 참조.

17 〈철의 천사〉(Iron Angel, 1964)에서도 공산군이 미군에게 총을 쏘자 한 병사가 농담조로 이런 말을 한다. "누군가 이 '국'(gook)들에게 이것이 치안활동이라 말했으면 좋겠는데, 저들은 전쟁으로 생각하는데."

터 존재하지 않는 셈이다. 이렇게 풀러의 작품은 사실성과 금기를 건드리는 도발적인 면에 있어서 2차대전 영화의 정형을 깨며 전쟁영화 장르의 새 전기가 되었다.

3. 휴전 후 제작된 영화: 전복적 요소의 과감한 표출

한국전쟁과 베트남전쟁은 냉전체제에서 같은 민족 간에 벌어진 이념 충돌의 전쟁, 도미노 이론을 내세우며 아시아에서 공산주의의 확산을 막으려는 미국의 전략, 그리고 전쟁을 바라보는 미국 정부와 국민, 병사 간의 간극이란 공통점을 갖고 있기 때문에 할리우드의 반응은 매우 유사하다. 베트남전쟁 영화는 전쟁 중과 그 이후의 작품에서 분명 그 성격을 달리하는데, 전쟁 중 제작된 주요작품은 〈그린베레〉(The Green Berets, 1968)에 불과하다. 앞선 한국전쟁 작품에서 그랬듯이 참전에 대한 논란을 잠재우기 위해 기획된 이 영화는 참전을 정당화하고 국민들의 지지를 얻기 위해 왜 싸우는지에 서사의 초점을 맞추고 있다. 영화는 2차대전 영화, 특히 서부영화의 틀에 맞춰 참전 이유를 진보적인 반전기자에게 설득하고 있지만 현실과 동떨어진 이 영화는 많은 논란을 불러일으켰다.[18] 한국전처럼 정치·군사·인종적으로 열등한 존재로 여긴 아시아의 공산주의자들에게 군사적 패배를 당한 미국은 또한 밀라이(My Lai) 사건과 같은 양민학살 또는 잔혹행위

---

18 이 영화의 비현실성을 야유하는 병사들의 모습이 구스타브 해스포드(Gustav Hasford)의 베트남전쟁 소설 『고참 병사들』(The Short Timers)에서 묘사되고 있다. "영화를 보던 해병대원들은 폭소를 터뜨렸다. 간만에 본 가장 재미있는 영화라고." Gustav Hasford, The Short Timers (New York: Bantam, 1989) 8.

로 인해 정신적, 도덕적인 면에서도 큰 상처를 입었다. 할리우드 영화들은 상실된 미국의 정의와 도덕성에 대한 죄책감, 전쟁의 상처를 치유코자 하는 강한 열망을 참전과 패배의 의미와 결합시켜 다루고 있다. 〈디어 헌터〉(The Deer Hunter, 1978)에서 참전용사가 자신의 머리에 총을 대고 방아쇠를 당기는 처절한 장면은 미국의 베트남전쟁 참전이 자살행위나 다름없었음을 상징한다. 〈지옥의 묵시록〉(Apocalypse Now, 1979)은 베트남전쟁의 광기와 끔찍함을 커츠(Kurtz)의 말("horror, horror")로 함축적으로 드러낸다. 그리고 주인공이 죽여야 되는 대상은 적이 아닌 아군이다. 〈플래툰〉(Platoon, 1986)도 베트남전쟁에서 싸운 적들이 공산주의자가 아닌 자신들이었음을 말하며 내부분열과 혼란을 이야기한다. 〈전쟁의 사상자들〉(Casualties of War, 1989)은 미군의 민간인 강간, 살상과 이를 고발하는 미국의 양심을 강조한다.

베트남전쟁 영화에서 다룬 이런 문제는 휴전 후에 제작된 〈도곡리 철교〉, 〈전쟁터의 남자〉[19](Men in War, 1957), 〈포크찹 힐〉(Pork Chop Hill, 1959), 〈모든 젊은이들〉(All the Young Men, 1960), 〈전쟁 사냥〉(War Hunt, 1962)에서 이미 강하게 드러나기 시작했다. 이 작품들은 2차대전 후 "승리 문화"[20]에 익숙해 있던 미국민들의 상실감과 좌절감을 그 저변에 강하게 깔고 있다. 더불어 병사 자신을 소모품으로 바라보는 인식, 군 내부의 갈등과 인종 간의 충돌, 전쟁이 인간에게 끼치는 파괴적 영향 등을 다루며 반전 성향까지도 풍기고 있다. 전투의 승리조차 의미를 부여하지 않고, 철수까지 주장하는가 하면 상관에게 총을

---

19 〈전쟁터의 남자〉는 최근 〈낙동강 전투: 최후의 고지전〉이란 이름으로 번역되어 나와 있다.

20 Tom Engelhardt, The End of Victory Culture: Cold War America and the Disillusionment of a Generation (New York: BasicBooks, 1995).

들이대거나 항명을 하며 강간을 시도하는 등 이러한 병사들의 모습은 분명 2차대전 영화의 정형에서 벗어난 것이다. 이 변화는 리얼리티를 내세우는 전쟁영화의 큰 흐름과 한국전쟁에 대한 현실적인 평가를 확인하고 싶은 관객들의 욕망이 투영된 결과이다. 또 1953년에 등장한 『플레이보이』(Playboy) 잡지가 상징하듯 시대정신의 변화와 더불어 영화제작 규범(production code)이 점차 완화되면서 블랙리스트에 오른 영화인들도 다시 영화에 복귀할 정도로 상대적으로 자유로운 제작 분위기가 형성되었기 때문에 가능한 일이었다. 국민들은 매카시즘으로 대변되는 극단적 반공주의에 대해 저항과 염증을 느끼며, 개인의 자유를 억압하는 것에 대한 회의를 표출했다.[21] 비록 이런 기운이 사회 전반을 지배하지는 않았지만, 당대 할리우드 영화의 한 흐름인 염세적 냉소주의와 좌절감, 무력감이란 누아르 영화의 특징들과 결합되어 전후작품에 반영된 것이다.

〈도곡리 철교〉는 한국전쟁에 대한 복잡하고 혼란된 시선을 그대로 표출한다. 우선 가부장격인 타란트(Tarant) 장군이 정치적 고려가 우선 되는 한국전쟁을 "지저분한"(dirty) 비극으로 정의할 만큼 부정적 시선을 드러내는 점이 주목할 만하다. 그는 전쟁을 승리로 이끌지 못한 이유가 제한전쟁으로 국한시킨 정치적 결정 때문이라고 합리화하고 있는데, 이것은 베트남전쟁 영화 〈람보 2〉(Rambo: First Blood Part Ⅱ, 1985)의 첫 머리에서 람보가 던지는 질문, "이번에는 이길 수 있나요?"와 같은 맥락이다. 브루베이커가 내세우는 철군 주장에 대해 당대 이데올로기를 대변하는 장군은 도미노 이론을 내세우며 참전을

---

21 아서 밀러(Arthur Miller)는 1953년 『시련』(The Crucible)을 통해 시대의 상황을 청교도의 마녀사냥에 빗대어 비판한다.

정당화하지만 작품 속에서 그 설득력은 매우 떨어진다. 오히려 "단지 이곳에 있기 때문에 임무를 수행해야 한다"는 직업집단으로서의 임무 수행을 강조하는 장군의 '숙명론'을 브루베이커가 마지막 죽음의 순간에 떠올린다는 점에서 한국전쟁에 대한 변모된 시각을 드러낸다.[22] 도곡리 철교의 공격이 군사적 중요성보다는 다만 전쟁 지속에 대한 미군의 단호한 의지를 표명하는 선언적 행위에 불과한 것으로 나타나면서 주인공의 희생의 의미가 평가 절하되고 있다.

철수를 주장하고, 단순히 그 장소에 있기 때문에 생존을 위해 싸우는 병사들의 모습은 한국전쟁 영화에 드러난 새 양상이었다. 물론 모든 전쟁에서 병사들이 기본적으로 생존을 위해 싸우지만 적어도 2차대전 영화에서는 공통적으로 자유, 민주주의 수호에 대한 확신을 보여 이들이 생존만을 위해 전투를 한다는 인상을 주지 않았다. 브루베이커는 자신의 재소집에 대해 거부감을 가졌을 뿐 아니라 같은 처지인 〈후퇴란 없다〉의 핸슨과는 달리 마지막 순간 자신을 군인이 아닌 변호사로 규정하는 데에서 완전한 동화가 이루어지지 못했음을 내비친다. 이런 면은 철저하게 군인이라는 의식을 내세우는 2차대전 영화와 대조된다. 브루베이커와 같은 군인들의 빈약한 전투의지, 그리고 자신들이 단지 거대한 정치적 게임의 소모품이라는 인식은 참전에 대한 국민의 무관심과도 맞물려 있다. 그가 겪는 소외감은 철교폭격을 앞두고 브리핑실에서 긴장을 이기지 못하고 뛰쳐나왔을 때 스피커를 통해 중계되는 LA구장에 모인 8만여 명의 미식축구 관중들의 함성에 대한 반응에서도 확인된다. 다른 2차대전 영화라면 보통 이런 방송에

---

22 같은 맥락에서 〈사냥꾼〉의 주인공 쎄르빌은 "나는 직업 공군 장교이네. 그 [참전] 이유를 들을 필요도 없지"란 말을 한다. 이 말은 군인이란 직업의 의무감의 표현이기도 하지만 결국 참전의 이유에 크게 납득하지 못하는 분위기를 반영한다.

웃음을 띠며 전투에 대한 결연한 의지를 보이겠지만 그는 자신과는 전혀 다른 삶을 즐기는 이들의 모습에 거부감을 가질 뿐이다.[23]

〈도곡리 철교〉에서 나타난 참전병사의 소외와 고립은 〈전쟁터의 남자〉에서 더욱 분명하게 드러나며 베트남전쟁 참전병사들의 감정을 예고하기에 충분하다. 이 작품은 465고지에서 본대를 만날 것이라는 막연한 희망을 품고 전진하는 병사들을 통해 한국전쟁 중에 겪는 미군의 혼란, 이들이 처해 있는 상황을 상징적으로 보여준다. 본대와 무전기로 연락하려 애를 쓰는 병사에게 소대장 벤슨(Benson)은 절망적으로 "대대도 없다, 연대도 없다, 사단본부도 없다, 미국도 없다"라고 외친다. 지휘관의 좌절에 병사들은 더욱 두려움에 빠진다. 낯선 이국의 땅에서 지원체계와 단절된 상황은 본국의 관심에서 소외된 처지를 대변한다. 한국전쟁 영화에서는 전투의 승리조차 공허하고 의미 없는 것으로 여겨진다. 고지를 점령한 소대장은 수첩을 보고 죽은 병사들의 이름을 하나씩 부른 다음 무공훈장을 대지에 던진다. 죽은 병사들의 존재를 인식하지만 그 희생의 가치는 부정하는 셈이다.

〈전쟁터의 남자〉에서 단연 돋보이는 인물은 생존을 위해서는 극단적 행위도 서슴지 않고, 평소에도 군기를 철저하게 무시하는 몬태나(Montana) 상사이다. "나는 네 군대에 속하지도 않았고 너희도 내 편이 아니다"란 말로 조직과 소속을 부인하는 그는 냉전체제에서의 주요한 사회적 가치인 국가에 대한 충성, 조직의 권위에 대한 순응이라는 이데올로기에 대해 강하게 저항한다는 점에서 두드러진다. 한국전쟁 참전에 대한 불만을 표출하지만 가부장적 권위의 표상인 타란

---

23 Rick Worland, "The Korean War Film as Family Melodrama: 'The Bridges at Toko-Ri'," Historical Journal of Film, Radio, Television 19.3 (1999) 368.

트 장군을 아버지처럼 섬기며 결국 임무수행 중 죽음을 맞이하는 브루베이커보다 훨씬 더 나아간 경우이다. 조직체의 구성원으로 경제적 안정과 소비생활을 유지하기 위해 거대기업과 정부의 틀에 맞추어 개성을 죽이고 순응해야 하는 직장인의 모습과 사회 분위기에 대한 비판적 시각을 다룬 저서가[24] 등장해 관심을 끈 것도 당대 인식의 새로운 변화임을 생각하면 몬태나와 같은 인물의 등장이 그리 놀랄만한 일은 아니다. 이미 이런 조짐은 〈도곡리 철교〉에서 군대 규범과 권위에 대한 저항을 초록 모자와 목도리로 개성 있게 표출하는 반항아 포니(Foney)를 통해 나타났고 그로 인해 이 영화가 상업적 성공을 거두었다고 보는 견해도 있다.[25]

한국전쟁에 대한 냉소와 좌절, 상실감이 가장 짙게 배어나는 〈포크찹 힐〉은 한국전쟁에 대한 양가성도 분명하게 보여준다. 군의 제작지원을 받은 이 작품은 영화의 말미에 주인공 클레멘스(Clemens) 대위가 낮고 차분하게 화면 밖 목소리로 "이곳에서 싸운 병사들은 자신들이 한 일, 그리고 그 의미를 알고 있다. 이 전투로 인해 오늘날 수백만이 자유롭게 살고 있다"라고 전쟁에 의미 부여를 하고 있지만 작품의 전체적 흐름과는 거리가 있어 아이러니하게 들릴 따름이다. 사실 이 영화는 공산주의자들을 인간의 목숨을 존중하지 않는 야만적 존재로 나타내어 한국전쟁의 정당성을 강조하기도 한다. 휴전회담에서 미군 장성이 공산군이 정치적 목적을 위해 인간 생명을 경시한다고 비난한다. 상대방이 자신의 말을 더 이상 듣지 않겠다는 의도

---

24 William H. Whyte, The Organization Man (New York: Simon and Schuster, 1956)

25 May Lou, 앞의 책 130.

를 나타내자 그는 회담장을 나와 "그들은 그냥 동양인이 아니라 공산
주의자다"란 말로 자신의 감정을 토로한다. 그러나 실상 이 말은 공
산주의자들에 대한 반감뿐만 아니라 서구인들의 인종차별적 관점이
깔려 있는데, 이 시각은 전투가 치열하게 벌어지는 와중에 중국군이
수류탄을 들고 괴성을 지르며 마치 원숭이처럼 참호 위로 펄쩍 뛰어
오르는 비현실적 장면에서도 입증된다. 이런 경멸은 〈디어 헌터〉에
서 게걸스레 먹으면서 살인게임을 즐기는 베트남인들의 일그러진 모
습과 아시아인을 "원숭이"로 부르며 인간 아래의 존재로 묘사하는 한
국전쟁 소설과도 그 맥을 같이한다.[26]

　전장의 현실을 무시한 채 일방적으로 병사들의 희생만을 강요하는
군 지휘부의 무정함과 무능함에 대한 이의를 제기하는 중대장 클레
멘스의 모습은 〈작전 일 분 전〉과 〈후퇴란 없다〉에서 숭배되는 엘리
뜨에 대한 믿음, 조직의 권위에 대한 복종이란 냉전시대의 가치에 대
한 도전일 수도 있다. 영화에서 상급부대 지휘관들조차 전투를 계속
해야 좋을지 주저하며, "계속 포크찹 힐을 고수해야 하는가?"라는 질
문에 대해 누군가 결정을 내리기를 바라면서 계속 위로 떠넘긴다. 전
투의 방향조차 분명하게 제시되지 않아 일선 병사들의 고통과 희생
만 가중된다. 전투에서 상급 지휘관들은 실수나 잘못된 판단으로 병
사들의 사기를 저하시킨다. 새벽에 공격을 하는 중대원 뒤에 실수로
강한 탐조등을 비춰 많은 희생자를 내게 하고, 더구나 병력과 보급품
이 고갈된 상황에서 지원은커녕 전투의 승리를 홍보하기 위해 장교
와 사진병을 보내 중대장을 절망시킨다. 이런 행위에 대해 중대장은

---

26 Mackinlay Kantor, Don't Touch Me (New York: Random House, 1951;
Popular, 1958) 89.

씁쓸하게 "사단에 가서 이곳 실정을 잘 전해주게"라고 당부하지만 고지 점령 후 적의 반격이 예상되는 상황에서, 증원된 다른 중대를 더 이상 희생시키지 않겠다는 이유로 철수를 시킬 때에도 분노를 억누를 뿐이다.

클레멘스는 막대한 희생을 강요하는 고지 탈환을 위해 병사들을 사지에 몰아넣어야 한다는 사실을 뚜렷이 인식하고 있고, 자기 자신 역시 위에서 버튼을 누르면 그대로 움직여야 하는 존재임을 냉소적으로 밝힌다. 2차대전 영화는 물론 앞선 한국전쟁 영화에 나오는 장교들의 절대적 헌신과 충성, 진지함과 분명하게 구분되는 대목이다. 그는 병사들에게 무슨 일인지 알 필요 없으니 묵묵히 임무나 수행하라고 충고한다. 또한 전투 중 흑인 병사가 "한국을 위해 죽고 싶지 않다"라며 반항하자 "나도 이 고약한 냄새나는 고지에 관심도 없어"라고 자신의 감정을 솔직하게 드러낸다. 중대장의 냉소 어린 시각은 여러 곳에서 나타난다. 본국으로 돌아갈 때가 되었다고 주장하는 병사에게 "소송하라"고 말하는가 하면 부상한 병사가 후송 대신 계속 싸우겠다고 하자 그는 "자네가 오디 머피(Audi Murphy)야"라며 영웅 만들기를 거부한다.

〈철모〉에서 제기한 인종차별 문제는 〈포크찹 힐〉에서 좀더 강렬하게 분출된다. 즉, 고지를 공격할 때 흑인 병사는 전투를 거부하고 클레멘스에게 총구를 들이댄다. 그는 자신을 백인 지배사회의 희생자로 정의하며, 이렇게 부당한 처우를 받는 빈곤층 출신에게 국가를 위해 희생하라고 강요하는 것은 부당하다는 논리를 편다. 베트남전쟁 영화 〈햄버거 힐〉(Hamburger Hill, 1987)에서도 흑인 병사들은 자신들이 왜 척후와 같은 위험한 임무를 도맡으며 '백인들의 전쟁'에 희생되어야 하는지, 그리고 안전한 후방에서 근무할 수 없는지에 대해 울분

을 토한다. 물론 〈포크찹 힐〉의 병사는 전투를 회피하는 방편으로 이
주장을 내세우기 때문에 그 진정성이 약화되었지만 〈철모〉의 경우와
는 달리 직접 박해받은 자의 입으로 이 문제를 제기했다는 점에서 주
목된다. 영화는 자신을 위협하는 부하를 포용하는 중대장의 관용과
인내를 부각시키면서 이 위기를 불안하게 수습한다. 흑인 병사가 백
인 상관에게 인종차별을 거론하며 총으로 위협하는 장면의 등장은
분명 이 문제의 사회·정치적 심각성을 반영한다.

　1950년대 중반부터 격화된 인종갈등은 〈모든 젊은이들〉에서 다시
반복되는데 영화 전체가 이 문제에 초점을 두고 있다는 점에서 그 심
각성이 확인된다. 〈모든 젊은이들〉이 제작된 1960년대 미국은 1954
년의 '브라운 평결'(Brown vs Board of Education)과 1955년의 '몽고메리
버스 보이콧 사건'(Montgomery Bus Boycott) 등에서 알 수 있듯이 흑인
들의 불만이 노골적으로 드러나는 시기였다. 이런 문제를 인식하여
〈모든 젊은이들〉은 첨예한 냉전 상황에서 살아남는 길은 흑백의 단
합밖에 없다는 선전 메시지를 전달한다. 영화는 소대장이 전사하면
서 정찰대 지휘를 맡게 된 흑인상사 타우러(Towler)가 병사들의 실질
적 지도자격인 킨케이드(Kincaid)와 끊임없이 충돌하는 서사구조로
이루어졌다. 이런 흑백의 균열은 탱크를 앞세우고 공격해오는 압도
적인 적 앞에서야 결국 해결된다. 킨케이드는 탱크를 공격하는 와중
에 다리를 다치고, 유일하게 같은 혈액형을 지닌 타우러가 자신을 살
리기 위해 자발적으로 헌혈하면서 이들은 '피가 섞인' 형제가 된다.
적들이 다시 몰려오자 같은 참호에서 총을 쏘면서 이 둘은 서로를 인
정하며 화해하고, 적 앞에서의 다툼은 공멸밖에 없다는 논리로 흑백
사이의 갈등에 대한 해결책을 제시한다. 결국 〈포크찹 힐〉에서 제시
한 해법의 반복이며 적어도 흑백 문제에 있어서 같은 보수적인 입장

을 취하고 있는 셈이다.

　선전색채가 강한 〈모든 젊은이들〉에서 인종갈등과 같은 사회적 문제로 인해 군 내부의 반목과 대결이 부각되는데, 이런 점은 베트남전쟁 영화의 큰 특징이다.[27] 흥미롭게 이 영화에 등장하는 한국인 가족은 프랑스계의 혼혈로 오히려 그 정치적 배경이 베트남전쟁과 들어맞는다. 이미 할리우드에서는 한국전쟁과 베트남전쟁을 혼동하기 시작한 셈이다. 이 영화에서는 백인 병사가 흑인 상관에게 반항하면서 군대의 흑백통합의 현실적 문제를 제기한다. 남부 출신 브래킨(Bracken)이 혼자 있는 집주인 여자에게 치근대며 다가설 때 자신을 제지하는 타우러에게 주먹을 휘두르며 "깜둥이"(nigger)라는 모욕적 언사를 사용한다. 그리고 자신에게 남부 흑인들의 관례대로 존칭("Sir")을 쓰도록 외친다. 그러나 그때 흑인 상사가 할 수 있는 일은 그가 또다시 강간을 시도하면 총을 쏘겠다는 무기력한 위협밖에 없다. 이 영화는 낯선 이국땅에서 병사들이 양민들에게 어떤 짓을 할 수 있는지도 예고한다. 차별받는 흑인이기 때문에 이 문제에 민감한 타우러는 집주인에게 이렇게 설명한다. "지금의 우리 행동만을 갖고 판단하지 마세요. 지금 두렵고, 너무 많은 죽음을 보았고, 왜 그러는지 이해를 못하기 때문입니다. 발음조차 하기 어려운 [낯선 지명] 땅에 전우들을 묻어야 되기 때문입니다." 자신들의 일탈을 죽음에 대한 두려움뿐만 아니라 낯선 장소 탓으로 돌리는 이 말은 브래킨의 경우처럼 강간이나 다른 공격적 행위를 민간인에게 얼마든지 할 수 있다는 가능성을 열어놓은 셈이다. 불행히도 이 말대로 밀라이 학살이 자행되고, 그것

---

27 〈플래툰〉의 종결 부분에서 주인공 크리스(Chris)는 이렇게 정리한다. "이제 돌아보니 우리가 싸운 상대는 적이 아니라 바로 우리였다. 전쟁은 우리 사이에 벌어졌다."

은 〈플래툰〉이나 〈전쟁의 사상자들〉의 주된 소재가 된다.

앞선 영화에서 서로에게 총구를 겨누는 정도였던 군 내부갈등은 〈전쟁 사냥〉에서 절정에 다다라 결국 아군끼리 방아쇠를 당기게 된다. 한국전쟁 영화에서는 살인을 즐기는 극단적 병사가 등장하게 되고, 전쟁은 그 쾌락을 해소시킬 수 있는 영역이 되면서 그 부정적 시각이 더해간다. 살인 광기를 지닌 엔도어(Endore)는 중대에서 매우 소중한 자산이다. 그는 적진에 야간침투해서 적을 살해하며 정보를 가져오지만 과도한 공격 성향으로 인해 누구 하나 감히 가까이하지 않는다. 그의 반사회적 성향은 연대장에게까지 예의를 갖추지 않는 데에서도 엿볼 수 있다. 엔도어는 애국심에 불타서 싸우는 것도, 영웅적 심리에서 훈장을 얻기 위해 싸우는 것도 아니다. 영화는 적을 살해한 후 마치 인간 생명을 자신이 숭배하는 신에게 바치는 것처럼 의식(儀式)을 행하는 그의 모습을 보여준다. 즉, 전쟁터에서 사람을 희생양으로 사냥하는 셈이다. 병사들 역시 누가 전쟁에서 이기는가에 대해 아무 관심도 없다. 휴전 소식을 듣고 마냥 기뻐할 뿐이다. 영화는 이처럼 한국전쟁에 어떤 가치도 부여하지 않는다. 오직 광기 들린 병사만이 전쟁에서 삶의 존재를 찾는데, 이는 〈지옥의 묵시록〉의 킬고르(Kilgore)나 커츠를 연상시킨다. 휴전 후 더 이상 '사냥'을 허용하지 않는 군에서 삶의 의미를 찾을 수 없어 탈영하는 엔도어를 군 조직은 용납하지 않는다. 커츠가 윌라드(Willard)에게 살해당하듯 그 역시 중대장에게 결국 사살되면서 산속에서 살겠다는 그의 '소박한' 희망도 사라진다. 이제 한국전쟁 영화는 미군들 서로에 대한 살상행위까지 재현하면서 베트남전쟁 영화에 더욱 가깝게 다가선다. 이 영화가 발표된 1962년에는 미군 특수부대가 베트남전에서 이미 활동하고 있었고, 2년 후에는 통킹(Tonkin)만 사건을 자작하여 본격적인 개입을 시작한다.

4. 마무리를 대신하여

할리우드 영화는 전쟁이 아무리 지옥과 같은 일이라도 흥분과 전율을 일으키는 전투장면으로 볼거리를 제공하여 관객들을 사로잡는다. 그러나 반전 혹은 선전 영화의 성향을 막론하고 미군과 싸우는 적들을 죽음을 두려워하지 않는 야만적이고 비인간화된 존재로 재현한 데 주목할 필요가 있다. 한국전쟁 영화에서 미군은 아시아의 적들을 "국"이란 호칭으로 경멸감을 드러냈고 베트남전쟁 영화에서도 이 호칭은 계속 사용되었다. 특히 아시아인에 대한 "황색 공포"는 두 전쟁영화에서 흔히 나타난다. 〈철모〉, 〈모든 젊은이들〉, 〈포크찹 힐〉 그리고 〈우리는 군인이었다〉에서 떼를 지어 돌격해오는, 감정도 없어 보이는 적들은 '황색 공포'의 한 전형이다. 그리고 철저하게 미국인, 미군 병사들의 관점에서 서사가 이루어지기 때문에 상대방의 생각을 엿볼 수 없다. 이런 면에서 부분적이긴 하지만 〈철모〉의 북한군 장교, 〈포크찹 힐〉의 중국 선전병, 그리고 〈우리는 군인이었다〉의 북베트남 지휘관의 시각이 나타나는 것은 매우 예외적이다. 반면 때로는 악행을 범하는 일부 미군도 있긴 하지만 도덕적 정의감을 지닌 병사의 견제와 고발로 인해 미군은 결국 정의가 지배하는 집단으로 귀결되며, 비록 전투에서 고전을 하기도 하지만 막강한 적을 상대로 늘 승리를 거둔다. 미군이 처절하게 철수한 장진호전투를 다룬 〈후퇴란 없다〉의 경우도 승리의 관점에서 서사가 진행된다. 결국 할리우드 영화가 청교도들이 내세운 도덕적 우월감의 기치, "산 위의 도

시"에 담겨 있는 미국의 국민적 신화를 영속화하고 있음은 부인할 수
없다.

한국전쟁 발발 60주년에 즈음하여 장진호전투를 다룬 3D영화 〈혹
한의 17일〉(17 Days of Winter)을 할리우드에서 1천억 원이 넘는 제작
비를 투자, 제작해 2012년 개봉한다는 소식과 더불어 제작자와의 인
터뷰가 신문에 실린 적이 있었다.[28] 한국전쟁 참전용사들이 한국의
경제 및 정치적 발전을 인식하고 자신들의 희생에 대한 자부심을 표
출하며, 또 이들이 전쟁에 대한 자서전격의 소설이나 기록을 최근에
부쩍 많이 출판하는 것도 이 영화제작과 같은 맥락으로 여겨진다.
즉, 이제 더이상 '냄새 고약한' 한국에서의 전투가 쓸데없었다는 생
각에서 벗어난 것이다. 영화 제작자가 인터뷰에서 "치열했던 장진호
전투와 그 덕에 남쪽으로 피란할 수 있었던 수많은 사람에 관한 이야
기를 (…) 상업적으로는 재미나게, 역사적으로는 정확하게 만들려고
한다"라고 밝힌 의도가 위에 언급한 할리우드 전쟁영화의 관습, 특히
한국전쟁 영화와 어떻게 어우러지고 차별화될지 자못 궁금하다.

---

28 『중앙 SUNDAY』 제186호 2010년 10월 3일–4일, 11면. http://sunday.joins.com/
article/view.asp?aid=19000 에서도 볼 수 있음.

한국전쟁 참전병사와 누아르 영화

모든 것을 참아라. 다른 선택이 없느니라.
남자든, 여자든, 어느 누구에게도 그대가
떠돌다 마침내 집에 왔음을 알리지 마라.
침묵 속에서 고통을 견디며 남자들의 행패를 감수해야 하느니라.*
Homer, The Odyssey (Book 13, lines 349-53)

1. 2차대전 귀환용사의 사회 복귀

사단 주력 부대의 후퇴를 엄호하기 위해 남겨진 일개 소대의 지연 작전을 다룬 〈총검을 꽂고〉(Fixed Bayonet, 1952)에서 지독한 겨울 추위에 떨고 있는 동굴 속의 미군 병사들은 전장의 고통을 이겨내기 위해 집에 돌아가면 무엇을 해야 할지 상상을 한다. 이들은 각기 볼링장 사업, 수영장에서 하루 종일 누워있기, 혹은 의사가 되고 싶은 바람을 화면 밖 목소리로 표출한다. 이런 희망과는 달리 휴전 후 제작된 할리우드 영화에서 나타난 한국전쟁 참전 제대병사의 사회복귀는 힘들고 어두웠다. 그리고 이것은 단지 한국전쟁 참전병사뿐만 아니라 2차대전 병사의 경우도 마찬가지였다. 이들은 자신들의 꿈과는 거리가 먼 약물중독, 실업, 정신질환, 불안한 결혼생활, 심지어 범죄 가담에 이르기까지 사회에서 소외되고 고립된 방황하는 주변인으로 재현되었다.

---

* Homer, The Odyssey. Trans. Robert Fagles (Penguin Classics, 1999).

그러나 드물게 할리우드 A급 영화에서 2차대전 귀환 병사들은 전쟁의 상흔에 시달리지만 사회질서를 깨뜨리거나 범죄에 가담하지 않고, 사회에 정상적으로 복귀하기도 한다. 2차대전 제대군인을 다룬 〈우리 생애 최고의 해〉(The Best Years of Our Lives, 1946)는 이들의 권리와 요구를 옹호하지만 전쟁의 기억을 빨리 벗어버리고 사회로 합류하라는 메시지를 함축적으로 전달한다. 공군 장교로 참전했지만 제대 후 실직과 이혼의 어려움을 겪는 프레드(Fred)는 고향을 떠나 새 삶을 시작하기 전 곧 해체될 폭격기 안에서 전쟁의 기억에 빠져 있다가 다시 도전하는 정신으로 건축자재를 만드는 회사에서 일하게 된다. 이런 노력 때문에 그는 사랑하는 여인과 결합하게 된다. 전투에서 양팔을 잃은 상이군인 호머(Homer) 역시 여인의 도움으로 상실감을 극복한다. 이처럼 영화의 서사는 제대 군인들이 각기 부닥친 문제를 이겨내고 건강한 가정을 만들어 사회로 복귀해야 함을 부각시킨다. 〈회색 정장을 입은 남자〉(The Man in the Gray Flannel Suit, 1956)에서는 귀환용사의 정신적 상흔과 정서를 깊게 다룬다. 비영리단체의 홍보직원으로 일하는 탐(Tom)은 겨울 외투를 얻기 위해 독일 병사를 처치했던 기억과 전우를 희생시킨 죄책감에 시달린다. 또 이탈리아에 남겨둔 여인과 아들의 부양 문제로 고민한다. 더구나 전후 팽창된 경제의 과실을 맛보고 싶은 아내는 남편이 조심스럽고 방어적이며 야심이 없다고 불평한다. 결국 그는 급여가 높은 대기업으로 전직하면서 그녀의 욕망을 만족시킨다. 서사는 주인공이 전쟁의 아픈 기억을 어떻게 극복하는지를 다루지 않지만 경쟁사회에서 인내하고 적응해야 함을 분명하게 보여준다.

이처럼 어려움 끝에 성공적인 사회복귀를 성취하는 제대병사를 다룬 작품도 존재하지만 대부분의 할리우드 영화는 누아르(Noir) 영화의 특징인 길거리 촬영을 통해, 병사들이 일상의 삶으로 돌아왔을 때 부닥치는 좌절감을 사실적으로 재현했다.[1] 그리고 다수의 작품들이 참전 제대군인이 '외상 후 스트레스 장애'(PTSD)로 겪는 분노, 고통, 죄책감, 폭력, 마약중독을 다루었지만, 이들의 치유에 초점을 맞춘 것도 아니었다. 다만 종전 후 미국 사회가 누리는 물질적 풍요 속에 잠재되어 있는 폭력, 사회불안, 병리 현상을 다루는 누아르와 제대병 사의 이미지가 잘 결합된다고 여겼기 때문에 자연스레 이들이 소재 로 되었을 따름이었다. 2차대전 이후 전쟁에서 귀환한 병사, 특히 백 인 남성들의 불안감이 고조된 것은 부인할 수 없다. 전쟁 중 남성의 부재로 인한 여성의 적극적인 사회진출로 인해 남성들은 가부장적 권위의 누수를 실감했는데 특히 이들은 여성과 자녀가 자신들의 통 제를 벗어나고 있음을 인식했다. 더구나 참전한 흑인 남성들까지 '제 대군인 원호법'(GI Bill)을 통해 대학 교육을 받을 기회를 얻게 되면서 이들 백인들의 불안감은 더욱 심화되었고 이 불안감이 누아르 계열 의 작품을 통해 표출되었다(Oliver & Trigo xiii-xiv).

---

[1] 1950년대 초반 매카시즘(McCarthyism)의 광풍이 몰아치는 시기에 가장 어려움을 겪었던 할리우드가 제대군인의 정신적 충격, 고통을 솔직하게 재현하기는 쉽지 않은 작업이었다. 당대의 최고 감독인 존 포드(John Ford)는 1956년 〈수색자〉(The Searchers) 에서 시공간적 배경을 남북전쟁 후의 텍사스 변방으로 전치시켜 전쟁으로 인해 정신적 외상을 받은 귀환 병사를 간접적으로 다루면서 폭력에 노출된 개인에 초점을 맞추고 있다(Matheson 52). 존 웨인(John Wayne)이 역을 맡은 이든(Ethans)은 남군 출신으로 자신의 형제 가족을 몰살시킨 코만치 스카(Scar) 족장을 찾아 복수하는 과정에서 '반사회 적 정신질환자'처럼 도덕적 고통, 죄책감, 양심의 가책을 전혀 느끼지 못한 채 잔혹하게 살인을 거듭하며 마침내 스카의 머리를 벗겨내면서 폭력의 절정에 다다른다. 물론 그의 행위는 '복수'라는 정당성을 부여받을 수 있지만 스카가 이든의 또 다른 자아(alter ego)임 이 작품에서 강하게 제시되고, 이든의 남북전쟁 참전 경험과 이런 잔혹한 행위가 밀접한 연관이 있음이 여러 곳에서 암시된다. 이든이 다른 인물과는 달리 집 안으로 들어가지 못하고 혼자 먼지가 휘날리는 황야 쪽으로 걸어가면서 문이 닫히는 마지막 장면은 그가 민간 사회로 통합되기 어려운 존재임을 나타낸다.

누아르 장르는 본질적으로 트라우마(trauma), 충격, 탈진의 정형을 보여주기 때문에 참전 제대병사의 위기를 보여주기에 가장 적합하다. 전쟁의 폭력, 잔혹함을 온몸으로 겪었던 제대군인을 미국 사회는 이들이 설령 어떤 증상을 보이지 않더라도 잠재적인 "정신치료"가 필요한, 위협적인 존재로 간주하였다(Gerber 547, 549). 이런 두려움이 공개적으로 자주 표출되자 제대군인들은 범죄, 폭력, 정신병리학의 틀 안에서 자신들을 사회의 부적응자로 바라보는 시선에 대해 저항감을 나타냈다(Gerber 549-50). 실제 〈살인의 해부〉(Anatomy of a Murder, 1959)에서 검사와 군 정신과 의사는 전투에서 적을 죽이는 것과 참을 수 없는 스트레스가 야기하는 충동적 살인과 큰 차이가 없음을 언급하면서 참전용사들의 잠재적 폭력 성향을 부각시킨다. 다른 작품에서도 제대병사들은 살인과 쉽게 연관이 된다. 〈조에 가해진 범죄〉(Crime Against Joe, 1956)에서도 살인 사건의 용의자로 조(Joe)가 우선적으로 올려진 것은 바로 이런 편견 때문이다. 〈낯선 침입자〉(Strange Intruder, 1956) 역시 아무런 죄가 없는 두 아이를 죽여 달라는 전우의 부탁을 받은 주인공의 정신적 트라우마를 다룬다. 〈함정〉(Man-Trap, 1961)에서도 맷(Matt)은 아내가 난간에서 떨어져 죽자 자신이 의심받을까 두려워하여 시체를 공사현장에 묻어 버린다. 이런 맥락에서 제대병사들은 자신의 참전 경력을 감추거나 밝히는 데 소극적이며, 호머(Homer)의 오딧세이(Odyssey)처럼 전쟁의 트라우마를 가슴에 안고 살아가며 자신의 고통을 다른 사람에게 알리지 않는다. 그렇게 하는 것이 자신을 보호하는 것임을 잘 알고 있기 때문이다. 이 글은 앞서 열거한 한국전쟁 제대군인을 재현하는 할리우드 작품들이 1940, 50년대 미국 영화의 한 흐름인 누아르 영화의 연속선상에 놓여 있음을 구명(究明)하고자 한다. 특히 누아르 영화의 주

요 특성인 목가적 삶에 대한 제대병사의 갈망, 이들의 반 영웅적인
행위와 모습, 그리고 옅어지는 미국 신화의 양상들에 초점을 맞출
것이다.

2. 1950년대 시대정신의 변모

미국의 정체성은 농경주의 신화, 평등주의, 기회의 땅이라는 19세
기 제퍼슨(Jefferson)식의 민주주의 이상에 근거를 두고 있지만 20세
기 산업화의 모델로 바뀌는 과정에서 그 변화가 국민들에게 급격하
게 다가오기 시작했다(Chopra-Gant 63). 누아르 영화는 대기업의 등
장, 독점체제의 성장, 소기업의 몰락, 특정 이익집단의 옹호, 상업주
의화 되어버린 정치적 기구, 도시의 타락, 냉소주의와 같은 새로운
시대 흐름에 대한 뒤처진 반응을 담고 있다. 2차대전 동안 계급분열
을 은폐하고 얼버무렸던 국가통합의 이데올로기는 전쟁이 끝남과 함
께 무너지기 시작하였다. 전쟁에서 돌아온 제대병사들은 높은 물가
와 실업률 증가의 위협에 시달리게 되었고, 마음속에 품고 싸웠던 가
치의 몰락을 지켜보면서 총체적인 환멸감을 느끼기 시작했다. 즉 자
신의 사업을 유지할 수 없게 된 이들은 거대기업을 위해 노동력을 제
공하고 임금노동자로 전락해야 하는 상황에 처하게 되었다. 누아르
영화에 나타나는 소외감, 무력감은 바로 이런 상황과 맞물려 있고
(Harvey 39), 따라서 제대병사들이 '목가적' 세상으로 돌아갈 수 없다
는 인식도 같은 맥락에서 생긴 것이다.

1950년대가 시대정신이 변모하는 시기라는 인식은 〈비로 가득 찬
모자〉(A Hatful of Rains, 1957)에서 분명하게 드러난다. 오랫동안 미국

의 정체성을 지탱해준 농경사회 가치관이 와해된 상황에서 자신들을
지탱해 줄 신화의 부재에 대해 한국전쟁 참전병사 자니(Johnny)의 아
버지는 "어떤 것도 그릇되거나, 어떤 것도 옳은 것도 없다"고 말하면
서 자신들이 급격한 사회 변화로 인한 "진공의 시대"(age of vacuum)에
살고 있는 데 동의를 한다. 이들은 폭발할 것 같은 핵전쟁의 위협 속
에서 미국인들이 무언가를 향해 "달려가고" 있지만 그 "무엇"에 대한
실체가 분명하지 않다고 말한다. 이처럼 미국인들의 공허한 정신 상
태, 그리고 불안한 사회심리가 이 영화에서 마약중독으로 고통받으
며 밤거리를 헤매는 자니를 통해 확연하게 나타난다.

한국전쟁에서 귀향한 제대병사가 '목가적'인 삶으로 회귀하고 싶
은 욕망은 〈질주의 도로〉(Thunder Road, 1958)의 주인공 루크(Luke)를
통해 강조된다. 전쟁에서 뛰어난 공적을 세우고 귀향한 그는 마치
"기관총 사수의 냉철한 시야를 지닌, 죽음 앞에서도 침착한" 청년으
로 언급된다. 250년 동안 테네시주의 산간에서 생계형 밀주를 하는
마을 출신으로, 전쟁에서 돌아온 후에도 밀주 운반을 계속하는 그는
서부 개척시대의 외로운 카우보이를 연상시킨다. 그는 귀향하자 마
을의 밀주 사업이 연방정부의 단속반과 밀주 판매망을 독점하려는
범죄조직 양쪽에서 위협당하고 있음을 알게 된다. 산속에서 밀주를
하였던 그는 법과 정부와는 거리가 있었기 때문에 징집되었을 때 혼
란스러웠지만 전쟁에서 최선을 다했다고 고백한다. 그의 홀로서기는
범죄조직 정보를 요구하는 연방단속반의 제안에도 거부하고 범죄조
직과 혼자 맞서는 데서 부각된다. 어둠의 세력에 맞서 싸우는 용기
있는 인물로서 강한 남성성을 발산하는 루크는 산속의 길을 밤중에
거침없이 운전하고, 자신을 제거하려는 범죄 조직원들을 능숙한 운
전 솜씨로 물리친다. 또한 범죄 조직의 우두머리 사무실까지 혼자 들

어가 그를 제압하는 대담함은 누아르 영화의 바탕인 하드보일드 소설의 탐정과 같은 모습을 보여준다.

루크도 사회의 변화를 감지하고 목가적 시대를 그리워한다. 범죄 조직까지 기업화된 전후 사회에서 더 이상 독자적으로 살아가는 것이 어려워짐을 분명하게 인식하게 된 것이다. 그는 연인에게 이렇게 말한다. "내가 원하는 것이 무엇인지를 아는데 시계를 멈추고 싶어. 내가 전에 알고 있었던 이 계곡의 다른 시간으로 되돌리는 것이지." 여인이 그 시간이 어떤 시간이었냐고 묻자 "정확히 기억은 못 해. 잊어 버렸어"라고 답변한다. 분명 그 시간은 누구에게도 침범당하지 않는, 목가적 삶의 시간이었을 것이다. 그는 연방단속반의 제안을 전달하는 동생에게 자신만의 삶의 철학을 이렇게 설명한다. "나는 누구하고도 거래하지 않아. 경찰 사건 기록부에 한 번만 이름이 올려 있어. 왜 그런지 알고 싶어? 나는 나이기 때문이지. 살아있는 어느 누구에게도 아첨하지 않아." 그러나 테네시주의 깊은 산속 마을에서도 그가 고수하는 진지함과 자족은 이제 더 이상 통하지 않게 되었음을 그 역시 알게 되었기에 마지막 밀주 전달을 나가기 전에 자신이 소지한 모든 현금을 여인에게 넘긴다. 이제 더 이상 목가적인 세상이 아닌, 그리고 법과 범죄 조직, 모두에게 추적당하는 그의 삶의 유일한 명예로운 출구는 죽음 밖에 없었음을 인식했는지도 모른다.

이런 목가적인 시대, '타락 이전'의 삶에 대한 갈망은 〈조에 가해진 범죄〉에서 제대군인 조(Joe)가 원하는 여성상에서도 나타난다. 어머니는 한국전쟁에 참전할 때 소년이었던 아들이 왜 어른처럼 변해 돌아왔는지 이해하지 못한다. 고등학교 앨범에서 "가장 성공할 것 같은 사람"이란 평을 들었지만 조는 귀환 후 어머니에게 의존하여 살아가는, 사회 적응에 실패한 '빈둥거리는 자'로 무시당한다. 물론 이런 변

〈조에 가해진 범죄〉 그림으로 좌절감을 달래는 조

모는 그의 중대가 13일 동안의 전투에서 자신과 두 명만 남기고 몰살당했기 때문이다. 살아남은 자의 죄책감, 정신적 충격에 시달리는 그는 병원에 입원했을 때 미술 심리 치료를 받았다. 조는 "따뜻하고, 인간적이며 지혜가 있고 순수한" 여성을 그림에서 재현하려 하지만, 초상화를 붓으로 훼손하면서 좌절감을 표출한다. 그의 여인상은 전쟁의 충격에서 벗어나고 싶은, 전쟁 이전의 순수함으로 복귀하고 싶은 욕망의 구체적 표현이다. 그러나 어머니조차 아들에게 자신은 "현명하지만 순수하지는 않다"고 말하며 그런 여인은 현실적으로 존재하지 않음을 일깨워준다. 그가 복귀한 미국 사회는 그가 갈망하는 따뜻한 인간미, 순수함 대신 참전병사에 대한 의심과 배척의 분위기가 팽배해 있었다. 그의 '빈둥거리는' 삶은 죽은 전우를 기억하는—살아남은 자의 의무라고 여기는—일상의 결과이지만, 결국 그는 술에 취해 밤거리를 헤매다 살인범으로 몰리게 된다. 그리고 고교 친구들로 부터도 외면당하면서 누명을 스스로 벗겨야 되는 절박한 위기를 맞게 된다.

3. 허우적거리는 한국전쟁 귀환용사들

〈총검을 꽂고〉처럼 전장에서 병사들이 그토록 그리워하는 미국 사회에서도 여전히 제대군인들은 '전쟁'을 계속해야 되는 상황에 직면하게 된다. 더 이상 '목가적'이 아닌 경쟁이 만연하고 사회적 가치의 부재가 낳은 혼란의 와중에서 그들은 때로는 총을 들기도 하고, 총을 든 범죄자에게 쫓기거나 총격을 당하기도 한다. 더불어 제대군인들은 누아르의 인물처럼 정신적으로 붕괴된 삶을 살며 개인적인 명예나 도덕성이 땅에 떨어진 채 범죄에 가담하고, 시대의 타락과 어둠에 파묻혀 허우적거린다(Schrader 59). 이들의 가정 역시 위태로운 상황에 빠져 있고 아내들 역시 전통적 여성상에 벗어나 있거나 때로는 남편을 파멸시키는 팜므 파탈(femme fatale)과 같은 존재이기도 하다. 즉 참전 병사들은 기존 할리우드 영화의 강하고 주체적인 인물상에서 벗어나 도덕성을 상실한 나약하고, 정신적으로도 불안한 그리고 음모와 배신의 대상인 반 영웅적(anti-hero) 모습으로 재현된다. 더불어 이들 제대병사들은 누아르 영화에서 반복되는 대로 아내와 가족의 존재를 통해 얻어지는 만족감을 누리지 못하며, 또 결혼 생활 밖에서 남녀 모두 성적 만족을 추구하는 정형을 그대로 좇고 있다(Harvey 40-41).

제목 그 자체가 누아르 영화의 서사 특징을 나타내는 〈함정〉은 덫에 걸려 허우적거리는 제대군인 맷(Matt)을 통해 안락한 중산층의 삶에 감추어진 부패, 성적 타락, 탐욕, 팜므 파탈과 같은 여성을 다루고 있다. 귀향한 맷은 전쟁 영웅의 이미지는 사라진 채 도덕적으로 타락한 알코올 중독의 부인 니나(Nina)와 탐욕스런 장인이 놓은 덫에 갇혀 꼼짝할 수 없다. 장인의 건축 회사에서 일하면서 장인에게 빌린 돈으로 안락하고 "비싼 취향"을 만족시키며 살아가지만 그는 적어도 사업에서는 상도의를 지키려고 애를 쓴다. 그의 '목가적' 이미지는 아내가 불쏘시개로 그에게 "기사"(knight) 작위를 내리는 시늉을 하고 "정직한 건축업자"라고 일컬으며 조롱하는 데에서도 확인된다. 맷이 이런 덫에서 빠져 나오려 하자 장인은 돈을 갚도록 요구하고 심지어 하도급업자에게 뒷돈을 받으라는 권유까지 마다하지 않는다. 그의 참전 경험은 오히려 비웃음의 대상이 되기도 한다. 그가 장인에게 아내의 저급함이 어디서 나오는지 알겠다고 저항하자 장인은 "항상 영웅이 될 수는 없다"며 비아냥거린다.

누아르 영화에서 가족 제도는 욕구 불만을 표현하는 장치가 된다. 아내와 가정을 통해 만족을 갖지 못한 맷은 여비서에게서 성적 만족을 추구한다. 이 작품에서는 정부가 아닌 아내가 '치명적 여성'으로 등장한다. 니나는 남편을 "공허한 영웅"으로 규정하면서 결혼 생활의 불만을 터트린다. 지난 7년 동안 맷이 아무것도 하지 않았다고 공격하는 아내는 "공허한 영웅"의 의미를 정확히 밝히지 않지만 자신의 성적 욕망을 만족시켜 주지 못함을 에둘러 표현한다. 이들 관계의 폭력적 갈등은 자신을 불쏘시개로 내려친 아내의 목을 조르는 맷의 행위에서 절정에 다다른다. 니나는 팜프 파탈과 같은 존재로 도덕적 타락, 정신적 황폐함을 상징한다. 누아르의 여자들이 그러하듯이 그녀는 요염한 자태로 침실에서 남편의 성적 욕망을 불러 일으켜 자신의 지배력을 확인한다. 사실 니나의 도덕적 타락, 황폐함은 그녀만의 문제는 아니다. 이 영화는 당대에 감추어진 중산층의 도덕적 타락, 특히 성도덕의 붕괴를 간접적으로 제시하는데, 그것은 이들이 즐기는 파티 그리고 흰 천으로 몸을 두른 여자들이 바닥에 누워있고 남자들이 손으로 만져 자신의 아내를 찾아내는 브레일(Braille) 놀이를 통해 드러난다.[2] 이 행위는 이들의 관계가 파티와 술, 섹스 게임, 가십으

로 이루어진 저급하고 타락된 것임을 압축적으로 보여준다. 그녀의
난삽함은 맷이 남자들의 탈의실에서 들은 아내의 추문을 언급하는
데에서 드러난다. 파티에서 술을 넣은 물총을 남자들의 입속에 쏘는
그녀의 도발적인 행위는 남편의 옛 전우인 빈스(Vince)에게 접근하여
침대에 같이 누워 있다가 남편에게 발각되는 것으로 귀결된다. 누아
르 영화에서 남성을 지배하는 여성이 죽음으로 처벌되는 정형처럼
그녀 역시 난간에서 떨어져 죽으면서 가부장적 지배이데올로기를 재
확인 시킨다. 결국 부부관계가 섹슈얼리티를 충족시키지 못하는 점
에서 섹슈얼리티와 결혼제도는 서로 충돌하고, 쾌락과 죽음은 가족
관계의 일탈에서 발생됨을 확인시켜 준다.

　맷의 '반영웅적인' 범죄 가담은 아내와 장인이 쳐 놓은 덫에서 탈
출하려는 시도의 결과이다. 좌절감, 무력감에 휩싸인 그는 여비서와
밀회를 가지면서 아내의 지배에서 벗어나려 하고, 남미 독재자의 돈
을 강탈하자는 빈스의 제안을 받아들여 완벽한 탈출을 욕망한다. 그
렇지만 이 시도는 오히려 빈스와 니나와의 관계를 촉발시키고 전우
간의 오랜 우정을 파열시킨다. 참전병사를 바라보는 사회의 부정적
시각은 빈스를 통해 여지없이 노출된다. 자신을 구해준 전우의 아내
와 관계를 맺고 돈을 벌기 위해 강도짓도 서슴지 않는 그에겐 어떤
윤리도 존재하지 않는다. 빼앗은 엄청난 돈이 자동차 안에 존재함에
도 불과하고 음료수 값을 지불하지 않고 도주하다 총에 죽는 그의 모
습은 돈을 좇는 인간의 허망함을 보여준다. 니나의 시체를 집에서 발

2　변화되는 미국인의 성의식과 행위가 1953년 창간된 시카고에서 휴 헤프너(Hugh
Hefner)에 의해 『플레이보이』(Playboy)지를 통해 대중문화로 표출되기 시작했다. 〈비
로 가득찬 모자〉에서 자니의 아버지가 언급한 "어떤 것도 그릇되거나, 어떤 것도 옳은
것도 없다"도 바로 이런 시대의 변모된 성윤리도 반영하고 있다.

견한 맷 역시 자신이 범인으로 몰릴 것을 두려워 건축 현장에 묻어 버리지만 곧 기억 상실로 인해 자신의 행위를 망각한다.[3] 그 역시 경찰에 체포되면서 가족 파괴의 당사자 모두 응징당하는 누아르의 정형을 답습한다.

한국전쟁에 참전한 현역 중위 매니언(Manion)의 살인 사건을 다룬 법정 드라마 〈살인의 해부〉는 참전 군인을 직접 살인범으로 등장시키는 데에서 주목되며, 분노를 폭력적으로 표출하는 그는 〈수색자〉의 이든과 가장 흡사한 양상을 보인다. 아내인 로라(Laura)의 강간범을 살인한 중위의 결혼 생활은 이들이 거주하는 이동식 집처럼 언제든지 변할 수 있어, 〈함정〉의 어긋난 부부관계의 정형이 반복된다. 서로 첫 결혼을 내던지고 재혼한 이들은 상대에 대한 두려움과 의심으로 가득 차 있다. 이 작품은 과연 매니언의 살해가 정당한지 또한 로라가 주장한 강간 피해에 대해 애매모호한 입장을 견지하면서 관객들의 판단을 요구한다. 특히 영화 결말은 삶의 어둡고 음울한 면을 강조하는 비관주의적 시선을 더욱 확연하게 드러내면서 누아르의 냉소적인 특성을 보여준다.

로라 역시 니나와 같은 정도는 아니지만 아슬아슬한 경계선을 걷

---

3 맷은 남미 갱단에 의해 예전에 전투 중 부상당했던 머리가 맞아 단기 기억상실증을 겪는다. 그의 머릿속에는 의사가 수술할 때 집어넣은 금속판이 들어있어 그의 정신적 불안감을 암시한다. 주목할 것은 한국전쟁 귀환 병사를 비롯한 2차대전 귀환병사 역시 기억상실증에 걸린 인물로 재현된다는 점이다. 2차대전 영화 〈늦은 밤 어디에선가〉(Somewhere in the Night, 1946)에서 제대군인인 주인공은 기억 상실증에 걸려 있고 자신의 정체성을 찾기 위해 어둠의 세계와 부닥치게 된다. 〈왜곡된 방법〉(The Crooked Way, 1949)에서도 포탄 충격으로 기억을 상실한 제대군인 역시 자신의 과거를 추적하다가 지하세계에 연루된다. 이런 기억상실증 환자들은 2차대전 후 겪는 사회적 소외와 심리적 혼란 즉 과거와의 단절, 상실로 인한 정체성의 위기를 반영하며 전후 미국 사회가 겪고 있는 위기감을 상징적으로 반영한다(Belton 203-04).

고 있다. 그녀는 변호사에게도 처음부터 추파를 던지며 자신의 도발적인 욕망을 전혀 감추려 하지 않는다. 영화는 그녀가 벌이는 위험한 게임을 반복해서 보여준다. 구치소에 갇혀 있는 남편을 면회하는 대신 다른 장교들과 클럽에서 춤을 추는 그녀의 행위는 오히려 강간범 바니 퀼(Barney Quill)에게 충분한 빌미를 제공했을 가능성을 제기한다. 클럽에서 군인들은 변호사에게 그녀에 대해 무언가 부정적인 말을 하려다 멈추기도 한다. 더구나 법정에서 검사가 로라에게 던진 "팬티를 늘 착용하는가"라는 당돌한 질문은 그녀를 피해자가 아닌 남자를 유혹하는 사냥꾼과 같은 존재로 만들어 버린다. 그녀는 처음 검은 안경으로 가린 얼굴의 멍든 자국을 퀼의 탓으로 돌리지만 관객들은 그녀가 남편에 의해 구타당했을지도 모른다는 추측을 하게 된다. 왜냐하면 폭력적인 남편의 성향 때문에 그녀는 강간 사실을 자진해서 거짓말탐지기를 통해 입증할 정도로 남편을 두려워하며 불안해하기 때문이다. 로라는 후에 남편이 차라리 풀려 나오지 않아 결혼관계를 끝낼 수 있었으면 하는 바람을 변호사에게 표출하면서 결혼생활에 대한 강한 회의를 내비친다. 역시 〈함정〉처럼 결혼 제도, 배우자의 존재가 오히려 삶에 장애가 되는 요소로 여겨진다.

매니언 중위는 용의주도하며 오만하기까지 하고 또한 자신의 폭력적 성향을 그대로 노출시킨다. 그는 소유욕이 강하고 쉽게 분노하는 정서적으로 불안정한 인물임이 지속적으로 드러난다. 법정에서 검사는 중위에게 전쟁에서 적을 몇 명이나 죽였냐는 질문을 던져 전쟁으로 무뎌진 인간성을 부각시킨다. 즉 전쟁이라는 폭력적 상황에 노출된 참전병사들을 잠재적 살인자, 사회에 위협적인 존재로 바라보는 시각이 이 질문 아래 깔려져 있다. 마찬가지로 〈조에 가해진 범죄〉에서 제대군인 조가 살인범으로 몰리는 것도 그의 참전 경력 때문이었다. 매니언의 용의주도함은 자신의 살인행위를 변호사에게 "일시적 정신이상"으로 주장할 때 나타나고 변호사는 "견딜 수 없는 충동"이란 논리를 펴서 무죄평결을 이끌어 낸다. 그러나 서사는 그의 행위에 대해 불분명한, 애매모호한 시각을 견지하면서 과연 진실이 무엇인가에 대한 의문을 제기한다. 그에 대한 부정적인 시각은 변호사가 사건 수임료를 받기 위해 트레일러 파크(trailer park)에 찾아갔을 때 그가 "견딜 수 없는 충동"으로 떠났다는 쪽지만을 남겨 놓고 가면서 더욱 깊어진다. 즉 자신의 야반도주를 합리화하기 위해 사용한 이 용어는 변호사가 법정에서 중위를 변호한 논리이기 때문에 무죄평결에 대한 강한 의구심을 각인시킨다. 이처럼 살인범이 교묘하게 법망을 빠져나갔을지도 모른다는 냉소적인 결말과 더불어 살인범을 한국전쟁 참전 현역 장교로 재현하면서 참전병사에 대한 부정적 인식을 더했다.[4]

교도소에 갇히거나 간신히 빠져 나온 앞선 두 참전용사처럼 〈비로 가득 찬 모자〉의 주인공 자니 역시 사회에서 격리되는 운명에 처하면서 어둠에 허우적거리는 제대병사의 모습이 강조된다. 이 작품은 전후 마약으로 고통 받는 가정의 문제를 적나라하게 보여주는데 그 중심에는 마약에 중독된 참전용사 자니가 있다. 그리고 이 가정에는 밤거리를 방황하는 남편의 곁에서 불안하고 외로워하는 형수를 흠모하는 동생이 존재한다. 앞선 작품과는 달리 자니의 부인은 현숙하지만 마약 중독으로 인해 직장에서 오래 버티지 못하는 남편의 문제를 인식하지 못한다. 다만 밤거리를 방황하는 남편이 다른 여자와 관계를

---

4 이 작품은 그해(1959년) 대단한 상업적 성공을 거두었고 7개 부분에서 아카데미상을 수상했기 때문에 참전병사에 대한 부정적 이미지를 더욱 각인시켰다.

맺고 있다고 믿고 있을 뿐이다. 이처럼 반 영웅적인 주인공과 가족의 붕괴 및 낭만적 사랑의 부재라는 누아르 영화의 속성이 이 작품에서 다시 확인된다.

〈비로 가득 찬 모자〉는 한국전쟁 영웅인 자니가 겪는 고통의 근원에 아버지에게 버림받은 충격이 깔려 있어 주목된다. 즉 개인의 좌절과 절망이 가족 붕괴와 밀접하게 관련이 있음을 보여준다. 자니는 동굴에서 13일 동안 부상당한 채 음식과 물도 없이 생존한 병사로 병원에서 치료를 받는 동안 모르핀에 중독되고 귀환 후에는 헤로인에 빠지게 된다. 자니는 한국전 참전에 대해 어떤 긍지도 느끼지 못한다. 전쟁영웅으로 장군과 함께 있는 사진이 신문에 실린 아들을 아버지는 자랑스럽게 여기지만 그는 이 신문을 모두 없애버리고 이 사실을 언급하는 아내에게 신경질을 낸다. 아내는 남편이 자신의 전쟁 경험을 자랑스레 생각하는 대신 "부끄러워"한다고 언급한다. 그리고 이 "부끄럼"은 어린 시절에 부모에게 버림받은 트라우마와 직접적인 연관이 있다. 자니가 전투에서 어떤 상황이었는지 처음에는 분명하지 않지만 그의 정신착란이 반복되면서 조금씩 드러난다. 착란 상태에서 그는 동생을 전쟁터의 상사로 착각하며 동굴에서 살아 나갈 수 있다며 자기를 버리지 말라고 애원한다. 후에 그는 자신과 동생을 고아원에 맡긴 아버지와 동굴에서 자신을 버린 상사를 같이 비난한다. 즉 가정과 군대 양쪽에서 그는 버림받은 존재였고 이 트라우마는 그가 늘 부인하고 싶은 상처인 것이다. 미국 또한 한국과 같은 전쟁터와 다른 바 없음이 입증된다. 마약중독으로 인해 잠을 이루지 못하며 누아르의 주인공처럼 밤거리를 헤매는 그는 마약 비용을 갚기 위해 범죄 조직이 건네준 총을 중년 여성에게 들이밀 때 여전히 '전쟁터'에 있는 존재임을 입증한다. 더구나 아파트 벤치에서 마약중독 때문에

〈비로 가득 찬 모자〉 마약 중독으로 고통 받는 자니를 안타까워하는 아내

고통스러워하는 그에게 다가온 어린아이 둘이 던진 "아저씨 죽을 거
예요?"라는 물음은 그를 한국의 동굴 속으로 다시 내던져 버린다. 그
를 돕기 위해 동생과 아내가 애처롭게 몸부림치지만 그를 경찰에 신
고하여 치료 감호를 받게 하는 것이 유일한 선택이 될 뿐이다.

앞선 제대병사들이 정신적 불안을 겪는 것처럼 〈낯선 침입자〉의
폴(Paul) 역시 재향군인병원에서 정신과 치료를 받고 있다. 누아르 영
화의 특징인 편집증과 배신이 서사의 핵심인 이 영화는 전쟁으로 해
체될 수 있는 가족의 면모를 보여준다. 여성들에게 위협받는 남성들
의 등장은 누아르 영화에서 늘 반복된다. 이 영화는 전쟁 중 아내의
외도로 가족이 붕괴되는 현실을 직시하고 있다. 포로수용소에 있는
군의관 아드리안(Adrian)은 포로로 잡히기 전 아내 앨리스(Alice)가 쓴,
불륜을 고백하고 용서를 구하는 편지를 받는다. 그녀는 공허감을 채
우기 위해 저지른 하워드(Howard)와의 불장난에서 다시 돌아왔다고
말하지만, 이미 가정의 울타리를 벗어날 수 있는 여성의 자유분방함
을 분명하게 나타낸다. 남편이 느낀 절망감, 배신감은 포로를 학대하

는 중공군 장교를 충동적으로 공격하다가 결국 사망하는 데에서 확인
된다. 더구나 죽어가면서 자신의 자녀들을 죽여 달라고 전우인 폴에
게 부탁하는 데에서 '자기 거세'를 극단적으로 표출한다. 앨리스는 잘
못을 뉘우치기는 하지만, 누아르의 여인들처럼 남편에게 심리적 공포
를 가해 극심한 불안감을 야기시켜 결국 그를 '거세'한 셈이다.

  폴의 편집증적인 정신착란은 아드리안의 집에 방문했을 때 그의
유언이 화면 밖 목소리로 전달될 때 드러난다. 폴은 몽유병 환자처럼
집 안을 걸어 다니던 중 아이들을 죽여 달라는 환청을 계속 듣는데
그의 혼란은 기울어진 숏(shot)처럼 비대칭적이고 불안한 화면에서
확인된다. 아이를 죽여야 된다는 편집증과 현실에서 그렇게 할 수 없
는 망설임으로 갈등을 빚는 폴의 고뇌는 흥미롭게도 앨리스를 협박
하기 위해 집으로 들어온 하워드와 격투를 벌이던 중 의식을 잃게 되
면서 해결된다. 이 작품은 남성(남편)의 부재 시 일어날 수 있는 여성
(아내)들의 성적 욕망의 표출을 다루면서 그로 인한 가족의 붕괴를 근
저에 깔고 있다. 이제 여성은 소유될 수 없는 존재로 여성 역시 욕망
을 지닌 존재임을 분명하게 제시하고 있다. 더불어 참전병사들의 정
신적 혼돈, 유약함이 다시 부각되면서 기존 할리우드 영화에서 남성
주인공들이 보여주는 강력하고 주체적인 모습과는 거리가 있는 왜소
해진 전후의 남성성을 입증해 준다.

4. 좌절된 미국의 꿈

  앞서 언급한 목가적인 세상에 대한 갈망, 왜소해진 남성성 외에도
법과 정의에 대한 회의, 그리고 좌절된 미국의 꿈(American Dream)이

한국전쟁 제대군인이 등장하는 작품에서 부각된다. 그들은 사회로 복귀하면서 경제적 곤궁을 겪으며 바닥으로 추락한다. 미국 신화에는 농경사회를 기반으로 하는 평등주의적 사고가 뿌리박고 있지만 미국의 꿈은 한국전쟁 참전용사들에게 해당되지 않는다. 그러나 2차 대전을 다룬 할리우드의 주류 영화는 이 신화를 영속시키기 위해 세심하게 노력한다. 평등주의적 신화가 이상적으로 재현된 조직은 〈우리 생애 최고의 해〉의 군대이다. 은행의 고위직이었던 알(Al)은 상사가 되고, 음료수 판매를 하던 프레드의 경우 장교로 임관하여 비행기 폭격수로 참전한다. 그리고 이 영화는 이 신화를 일반 사회에서도 조심스럽게 계속 적용한다. 장교로 복무했던 프레드가 귀환 후 겪는 상실감은 대단하다. 철길 옆 빈민가에 사는 부모, 자신의 삶에 만족하지 못한 부도덕한 아내, 그리고 책임자로 승진한 옛 보조원에게 존칭을 사용해야만 되는 상황이 그를 절망스럽게 만든다. 그러나 아내가 집을 나간 후, 프레드는 품성이 뛰어나고 아름다운, 알의 딸 페기(Peggy)와 결합하면서 존중받는 중산층으로 올라서게 된다. 물론 근면, 성실함이라는 중산층의 도덕적 가치도 같이 내세운다. 그는 페기에게 "무언가를 성취하기까지 몇 년이 걸릴 거예요. 돈도 없고, 편안하게 살 곳도 없을 것입니다. 우리는 여기저기 다니면서 일을 해야 될 거예요"라며 앞으로의 삶이 녹녹치 않지만 희망과 낙관적으로 장래를 설계한다. 이 서사는 이처럼 계층이동이 군대뿐만 아니라 사회에서도 가능함을 설득력 있게 제시한다.

그러나 한국전쟁 제대병사들에게 미국의 꿈을 성취할 수 있는 밝은 희망은 보이지 않는다. 이들은 영원히 하층계급에 속할 것 같은 암울한 상황에 부닥쳐 있다. 〈비로 가득 찬 모자〉는 이들이 쉽게 헤어 날 수 없는 구덩이에 빠져 있음을 상징적으로 보여준다. 아버지는 어린 아들 자니에게 돈을 벌기 위해서 열심히 일해야 한다고 알려준다. 아들은 삽으로 땅을 열심히 파지만 주머니에 돈이 들어오지 않았다. 비가 오자 자니가 포기하고 모자를 쓰자 온통 물벼락을 받는다. "불쌍한 자니, 일하고 일했지만 그가 얻은 전부는 비로 가득 찬 모자 뿐이지." 자니의 행위는 개인 노력의 무익함을 일깨워 준다. 그리고 그가 참전해서 얻은 보상은 부상과 더불어 생겨난 마약 중독과 같은 '물벼락'에 불과하다. 동생 역시 술집에서 경비를 하며 형 집에서 더부살이를 하고 있고. 이들이 거주하는 저소득층 아파트는 마치 벽돌로 된 동굴을 연상시킨다. 아내는 남편의 방황하는 모습에서 불안감을 느끼고, 직장에서 여러 실수로 인해 경고를 받는다. 마약 치료를 위해 병원에 입원해야 할 가장이 있는 이 가족의 미래는 암담하기만 하다. 〈조에 가해진 범죄〉의 결말에서 살인 누명을 가까스로 벗게 되는 조가 화가로 성공할 가능성은 그리 높지 않다. 그 역시 자신의 그림이 술집에도 걸리지 못할 수준이라고 언급한다. 그를 좋아해서 알리바이를 꾸며주면서 범인을 함께 찾는 슬랙(Slacks)의 경우도 마찬가지이다. 레스토랑에서 음식을 나르는 그녀와 결합하더라도 조의 경제적 미래는 그다지 밝게 보이지 않는다. 〈질주의 도로〉에서 테네시의 산간 마을의 생계를 위해 250년 동안 명맥을 이어온 밀주 사업은 범죄조직과 법에 가로막혀 와해되기 시작한다. 산골 청년들은 사고로 하나 둘씩 사망하고 루크의 죽음은 이들 경제적 공동체가 해체되는 정점을 이룬다. 〈살인의 해부〉는 매니언과 로라가 트레일러 파크에서 이동식 생활을 하고 있음을 보여준다. 변호사 수임료로 지불하지 못한 채 야반도주하는 이들의 미래 역시 어둡기만 하다.

〈조에 가해진 범죄〉는 법 집행 기관과 사회 공동체의 공정함, 건강성에 관해 의문을 제기한다. 검사는 살인을 범하지 않았다는 조의 주장에 귀를 기울이는 대신 그의 정신적 외상 입원 경력을 살인 혐의와 관련지으려 한다. 시의 유력인사는 몽유병으로 밤거리를 헤매는 딸을 조가 집에 데려다 준 사실을 경찰에 진술하기를 거부한다. 그녀의 몽유병의 근저에는 자신을 '독점'하고 싶은 아버지의 지배에서 탈출하고자 하는 딸의 무의식이 담겨져 있고, 여기에는 아버지의 근친상간의 욕망이 넌지시 암시되고 있다. 더불어 조의 고교 친구인 변호사는 사건 의뢰를 바쁘다는 이유를 들어 거부한다. 시의원에 출마한 친구 역시 조를 만나는 것에 대해 거부감을 보이고, 술집 주인은 불리한 진술까지 마다하지 않는다. 친구가 살인자로 몰린 상황에서 이들은 자신의 명성과 이익을 위해 진실을 외면한다. 조는 살인범의 누명을 벗기 위해 본인이 직접 해결해야만 하는 막다른 상황에 봉착한다. 그가 철저하게 소외되고 고립된 존재임이 확인된 셈이다. 결국 이 영화들은 평범한 미국인들이 갈구하는 '아메리칸 드림'의 성취가 현실에서 불가능하다는 인식을 제대군인들을 통해 "냉소주의, 비관주의, 어둠"이라는 누아르 영화의 특성에 담아 분명하게 보여준다(Schrader 53).

5. 왜소해진 미국 남성들

이 글에서 다룬 작품에서 한국전쟁 참전 제대병사들은 앞선 2차대전 전쟁의 귀환자들보다 교육 수준이 낮고 정신 질환을 겪으며, 술뿐만 아니라 마약에 의존하기도 한다. 따라서 사회 적응도 더한 어려움에 처해 있다. 이것은 두 전쟁에 참전한 병사들의 질의 차이도 있었겠지만,[5] 그보다도 귀환 제대병사의 사회 부적응의 양상에 대해 객관

적인 사실들이 축적되기 시작했고, 당대에 표출되기 시작하는 여러
사회문제와 이들을 연관시켰기 때문이다. 다른 한편 1950, 60년대
제대군인의 불안한 남성성은 〈회색 정장을 입은 남자〉와 〈함정〉에서
나타난 자기주장이 강하고 불만에 차있는 여성들의 모습과 관련 있
다. 전후 사회적 압력으로 인해 직장에서 가정으로 돌아온 여성들은
막연한 불만에 잠겨있었고 이들의 욕망이 1950, 60년대에 좀 더 구
체적으로 강하게 드러난다. 여성들은 자기희생의 미덕을 발휘하는
대신 물질적, 성적인 면에서 자유로운 삶을 즐기려 한다. 〈회색 정장
을 입은 남자〉에서 베씨(Besty)는 가족이 물질적 풍요를 누릴 수 있게
가장에게 가정 경제를 확실하게 책임지도록 강력하게 요구를 한다.
동시에 남편이 좀 더 강한 남성성을 발산하며 적극적으로 사회생활
을 하도록 압력을 가한다. 〈살인의 해부〉의 아내는 남편이 자신을 강
간한 남자를 살해하여 감금되어 있음에도 불구하고 면회 대신 변호
사에게 추파를 던지고, 술집에서 남편의 동료들과 춤을 추며 시간을
보낸다. 〈함정〉에서 니나의 경우는 극단적으로 나아간다. 그녀 자신
의 성적 욕망을 노골적으로 드러내고 집 안에서 남편의 전우와 관계
를 맺을 뿐더러 금기시되는 여러 행동을 한다. 자신들의 욕망을 결혼
의 울타리 밖에서 충족시키는 그녀와 맷의 부부관계는 무미건조하고

---

5 한국전쟁 수행을 위해 청년들이 희생을 떠맡았지만 2차대전과는 달리 모든 청년들
이 그 짐을 같이 나누지 않았다. 2차대전이 끝난 지 오년 후에 갑자기 발생한 한국전쟁
에 미국은 준비가 되어 있지 않았고 병력이 필요한 군은 참전을 원하는 젊은이들을 누구
든지 받아들였다. 병사들은 전보다 교육 수준이 낮았고 연령적으로도 더 어렸다. 고등
학교 중퇴자들과 범죄 경력자들, 그리고 거의 문맹인 청년들도 포함되었다. 더구나
1951년부터는 대학생들에게 징병유예를 허용 하면서 이런 현상이 더욱 심해졌다. 한국
전쟁은 공산군에게 정치 선전용으로 이용되는 미군 포로들의 유약한 모습이 부각되었
고, 승리로 끝나지 못한 최초의 전쟁이라는 부정적 이미지가 강했다. Raymond B.
Leach, Broken Soldiers (Urbana & Chicago: U of Illinois P, 2000) 36n.

조각이 난 상태이다. 이들은 서로의 불만을 폭력으로 분출하기까지 한다. 자신의 여자를 이제 더 이상 지배하지 못하는 남자들은 전통적인 가부장적 남성성과는 거리가 먼 왜소해진 존재로 영웅에서 범죄자, 또는 마약 상습자로 추락한다. 이들은 도덕적 윤리적 절제력도 약하고 물질적 욕망의 충족을 위해 범죄 행위에 가담하면서 나락으로 떨어진다. 제대병사들의 이런 양상은 당대의 소위 "모성주의"라고 부르는 강한 여성성의 등장, 대기업 문화의 확산에 따른 지배질서에 대한 순응, 주체적 자아의 실종 등과도 밀접한 관련이 있다. 결국 한국전쟁 제대병사들을 다룬 작품들은 당대의 정치, 사회, 문화적 변화, 즉 성의 혁명, 핵전쟁의 위협, 물질적 풍요의 수면아래에 잠겨 있는 중산층의 도덕적 타락과 위선, 하층민의 절망감과 더불어 남성들의 위축된 상황을 현실적으로 투영하고 있음에 분명하다.

할리우드 한국전쟁 영화와
한국인/아시아인의 재현

1. 들어가면서

1951년 할리우드에서 제작된 한국전쟁 영화 〈철모〉(Steel Helmet)는 우리 관객들의 고개를 갸우뚱하게 만든다. 예를 들어, 공간적 배경으로 설정된 "장안사"는 그 외양이 우리의 절과는 거리가 멀고 그곳에 모셔진 부처의 팔은 여섯 개나 되는 것이다. 이 영화가 저예산으로 짧은 기간 제작되었다는 점, 당시 국제 사회에서 대한민국의 존재가 미미했던 점 등을 감안하면 이 같은 리얼리티의 결핍은 이해할 만한 것일 수도 있다. 그러나 문제는 이런 현상이 2000년대에도 여전히 계속된다는 점이다. 특히 북한을 배경으로 하는 제임스 본드(James Bond) 시리즈 영화 〈어나더데이〉(Die Another Day, 2002)는 할리우드 영화가 인종적·문화적 타자를 어떻게 인식하고 있는지를 잘 보여 준다. 본드가 "창천1동" 명찰이 부착된 예비군복을 입고 휴전선을 넘어 북으로 침투한다거나 우리의 농촌과 사찰이 동남아시아의 것으로 대치되어 있는 점 등은 리얼리티의 문제를 야기하면서 한국에 대한 이해가 얼마나 피상적인가를 그대로 드러낸다. 한국인의 생존과 직결되는 남북문제에서 한국인이 무기력한 주변적 존재로 재현되어 우리 관객들의 불만을 샀다는 점은 더욱 문제적이다(황준호 239). 제임스 본드 시리

즈에서 한국인이 처음 등장한 것은 1964년 〈골드핑거〉(Goldfinger)의 오드잡(Odd Job)으로 거슬러 올라간다. 일본계 배우가 연기한 오드잡 은 할리우드 아시아인의 전형에 따라 온갖 허드렛일을 한다. 말이 없 는 그는 속내를 알 수 없는 미소를 머금은 채 주인에게 맹목적인 충성 을 바칠 뿐, 영화 내내 자신의 생각과 감정을 표출할 어떤 기회도 갖지 못한다.

한국전쟁 영화를 통해 한국인들이 할리우드 영화에 본격적으로 등 장하지만 〈철모〉나 제임스 본드 영화에서 보는 것처럼 한국인과 한 국 문화의 재현은 대개 리얼리티가 떨어지고 단선적이었다. 한국인 역할을 맡은 동양계 배우의 우리말 대사는 이해하기도 힘든데다, 〈제한된 시간〉(Time Limit, 1957)의 첫 장면에 나오는 간판 글씨("포려수 용소")처럼 맞춤법에 어긋난 경우도 있다. 〈모든 젊은이들〉(All the Young Men, 1960)에는 프랑스 계통의 혼혈가족이 부처상을 집에 모시 고 산속 외진 곳에서 생활하는 장면이 있는데, 이는 프랑스 식민지였 던 인도차이나 지역에나 있을 법한 배경이다. 더구나 타자에 대한 역 사적 인식이 존재하지 않는 할리우드 영화에서 한국인들에 대한 재 현은 아시아인을 바라보는 기존의 관습에서 벗어나지 않았다. 즉 중 국인, 일본인으로 대표되는 아시아인들 중에서 한국인들은 별개로 인식되거나, 그렇게 인식될 필요성도 없었기 때문이다. 또한 미국의 이상과 가치에 초점을 맞춘 할리우드 전쟁영화에서—예를 들면 흑백 갈등을 치유하거나(모든 젊은이들), 참전에 대한 미 국민의 부정적 인 식을 드러내면서 한국전쟁에서 희생당한 청춘들에게 헌사를 바치며 (도곡리 철교), 원작과는 달리 조종사의 전우애를 부각시키고(사냥꾼), 전쟁의 광기를 비판하며 미국인의 양심을 치켜세우는 일에 의미를 둔다(전쟁 사냥)—한국에 대한 재현은 늘 주변부에 머물러 있었다.

이 글은 할리우드가 제작한 한국전쟁 영화를 통해 서구의 시각이 한국인과 한국에 대한 재현에 어떻게 투영되는지를 구명(究明)하고자 한다. 특히 아시아 공산주의자의 재현, 한국과 일본에 대한 시각의 차이, 한국/아시아 남자 재현의 여성화 문제에 초점을 맞출 것이다.

2. 아시아인에 대한 재현

할리우드가 재현하는 아시아인은 '황색 공포'와 관련되어 있다. 이 '황색 공포'는 19세기 중반부터 20세기 초에 걸쳐 중국과 일본 이민 자가 미국으로 밀려들어 오던 상황에서 앵글로색슨 신교도들이 느꼈던 두려움이 투영된 결과이다.[1] 그 두려움이란 낯선 문화에 대한 인종차별적 공포이며 또한 어둡고 신비한 동양의 힘에 의해 압도당할지도 모른다는 불안이었다. 지나 마셰티(Gina Marchetti)는 "황색 공포는, 백인 아닌 사람들은 생래적으로 신체적·지적인 면에서 열등하고, 도덕적으로 의심스런 이교도이며, 음탕하고 병에 걸렸으며, 야성적이고 비문명화된 어린애 같은 면을 지녀 백인, 앵글로색슨 신교도들의 인도가 필요하다는 관념을 형성하는 데 기여했다"고 설명한다 (Marrchetti 2). 그러나 아시아인들에 대한 부정적인 시각은 1840년 이전에 중국인들을 접촉한 상인이나 선교사들에 의해 이미 표출된 바 있었으므로 새로운 것이 아니었다(Lucas 41).

1　에드워드 사이드는 『오리엔탈리즘』에서 서양인들이 바라보는 동양인 특히 아랍인에 대한 관점을 이렇게 설명하고 있다. "영화나 텔레비전에서는 아랍인이 호색한이거나 피에 굶주린 악한을 연상시킨다. 즉 아랍인은 성욕과다의 변태자이고 부정한 음모에 능란하며 본질적으로 사디스트이고, 믿을 수 없는 하등 인간으로서 나타난다"(사이드 459).

[중국인]들은 우스꽝스런 옷을 입고 미신에 빠져 있으며 정직하지 못하고 교활하며 잔인한 하등 인간으로, 용기, 지성, 기술이 결여되어 있다. 또 자신들을 다스리는 억압적인 전제 정권을 위해 무슨 일이든지 기꺼이 한다.

영미 문학 작품에서 아시아인들에 대한 편견이 구체화되어 대중들에게 영향을 주기 시작한 것은 영국 작가 색스 로머(Sax Rohmer)가 1910년대에 창조한 푸 만추(Fu Manchu)란 인물이 중요한 계기가 되었다. 이 작품에서 작가는 실제 '황색 공포'란 말을 사용하며 아시아인에 대한 편견을 압축 재현하였고, 푸 만추는 서양을 전복하려 하는 위험한 인물로 나타난다.

마르고, 고양이 같이 높이 올라간 어깨, 셰익스피어와 같은 눈썹, 사탄과 같은 얼굴, 박박 깎은 머리, 정말 푸르고 긴 잡아끄는 눈을 지닌 인물을 상상해 보라. 그는 거대한 지성 속에 축척된, 모든 동방 인종의 잔인한 간교함을 지니고, 돈이 많은 정부의 모든 자원을 쓸 수 있다. 그 끔찍한 존재를 상상해 보라. 푸 만추 박사가 머리에 떠오를 것이며 황색 공포는 그를 통해 구현된다.[2]

푸 만추는 책, 라디오, TV, 그리고 영화를 통해 끊임없이 재생산되었고 이 부정적 이미지는 단지 중국인에게만 국한되지 않고 다른 아시아인들에게까지 확장되었다(Lee 115-16). 길고 구부러진 손톱이 상징하듯이 그는 이성애자인 동시에 동성애적인 면모를 풍겼고, 이같이 희미해진 젠더의 구분은 동양을 여성적 존재로 바라보는 서양의

---

2 Robert G. Lee, 114에서 재인용.

시각을 함축하고 있다.[3]

아시아인에 대한 시각은 당대의 사회, 경제, 정치 상황에 따라 변모되었는데, 할리우드 영화는 이를 빠르게 반영하면서 사회 전반에 확산시키는 데 크게 기여하였다. 동양계 이민을 엄격하게 금지하는 법이 1924년에 발효된 후 중국인들에 대한 반감이 완화되면서 아시아인들에 대한 재현에 변화가 일어났다. 1930년대에 대중적으로 인기를 얻은 중국계 찰리 챈(Charlie Chan)이란 인물의 등장이 대표적인데 그는 미국

사회를 위협하는 푸 만추의 정형에서 탈피하여 사회 안정을 지키는 탐정으로 나타난다.[4] 더 이상 중국인들의 존재가 미국에 위협적이지 않음을 시사하고 있는 셈이다. 찰리 챈은 느리지만 세밀한 관찰력으로 사건을 해결하는 특출한 재주를 지녔으며 더구나 동양적 지혜가 들어있는 철학적 말은 그만의 특징이었다. 그러나 그의 무성애(無性愛), 둔탁함, 굴종적인 태도 등은 중국인/아시아인에 대한 부정적 재현이 지속되고 있음을 입증해 준다. 펄 벅(Pearl Buck) 역시 『대지』(The Good Earth, 1931)에서 중국인들에 대한 긍정적 이미지를 만들어 냈다. 작가는 자녀를 사랑하고 낯선 이들에게 친절하며 땅을 사랑하

---

3 사이드는 서양인들이 동양을 "이국적인 관능성"과 결부시키고 있고(사이드 127) 동양에 관한 모든 것을 위험한 성적 매력과 연결시키고 있음을 언급하고 있다(사이드 275).

4 이 대표적인 두 명 말고도 소설 속에 나타난 다른 아시아 인물에 관해서는 Sue Fawn Chung의 글(534-47)을 참조하면 된다.

는 근면하고 순박한 농부들의 모습을 묘사하여 중국 농부들을 재현할 때의 본보기를 만들었다(Oeling 182-206). 반면 아시아인들에 대한 부정적 견해는 중국 내전을 배경으로 하는 영화에서 여전히 표출되었다. 중국의 독재적 군벌들은 육욕적이며 탐욕스럽고 무식한 존재로 재현됐고 그 밑의 병사들도 돈을 좇아 움직이고 여색을 탐하는 사람들로 나타나면서 기존의 관점이 지속됐다.

2차대전이 일어나자 중국 군벌과 병사들에 대한 부정적 재현은 일본군에 그대로 투영되었다. 반면 미군과 한편이 된 중국군은 어떤 역경에서도 굽히지 않는 근면하고, 미소를 짓는 동맹군으로 변모한다. 태평양 전쟁을 다룬 할리우드 전쟁영화는 일본군을 비열하고 잔혹하며, 인간성이 결여된 존재로 타자(他者)화했다. 선전영화의 성격을 강하게 띠고 있는 〈목적지 동경〉(Destination Tokyo, 1943)의 경우 격추된 일본군 조종사가 낙하산을 타고 바다에 내리자 미군 잠수함의 병사가 구조를 한다. 그러나 그가 미군을 칼로 찔러 죽이자 분노한 동료에 의해 즉시 사살된다. 이런 비현실적 설정은 일본군이 은혜를 원수로 갚는 비열한, 인간 이하의 존재임을 강조한다. 〈웨이크 섬〉(Wake Islands, 1942)에서는 낙하산을 타고 내려오는 미군 조종사에게 총격을 가하는 일본군 조종사의 잔인성이 강조된다. 또한 2차대전 영화에서 일본군은 나무 위에서 모습을 드러내지 않은 채 총을 쏘거나 기습을 하는 경우가 많다. 부상당한 미군을 총검으로 찔러 죽이거나 음흉한 웃음을 짓는 일본군 조종사의 모습도 부각된다. 결국 일본군들은 공포감을 주는 괴물이거나 경멸스런 벌레와 같은, 철저하게 없애버려야 할 존재로 강조된다.[5]

5　Guy Westwell은 다음과 같이 지적한다. "2차대전 [할리우드] 영화는 인종을 다룰

3. 한국전쟁과 아시아의 적

한국전쟁이 발발하자 이제 일본이 아닌 중국과 북한이 미국의 적
이 되었다. 적과 아군이 자리를 바꾸었지만 아시아의 적을 바라보는
할리우드의 시각은 근본적으로 차이가 없었다. 즉 앞선 전쟁 영화에
서 일본군을 재현했던 방식이 그대로 아시아의 공산군, 중공군과 북
한군에게 별 차이 없이 적용된다.[6] 우선 이들은 인간의 목숨을 존중
하지 않는 야만적 존재 혹은 동물과 같은 부류임이 강조된다. 공산군
을 동물적 존재로 인식하는 부정적 관점의 바탕에는 미국인들의 황
색 공포가 있다. 〈포크찹 힐〉(Pork Chop Hill, 1959)에서 미군이 겁에
질려 "저기에 수백만의 중공군이 있다"라고 외치는가 하면 또 마지막
고지 방어에서 중공군이 몰려오는 모습을 보고 "수백만 명"이란 말을
사용한다. 〈철모〉, 〈모든 젊은이들〉, 〈후퇴란 없다〉(Retreat, Hell,
1952) 등에서도 압도적인 숫자의 적군은 소수의 미군을 향해 돌격해
온다. 이들 대부분은 그 얼굴 형체가 분명하지도 않으며 생명을 하찮
게 여기는 듯한 태도로 집단적으로 몰려온다. 〈포크찹 힐〉은 공산주
의자들의 생명 경시를 좀 더 직접적으로 보여준다. 휴전회담 중 중공
군 장성은 미군 대표가 공산군이 정치적 목적을 위해 인간 생명을 가
볍게 여긴다는 발언을 하자 더 이상 듣지 않겠다는 의도로 통역기를
귀에서 뺀다. 미군 장성은 회담장을 나와 "그들은 동양인일 뿐더러

때 적에 관해서는 집요하게 인종차별적 태도를 취하면서 국내의 인종차별주의에 대해
서는 유토피아적인 해결책을 꿈꾸는 모순에 가득 차 있다"(Westwell 41).
6   2차대전 때 독일군에 대해 "kraut"라는 음식물(소금에 절인 양배추)에 어원을 둔
경멸적 용어를 사용한 것과는 달리 베트남전쟁에서 미군들은 아시아인들에 대해 한국
전쟁 때부터 흔히 사용한 "gook"이란 말 이외에도 "slant eyes," "yellow devils," "slope
heads"처럼 주로 신체에 근거한 인종 차별적 말로 경멸감을 표현했다.

공산주의자이다"란 말로 자신의 감정을 토로한다. 즉 공산주의자뿐만 아니라 동양인을 보는 부정적 관점이 그대로 표출된 셈이다. 반면 미군들은 개성과 감정을 지닌 개별화된 인물로 중공군의 무리와 대조된다. 이런 장면에서 아시아인 특히 초기 중국계 이민자들에게서 느꼈던 미국인들의 공포가 재연된다.

실제 할리우드 영화에서는 아시아의 공산군을 동물적인 적으로 재현하고 있는데 특히 〈포크찹 힐〉에서 중공군들을 마치 원숭이인 양 과장되게 보여준다. 전투가 치열하게 벌어지는 와중에 중공군은 수류탄을 들고 괴성을 지르며 마치 원숭이처럼 참호 위로 펄쩍 뛰어 오르는데 리얼리티가 결여된 이 행위는 동양인을 흔히 원숭이로 부르며 인간 이하의 존재로 묘사하는 한국전쟁 소설과 그 맥을 같이한다 (Kantor 89).[7] 이런 동물적인 적들에 대한 두렵고도 경멸적인 관점은 클레멘스(Clemens) 중대장이 공산군을 "순환제도도 없지만 강인하다" 라고 평가하는 데에서 다시 확인된다. 그는 공산군의 전투력을 분명히 높이 평가하고 있다. 그러나 전투 위험 노출 정도에 따른 차등 점수제에 의해 병사들의 본국 귀환 시기가 결정되는 미군의 순환 근무 제도를 중대장이 동시에 언급한 것은 이런 제도도 없이 거친 환경에서 버틸 수 있는 적들의 '동물성'에 대한 부정적 인식을 드러내는 행위이다.

할리우드의 전쟁 영화는 인간 생명을 존중하지 않는 공산군의 동물적인 면과 더불어 비열함을 부각한다. 자기를 구조해 주는 미 해군 병사를 뒤에서 찌르는 배은망덕한 행위를 일삼는 일본군 조종사처럼

---

7 원숭이 역시 2차대전 영화에서 일본군을 혐오하며 부르던 용어인데 대표적 선전영화인 〈바탄〉(Bataan, 1943)의 경우 "no tailed baboons," "Mr. Monkey"로 지칭되기도 한다.

〈전쟁터의 남자〉 야생화에 즐거워하는 미군 병사

동양의 적들은 정정당당한 싸움과는 거리가 먼 존재이다. 〈모든 젊은
이들〉의 경우 공산군들은 포로를 앞세우고 공격하며, 〈작전 일 분
전〉에서는 피난민 속에 숨어들어 양민들을 위협하여 자신의 목적을
달성하려고 한다. 영화는 이 상황에서 고뇌하는 미군들의 인간적 면
모를 강조하여 공산군의 비인도적인 면과 대조시킨다. 또 오리를 보
고 어린아이처럼 즐거워하는 미군과 숲속에서 이를 지켜보며 기습하
는 북한군을 대비시켜 평화를 사랑하는 미군의 희생자적인 모습을 강
조한다. 〈전쟁터의 남자〉(Men in War, 1957)의 경우도 북한군은 풀숲에
숨어 있다가 야생화를 감상하는 미군 병사를 살해하여 미와 평화를
즐기는 미군과 차별화된다. 이 작품에서 북한군들은 호전적인데, 모
자 속에 권총을 넣은 채 항복하기도 하며, 심지어는 총에 맞아 쓰러진
후에도 무전기로 미군의 위치를 알려주는 독한 면을 보인다. 몬태나
(Montana)는 북한군을 확인 사살하면서 "국들, 도대체 믿을 수가 없
어, 두 번 죽어야 해"라며 강한 불신감을 내비친다. 북한군의 기만성
역시 여러 차례 부각되는데 심지어는 고지를 점령하고 있는 이들은
마치 우군인양 "Hello! GI!"라고 소리치며 미군을 유도하기까지 한다.

몬태나는 포로를 먼저 올려 보내 소리치는 자들의 정체를 파악하려 한
다. 공산군의 이런 행위 역시 2차대전 영화, 〈목표, 미얀마〉(Objective,
Burma, 1945)에서 야간에 미군을 습격하기 위해 영어를 구사하던 일본
군 책략의 재판이다.[8]

　교활함과 더불어 관객들에게 깊게 각인되는 아시아 공산군의 또
다른 특성은 잔혹성이다. 〈꼭두각시〉(The Manchurian Candidate, 1962)
에서는 이 교활함과 잔혹함이 동시에 부각된다. 우선 미군들을 계략
에 빠뜨려 포로가 되게끔 하는 자는 다름 아닌 미군 통역병인 한국인
천진(Chunjin)이다. 그는 지형에 익숙하지 않은 미군들을 유도하여 소
련군의 포로가 되게 한 다음 악수를 하고 2차대전 영화의 정형인 일
본군들의 '음흉하면서' 만족스런 웃음을 보인다. 다른 한편 그는 여
성화된 하인으로 등장한다. 뉴욕에 있는 레이먼드(Raymond) 집에 찾
아온 이 한국인은 "옷을 수선하고, 요리도 하며, 세탁과 청소도 합니
다. 어떤 것도 고칠 수 있고, 전하고자 하는 글도 쓸 수 있습니다"라
고 말하면서 하인으로서의 능력을 강조한다. 머리를 연신 조아리며
비굴하게 구는 천진은 한국인을 포함한 동양인에게 기대되는 하인의
전형을 연기함으로써 스파이로 침투한 본인의 정체를 교활하게 감춘
다. 하인이라는 형태로 여성화된 그는 마르코(Marco)가 레이먼드의
아파트를 찾아왔을 때 자신을 알아본 마르코와 맹렬하게 격투를 하
는 데서 급작스레 강력한 남성성을 지닌 이질적인 인간으로 변모한
다. 그의 이중성은 동양인에게 숨겨져 있는 위험성을 뚜렷하게 나타
내면서 부정적 이미지를 더해준다.

8　이런 면은 〈바탄〉에서도 마찬가지이다. 이 작품에서는 항복하는 시늉을 하며 미군
을 공격하는 일본 병사의 비열한 모습을 강조한다.

옌로(Yen Lo)의 경우 아시아 공산주의자들의 잔혹성과 생명을 경시하는 행동을 극명하게 입증한다. 소련군 관계자가 미군 포로에 대한 세뇌가 과연 현실적으로 작동하는지 확인시켜 달라고 하자 그는 웃음까지 띠면서 레이먼드에게 전우들을 살해하도록 지시한다. 이런 잔인함은 옌로에게만 국한된 것은 아니다. 〈사냥꾼〉에서 중공군은 부상당한 미군 조종사를 교회에 숨겨줬다는 이유만으로 어린 여자아이까지를 포함한 기독교인 가족들을 가차 없이 살해한다. 이런 잔학성은 〈제한된 시간〉에 나오는 포로 수용소장의 경우도 마찬가지이다. 그는 카길(Cargill) 소령에게 공산군의 선전 도구가 되라는 자신의 말을 듣지 않을 경우 다른 포로들을 처형하겠다는 협박을 가한다. 결국 이런 잔혹성은 동양에 대한 서양의 '자비로운' 지배를 합리화하는 방편이 된다.

아시아 공산군의 성적 욕망은 잔혹성과 어우러지면서 추악하게 영화에서 발산된다. 할리우드 전쟁영화에서 한국을 포함한 아시아의 남성들은 특히 서양여성들에게 장소를 가리지 않고 성욕을 분출시키는 잠재적 강간범이거나, 〈전송가〉(Battle Hymn, 1957)의 루완(Lu Wan)처럼 무기력해 마치 거세된 듯한 인물이다. 〈전쟁터의 남자〉는 죽은 북한군의 지갑에서 나온 비키니 차림의 여성 사진을 통해 아시아인의 성적 욕망을 확인시켜 준다. 〈철의 천사〉(Iron Angel, 1964)에서 중공군 장교는 미군 간호장교에게 음흉한 웃음을 띠며 접근하다가 숨어 있는 미군들에게 사살된다. 〈위문단 구출작전〉(Operations Dames, 1959)에서도 북한군은 미군 USO 위문단의 여성 연예인을 강간하려다 저항에 부딪히자 여성의 얼굴을 심하게 훼손하기도 한다. 이 영화에서 공산군은 아들과 함께 있는 한국 여인을 강간하고 살해까지 하는 만행을 저지른 사실이 드러나기도 한다. 이와는 대조적으로 고아가

된 아이에게 마지막 남은 음식까지 넘겨주는 미군의 모습에서 아시아의 여성/어린이를 같은 아시아의 남성들로부터 보호해주는 서구/미국의 정의와 자애가 강조된다.

한국전쟁 영화는 지속적으로 미군과 적군을 비교하면서 미군의 우월성을 내비친다. 아시아 적들의 비이성적인 면과 서양의 이성주의를 대비해서 자극적으로 보여주는 장면은 〈서커스 전투〉(Battle Circus, 1953)에서 찾아볼 수 있다. 이 작품은 야전병원에 실려 온 북한군 부상병이 아무런 이유 없이 수류탄을 꺼내들고 난동을 부리는 행동을 통해 비이성적인 면을 강조한다. 이런 와중에도 침착하게 계속 수술을 행하는 군의관들, 그리고 이 광기 어린 적군을 끝까지 인내로써 설득하는 간호장교, 또한 어느 누구도 북한 병사를 쏘려 하지 않는 장면에서 미국의 인도주의와 이성이 강렬하게 부각된다. 〈철모〉의 북한군 장교는 신체적으로 왜소한 점에서 미군들과 구분된다. 이런 타자화된 왜소함은 동양인을 규정짓는 중요한 요소이기도 하다. 〈철의 천사〉(Iron Angel, 1964)에서 고지에서 박격포로 공격한 북한군을 처리한 후 미군 병사는 이들의 시체를 보자 "너무 작네, 어떻게 이것[박격포]을 이곳에까지 가져왔지"라고 왜소한 신체 크기를 언급하며 적들이 그들의 상대가 되지 않음을 은연중 보여준다.

4. 여성화된 아시아: 한국과 일본에 대한 차별적 시각

동양(Orient)을 여성화시켜 욕망의 응시 대상으로 삼는 오리엔탈리즘의 주요한 특징은 한국전쟁 영화에서도 찾을 수 있다. 특히 2차대전 영화와는 달리 할리우드 한국전쟁 영화에서 여성이 적으로 등장하는 점은 대단히 주목할 만하다. 〈위문단 구출작전〉에서 공산군에게 강간당한 후 살해당한 한국 여자를 미군 상사가 가리키며 언급한 것처럼 전통적으로 여자들은 전리품으로 여겨졌다. 이처럼 전쟁에서 여성은 피해자의 위치에 있기 때문에 전쟁 영화에서 관객들의 동정을 불러일으킬 여지가 많은 여성이 적으로 등장하는 경우는 찾기 힘들다. 따라서 비록 드물기는 하지만 북한군들이 때로는 여성이거나, 여성으로 위장한 경우가 자주 발견되고 직접 미군을 공격한다는 점은 분명 새로운 특징이다. 〈정찰 편대〉(Dragonfly Squadron, 1954)와 〈전송가〉에서는 여성 첩자가 비행기 파괴를 시도하다 사살된다. 여성으로 위장한 게릴라가 부처상에 절을 하는 모습이 〈철모〉에 나오고 〈작전 일 분 전〉(One Minute to Zero, 1952)에서는 게릴라들이 여성으로 위장하고 침투를 시도한다. 동양 여자들에게 희생당하는 미군의 모습은 〈라이커 상사〉(Sergeant Ryker, 1968)에서 나나라는 매력적인 북한 첩자에게 넘어간 미군 대위가 체포되면서 다시 확인된다. 그러나 흥미로운 점은 〈정찰 편대〉나 〈전송가〉에서 보듯 여성첩자가 현장에서 생포되는 경우 이들을 즉석에서 사살하는 자는 한국군이며, 미군은 아무리 적이라도 여성을 처단하는 '야만적인' 행위를 하지 않는다는 점이다. 그리고 이런 경우 여성의 얼굴을 클로즈 업하지 않고 롱 숏(long shot)으로 보여 주어 관객이 거리를 두게 한다. 아무리 적이지만 여성을 전장에서 처형하는 것에 대해 할리우드 영화는 여전히 거부감을 갖고 있는 셈이다.

할리우드가 아시아의 적에 여성까지 포함시켜 적을 여성화하는 것은 앞서 젠더가 불분명하다고 언급한 푸 만추 형상의 변용이다. 여성으로 변장할 수 있는 적들의 모습은 '속내와 정체를 알 수 없는' 아시아인들에 대한 노골적인 경멸의 표현이며 상대적으로 남성적인 미군을 부각하는 전략이다. 즉 한국 혹은 아시아인들을 여성화시키면서 미국 남성의 남성성을 더욱 강조하는 것이다. 이런 재현은 베트남전쟁 영화에서도 계속 된다. 〈풀 메탈 재킷〉(Full Metal Jacket, 1987)에서 남베트남군 병사는 전투를 하는 대신 오토바이에 위안부를 태우고 다니면서 미군을 상대로 매춘 알선을 한다. 미군과 비교해 무척 왜소한 체구를 지닌 그는 긴 머리를 하고 있어 여성적 이미지를 풍긴다. 한국전쟁 영화에서 미군과 비교해 공산군의 머리가 상대적으로 긴 것도 같은 맥락이다.

그러나 할리우드 한국전쟁 영화는 흥미롭게도 일본 여성과 한국 여성을 재현할 경우 약간의 차이를 보인다. 이는 미국이 공산주의의 팽창을 저지하는 냉전 전략과 한국전쟁을 수행하는 데 기여하는 일본의 역할 그리고 2차대전 후 미군 점령 하에서 상대적으로 서구화된 일본의 자본주의 경제, 사회 문화적 환경과 관련이 있다. 이런 맥락에서 일본과 일본인들에 대한 재현은 한국전쟁 영화에서 우호적으로 나타난다. 〈도곡리 철교〉는 대중목욕탕에서 혼욕을 하게 된 브루베이커(Brubaker) 가족과 일본인 가족을 통해 일본의 '야만적 관습'에 대해서조차 따뜻한 이해를 보여준다. 또한 일본계 미군의 등장도 주목되는데 〈포크찹 힐〉의 부중대장 오하시(O'Hashi) 중위는 용감하고 침착하게 중대장을 보좌하는 긍정적인 인물로 부각되며 〈철모〉의 다나까(Tanaka)도 인종 차별을 감내하는 애국적 병사로 재현된다.

〈사요나라〉(Sayonara, 1957), 〈전송가〉와 같은 전쟁 영화는 아시아 여성과 미국 남성의 로맨스를 통해 서구와 동양의 관계를 환유적으로 보여준다. 동시에 한국과 일본을 구분하는 미국의 차별적 시선을 미묘하게 나타낸다. 한국전쟁이 시간적 배경이 되는 〈사요나라〉에서 그루버의 부하인 켈리(Kelly)는 가쓰미(Katsumi)라는 여인을 사랑하는

데, 그녀는 남편에게 순종적이고 희생적이며 의존적인 인물이다. 남편을 목욕까지 시켜주는 그녀는 무슨 일도 마다하지 않는 헌신적인 여성이다. 서양 여인으로 보이기 위해 기꺼이 자신의 몸까지 훼손하려는 그녀를 통해 서양을 갈망하는 동양 여인에 대한 서구인의 환상을 충족시킨다. 하나오기(Hana-Ogi)는 남성 역할을 맡은 독립적이고 개성 있는 유명 배우이지만, 그루버를 사랑하면서 기꺼이 남장을 벗고 자신의 화려한 경력을 포기하는 전통적 여성으로 변한다. 이들의 변모되는 관계는 인종이 다른 남녀 간의 단순한 로맨스를 뛰어넘어 전후 미국과 일본과의 관계를 상징적으로 대변한다. 이것은 하나오기가 자신의 무례함과 미국인에 대한 증오를 사과하는 데에서 그 상징성이 분명해진다. 결국 여성적인 동양이 남성적인 서양의 지배를 받아야 한다는 오리엔탈리즘의 공식이 이 로맨스의 저변에 깔려 있는 셈이다. [9] 종속적인 관계이지만 그루버와 하나오기가 결국 부부로서 결합한다는 점에서 일본의 높아진 위상을 엿볼 수 있다. 〈일본인 전쟁 신부〉(Japanese War Bride, 1952) 역시 캘리포니아 농촌에서 인종적 편견과 차별을 극복하는 미군 장교와 일본 간호사에 초점을 맞춤으로써 두 나라의 공고해진 관계를 입증한다.

　〈사요나라〉에서 남녀 간의 로맨스로 환유된 정치적 관계는 〈전송가〉에 나오는 미스 양(Miss Yang)[10]과 헤스 대령과의 관계에서 반복된

9　여전히 이와 같은 공식은 제임스 본드 영화 〈두 번 산다〉(You Only Live Twice, 1967)에서 등장한 용감한 일본 여성인 아키(Aki)와 본드의 관계에서도 성립된다. 그녀는 본드에게 "I enjoy serving you"라는 말을 던지며 자발적인 성 접대를 한다. 〈네버 다이〉(Tomorrow Never Dies, 1997)에서 본드 못지않은 무술 실력을 자랑하는 당당한 중국 여성 웨이 린(Wai Lin)도 마찬가지이다.

10　흥미롭게도 그녀의 아버지가 인도인이고 어머니는 한국인으로 나타난다. 이것은 미스 양의 역을 맡은 배우가 인도계이기 때문이다. 〈모든 젊은이들〉에서는 외딴 산속에

다. 그러나 일본과는 달리 한국과 미국의 관계는 결혼으로 발전하기에는 요원한 것으로 형상화된다. 그들의 관계는 자식과 아버지의 관계 혹은 고아의 형상으로 나타나는데, 이는 한국이 아직 미국의 자비에 의존하는 상태에 머물러 있음을 여실히 보여 주는 것이다.[11] 대개 한국전쟁 영화에서 지속적으로 미국인과 관계를 맺는 한국인 형상이 드문 편인데, 이 작품은 예외적으로 미스 양이라는 인물이 마담 버터플라이(Madame Butterfly)의 변형처럼 등장한다. 완벽한 영어를 구사하는 그녀를 통해 서양을 연모하는 동양 여성의 존재가 다시 확인된다. 미인이며, 순종적인 그녀는 헤스 대령에게 첫 만남에서부터 깊은 감사를 드린다(Ours is thanks that you are with us). 한국 공군 조종사를 훈련시키는 임무를 부여받은 헤스는 자비롭고, 양심적이며 고아를 돌보는 완벽한 아버지와 같은 존재이다. 순결한 이국여성에 대한 헤스의 욕망은 정신적으로 승화되어 나타나고 이 로맨스는 고아 추(Choo)가 헤스를 아버지, 양을 엄마라고 지칭하는 데에서 확인된다. 그러나 본국에 아내가 있다는 헤스의 말에 절망하는 그녀의 심정이 화면에서 뚜렷하게 두드러진다. 결국 그녀의 예기치 않은 사망이 둘 사이의 관계를 자연스럽게 정리하면서 한국과 미국의 관계는 아직 결혼에 이를 단계가 아님을 암시한다.

〈사요나라〉의 경우처럼 할리우드 한국전쟁 영화에서 일본은 이국적 게이샤(geisha)들이 존재하는 환상의 땅으로 치환된다. 반면 한국은 거칠고 버려진 땅, 배고픈 고아와 피난민, 야만적인 적으로 가득

사는 프랑스계의 혼혈 가족이 등장한다. 1950년대에 이런 결혼은 우리나라가 아닌 인도차이나에서나 볼 수 있었겠지만 동양을 하나로 보는 서구의 시각을 대변한다.

11 황정현은 미국의 "자비로운 패권"이란 개념으로 이 관계를 설명한다(황정현 185-208).

찬 황야와 같은 곳이며, 도덕심이 결여된 여성들이 기꺼이 미군의 성
적 욕망을 충족시켜 주는 매춘의 공간으로 등장할 뿐이다. 〈꼭두각
시〉의 첫 장면은 미군 병사들이 한국 여성들과 성적 향락을 즐기는
매춘 술집으로 시작하고 있다. 그리고 네덜란드 군을 다룬 〈영광의
야전〉(Field of Honor, 1986)에서도 한국은 서양 남자들의 비정상적인
성욕을 분출하는 공간으로 나타난다. 여기에서 사이어(Sire)라는 주
인공은 대낮에 옷을 벗고 술에 취해 매춘 집에서 시간을 보내고 화대
40불을 요구하는 남자 포주를 아무 일도 아닌 듯 몽둥이로 때려 기절
시켜 버린다. 그리고 어머니와 딸을 부대로 데려와 병사들의 천막 숙
소에서 자신들의 성적 욕망을 집단적으로 충족시킨다. 사이어는 배
고픈 모녀에게 돈을 주기 때문에 이것이 "자비의 행위"라고 항변한
다. 한국전쟁 영화에서 한국은 서양인들에게 금기를 깨뜨린 채 행동
할 수 있는 야만적 황야로 인식되고 있음이 입증된다.[12]

5. 동양 남자들의 재현

아시아/한국의 여성화는 찰리 챈의 경우처럼 남성성을 제거 혹은
약화시키거나, 연약한 고아 남자 어린이를 반복 재현하면서 더욱 강
화된다. 한국전쟁 영화에서 한국 남자들을 포함한 아시아 남성의 재
현은 기존의 관습에서 벗어나 있지 않고 오히려 그 시각을 공고하게

---

[12] 『미군 병사』(An American Soldier)에서는 노골적으로 한국 여인을 일본 여인보다
낮은 등급으로 취급한다(Lynch 158). 또 다른 소설 『밤을 사수하라』(Hold Back at
Night)에서는 한국 여자들은 너무 더러워 강간할 마음도 생기지 않는다고 말한다
(Frank 35).

한다. 늘 그렇듯이 긍정적인 역을 맡은 동양 남성은 〈포크찹 힐〉에서 부중대장 오하시 중위가 주인공 클레멘스를 돕는 것처럼 보조자의 역할로 등장한다. 〈전송가〉의 루완(Lu Wan)의 경우는 찰리 챈을 즉각 연상시킨다. 루완이란 이름조차도 한국인보다는 중국인을 떠올리게 하는데 그는 마치 은둔하는 현자와 같은 분위기를 풍긴다. 찰리 챈처럼 신비롭고 철학적인 말을 던지는 노인은 헤스 대령에게 전쟁은 악이라는 전제하에도 전쟁의 정당함을 역설하여 2차대전 때 고아원을 오폭한 죄책감에 시달리는 그에게 깊은 인상을 준다. 그러나 노인 역시 스스로를 "지친" 조각가로 소개하는 데에서 알 수 있듯이 역동성이 결여된 인물이다. 흥미롭게도 헤스가 찾아간 서울 시장은 온데간데없고 그의 집무실은 거의 오두막에 가까운 볼품없는 곳으로 형상화되어 있다. 이러한 장면은 아시아 남자들에게는 권위와 힘이 존재하지 않는다는 점을 암시한다(Chung 51-80). 이승만 대통령도 〈한국 창공 임무〉(Mission Over Korea, 1953)에서 잠깐 등장하는데, 대통령조차도 미군이 조종하는 작은 정찰기에 탑승한 채 간신히 목숨을 부지하는 처지로 그려진다. 대통령과 서울시장이라는 막강한 권력자가 위기일발의 상황에 처하거나 부재하는 것처럼 국군 역시 〈전송가〉, 〈정찰 편대〉, 〈한국 창공 임무〉에서 미군에게서 훈련을 받는 작은 동생 격으로 재현된다. 〈작전 일 분 전〉에서 대전차 공격 훈련을 받고 있는 한국 병사들에게 답답함을 느낀 주인공 자노스키(Janowski) 대령은 직접 바주카포를 들고 시범을 보인다. 국군의 박수 소리를 듣는 그는 우상과 같은 존재로 비춰진다.

이처럼 약화되거나 거세된 한국인의 남성성은 특히 남자 고아의 형상으로 나타나는데, 이는 한국에 대한 미국의 가부장적인 태도를 반영하고 있다. 〈철모〉에서 미국(미군)과 우리의 관계는 미군 상사 잭

(Zack)과 한국 소년 "숏 라운드"(Short Round)[13] 사이의 말과 행동에서 형상화된다. "숏 라운드"는 할리우드 한국전쟁 영화에서 자신의 존재감을 뚜렷하게 드러내는 몇 안 되는 인물 중의 하나이다. 아시아인을 경멸하는 "국"으로 호명되기를 거부하는 그는 자신의 정체성을 분명하게 한국인으로 규정한다(I am not a gook. I am a Korean). 그러나 그는 자신을 거부하는 잭(미군)과의 동행을 갈망하면서 나중에는 상사가 자신을 좋아하게 해달라는 부적까지 등에 붙이고 부처님에게 기도까지 한다. 이러한 설정은 한국이 자신의 정체성을 확인하고자 하지만 결국은 미국의 원조를 일방적으로 갈망하는 존재, 다시 말해 미국이 주도하는 '자비로운 질서'에 편입하고 싶어 한다는 점을 드러내고 있는 셈이다. 소년은 자신이 '국'이 아닌 한국인이란 점을 강조하지만 이미 숏 라운드란 이름을 잭에게 받았을 때부터 그의 주체성은 상실된 것과 다름없었다.[14] 숏 라운드와 마찬가지로 다른 고아들도 모두 영어 이름으로 호명된다. 〈전쟁 사냥〉에서의 고아 찰리(Charlie)는 잘못된 '아버지'를 만났을 때 입은 폐해를 일깨워준다. 찰리를 돌보고 있는 엔도어(Endore)는 상관의 통제에서 벗어난 광기어린 병사이다. 독자적으로 적진에 야간 침투해서 적을 살해한 후 벌이는 '제례' 의식은 그의 일탈을 입증한다. 어린 고아 찰리가 상처 입은 새를 죽여 버리는 행위를 보면 소년 역시 '새 아버지' 엔도어의 광기에 전

---

13 〈인디애나 존스〉(Indiana Jones and the Temple of Doom, 1984)에 등장하는 꼬마 택시 운전사의 이름도 숏 라운드이다. short round는 정해진 목표에 도달하지 못하고 떨어지는 포탄을 의미한다. 잭은 소년이 끝까지 따라오지 못할 것이라 생각하여 이 이름을 붙인다.

14 〈철모〉에서 숏 라운드의 역을 맡은 윌리엄 천(William Chun)은 〈한국 창공 임무〉에서 고아 클랜시(Clancy)로 등장 한다. 〈철모〉에서는 그가 죽지만 이 영화에서는 미군 조종사가 죽으면서 소년은 다시 혼자가 된다.

염되었다는 것을 알 수 있다. 게다가 미군의 옷과 신발을 착용한 찰리는 철조망 너머의 또래를 칼로 위협하면서 자신과 다른 한국 아이를 '분리'하고자 한다. 이 장면은 찰리가 미군의 관점과 동일한 시각에 편입되어 있음을 드러내는 것이다. '자비로운' 미국 질서에 포함되었을 때 나타날 수 있는 폐해를 지적한다는 점에서 이 영화는 주목할 만하다고 하겠다.

6. 미국이 지배하는 질서

할리우드 한국전쟁 영화가 한국인을 다른 아시아인과 같은 맥락에서 재현하고 타자화하며 특히 아시아 공산주의자들을 비인간적으로 재현하는 것은 2차대전 이후 이른바 '자비로운 미국'이 주도하는 세계 질서로의 편입을 정당화하는 이데올로기임에 분명하다. 이 이데올로기를 공고하게 뒷받침하는 할리우드 한국전쟁 영화가 보여주는 기법으로 〈위문단 구출작전〉의 소년과 어머니가 거주한 폐허화된 가옥을 보여주는 숏을 들 수 있다. 도저히 사람이 살 수 없는 집 안쪽 벽에 붙은 이승만 대통령 사진은 함축적인 의미를 가지고 있다. 우선 이 사진은 관객들에게 한국이란 지리적 리얼리티를 부여하는 기표이다. 하지만 이것은 지리적 기표를 넘어 비참한 환경 속에서 살아가는 한국인들을 '인간 이하의 존재'로 보고 그들에 대한 연민을 정당화하는 기제일 수도 있다. 더불어 폐허가 된 곳까지 붙어있는 정치 지도자의 사진은 일반적으로 전제 국가에서나 볼 수 있는 현상이기 때문에 이런 정치 체제를 용납하는 민중들의 낮은 정치의식을 강조하는 것은 자연스럽게 서구, 특히 미국의 정치적 문화적 우월성 혹은 도덕성을 부각하는 데로 나아간다. 〈전송가〉에서 한국 정부가 돌보지 못하는 고아까지도 마치 아버지와 같이 끝까지 책임지는 헤스 대령과 부하들의 자애로운 행동과 희생도 동일 선상에서 이해될 수 있다. 이런 미군의 자애는 〈후퇴란 없다〉, 〈작전 일 분 전〉 등 거의 모든 한국전쟁 영화에 재현되기 때문에 관객에 대한 영향력은 매우 강력하다. 그리고 영화에 등장하는 아시아인들이 자신의 목소리를 박탈당한 상황에서는 생각과 감정을 제대로 표출할 수 없었으므로 이 같은 이데올로기는 점층 강화될 수밖에 없는 것이다.

할리우드 한국전쟁 영화와 미국 여성의 재현
: 국가와 여성

1. "로지 리벳공"과 젠더

젠더가 사회적 구조에 의해 결정됨을 입증해 주는 한 예는 1943년 5월 29일 『새터데이 이브닝 포스트』(Saturday Evening Post)의 표지에 실린 놀만 록웰(Norman Rockwell)의 그림, "로지 리벳공"(Rosie the Riveter)이다. 국가의 모든 역량을 동원하게 된 2차대전은 미국 여성의 젠더 역할에 큰 변화를 가져왔다. 참전을 한 젊은 남성 인력을 대체하기 위해 여성들은 항공기 제작공장, 제철소 등에서 노동자로 일하면서 전쟁 수행에 필수적인 역할을 맡게 되었다. 물론 여성들이 공장에서 일하게 된 것은 단순한 애국심뿐만 아니라 산업체에서 약속한 높은 급여 때문이었다. 이로 인해 여성들은 경제적 자립을 성취하게 되었을 뿐만 아니라 자신의 역량에 대한 자신감 또한 상승하게 되었다. 이런 사회적 분위기가 투영된 것이 "로지 리벳공"이란 신화적 이미지

이다. 이 표지에서 붉은 머리의 근육질 여성 로지는 작업복을 입고 있고 가슴에는 정체성을 나타내는 배지를 달고 있다. 손에는 샌드위치를 들고 자신감 있는 눈길로 옆을 바라보는 그녀의 배경에는 미국 국기가 있어 자신의 노동이 국가 즉 사회에서 인정하는 일임을 보여준다. 더불어 로지는 히틀러의 『나의 투쟁』(Mein Kampf)이란 책을 밟고 있어 여성의 힘도 전쟁 수행에 기여하고 있음을 강조한다. 그녀의 남성적 힘은 단단한 근육뿐만 아니라 무릎 위에 놓여있는 리벳을 박는, 마치 총과 같이 보이는 공구에서 더욱 부각된다. 이 남성적인 로지에게서 여성성을 구태여 찾을 수 있다면 오른쪽 호주머니에서 삐져나온 흰 손수건 그리고 화장을 한 빨간 볼이다(Brofen 46). 전쟁 승리를 쟁취하기 위해 여성들에게도 남성적 젠더를 요구하는 일이 당연하게 받아들여지는 분위기가 조성된 것이다.

　필리핀 마닐라에 체류하던 미국 여성들이 자원해서 참전하는 내용을 다룬 〈위험 경고〉(Cry Havoc, 1943)도 전장에서 국가가 요구하는 젠더의 변화를 담고 있다. 이 영화는 전쟁이라는 상황에 남자 못지않게 여성들도 잘 적응하여 도움을 줄 수 있음을 강조한다. 의약품, 식량이 부족하고 포탄이 떨어지는 와중에서도 여성들은 죽어가는 병사들을 안아주면서 모성애를 발휘한다. 이들은 간호라는 여성적 젠더에 부합한 임무를 수행하지만 한 여성은 대공포를 잡고 적기를 격추시키면서 여성도 얼마든지 군인의 임무를 수행할 수 있음을 보여준다. 또한 향수(香水)에 집착하며 여성성을 내세우는 패션 잡지기자 콘스탄스(Constance)는 수영을 하다가 비행기 총격에 의해 사망하면서 전쟁에서 여성성에 집착하는 것이 바람직하지 않음을 강조한다. 이들은 정신 이상이 되고, 다리에 부상을 입으며 그리고 악성 말라리아로 죽어가지만 부상병들을 버리고 도피할 수 있는 기회를 포기하고 끝까지 병원에 남아 일본군 포로가 되는 운명에 처한다. 당대의 국가이념은 이처럼 여성들에게 전쟁 수행에 남성 못지않은 희생과 참여를 요구하면서 남성적 젠더를 주입하고 있음을 알 수 있다.

그러나 다른 한편 이렇게 변모된 젠더의 역할이 종전 후 남성들이 지배하는 질서를 파괴할 수 있다는 두려움이 분명 사회 저변에 깔려 있었고 〈로지 리벳공〉 영화가 상영되던 1944년 당시 부통령이었던 트루먼은 이런 분위기를 간접적으로 드러냈다. "여성들이 능력을 잘 입증한 일에서 물러날 것이라고 생각하지 마십시오"(Brofen 48). 실제 종전 후 1950년대의 통계에 의하면 미국 독신 여성(single woman)의 46.3%가 직장에서 일을 하고 있었다. 하지만 당대의 할리우드 영화, 특히 멜로드라마 영화에선 특히 여성이 집 밖에서 일을 하는 것은 마치 매춘과 같은 행위로 동일시되고 있었다(Byar 77). 이런 면에서 보면 영화의 재현이 사회 현실을 충실하게 반영하기보다는 이데올로기 의미 생산을 위한 적극적인 선택과 제시의 과정임을 알 수 있다.

국가의 전쟁 수행을 위한 선전 영화적 요소가 강한 할리우드 전쟁 영화에서 여전히 여성들은 국가가 요구하는 젠더의 모습을 충실하게 재현하고 있다. 국가의 모든 역량을 총동원해야 했던 2차대전과는 달리 전쟁에서 복귀한 남성들에게 일자리를 돌려주어야 하는 1950년대에는 여성들의 가정 복귀가 사회적 요구임을 인식하고 있는 할리우드는 "로지 리벳공"처럼 남성적 젠더의 모습을 제시하지는 않는다. 이 글은 한국전쟁 영화에서 남성적 질서가 대변하는 국가/군의 전쟁 동원과 전쟁 수행에 대한 여성들의 반응을 일반 여성과 간호장교의 두 부류로 나누어 점검할 것이다. 특히 간호장교의 경우 일반 여성과는 달리 군인 장교라는 남성적 젠더상과 동시에 여성이라는 이중적 속성을 동시에 지니고 있기 때문에 더욱 주목된다.

2. 국가가 요구하는 여성젠더

2차대전이 종결된 후 1950년대 냉전시대에서 소련의 도전에 직면한 미국 정부가 부닥친 과제 중의 하나는 미국 경제의 호황으로 소비주의가 만연한 미국 사회의 고립주의적 성향이었다. 도시 근교의 새집, 자동차 등으로 대표되는 안락한 중산층의 삶은 국제 분쟁 개입에 대한 거부감을 더욱 강화시켰다. 이런 사회적 분위기에서 다수의 징집대상자 그리고 동원 예비역들이 미국과 직접적 이해관계가 없다고 생각된 한국전쟁 참전에 대해 호의적이 아니었음은 당연한 일이었을 것이다. 다른 한편 공산주의에 대한 두려움은 미국인들로 하여금 전쟁에서 이길 강한 남성성을 더욱 요구하게 되었고 가부장적인 가정은 불안한 세계정세 속의 보호막처럼 여겨졌다.[1] 이런 불안감과 더불어 남성성을 위협하는 것처럼 보이는 독립적인 여성, 군림하는 가정주부, 동성애자에 대한 부정적인 생각이 팽배하면서 엄격한 젠더 위계질서를 유지하려는 사회적 요구가 주류를 이루었다. 2차대전 중에 와해된 전통적 젠더의 역할뿐만 아니라 혼외출산의 증가, 성적 문란함은 더욱 가정이란 제도 속에 여성들을 가두려는 요구를 불러일으

---

1   국제적으로 팽창하는 공산주의의 영향력에 대한 두려움 그리고 공산주의가 미국 사회에 침투하여 위협을 주고 있다는 인식이 미국인들에게 불안과 히스테리를 불러왔다. 1950년 한 갤럽 조사에 의하면 응답자의 70%가 러시아가 세계를 지배하려고 시도한다고 믿고 있었고 41%는 미국이 5년 이내에 또 다른 전쟁을 치를 것이라 느끼고 있었다(Oakley 6).

켰다(De Hart 124-26). 이 사회적 요구는 할리우드 한국전쟁 영화에서
도 그대로 반영되는데 젊은 여성들은 청년들에게 남성성을 일깨워
전쟁터로 보내면서 결혼이라는 제도로 편입되어 국가/군의 요구에
부응하는 모습으로 재현되었다.

　전쟁 중에 군의 지원을 받아 제작된 할리우드 전쟁영화는 전쟁 수
행에 호의적인 내용을 담은 선전 영화의 성격을 지니기 마련인데 여
성들을 국가이념에 충실하게 종속된 존재로 재현하는 경우가 대부분
이다. 초기 한국전쟁 영화인 〈한국의 양키〉(A Yank in Korea, 1951)에
서 여성은 입영 청년들의 남성성을 검증하거나 입증케 하는 존재로
남자들을 군대로 동원하는 데 이용되며, 국가에 헌신하면 '젊고 예쁜'
여성과의 결혼이 보장된다는, 즉 남성의 국가에 대한 '희생'에 대한
확실한 보상의 판타지로 자리매김한다. 북한군의 침략으로 UN 안전
보장이사회가 열리는 장면으로 시작된 이 영화는 한국전쟁에 관심이
없는 청년이 여자 친구에 의해 떠밀려 자원입대하는 코믹한 장면으
로 곧 연결된다. 입영대상자들의 신체검사에 관한 내용이 방송되자
공익에 필수적인 사업장에서 일한다는 이유로 징병을 피하려는 청년
의 태도는 당대 젊은이들의 솔직한 정형이었다. 그러나 영화는 페기
(Peggy)라는 여성을 통해 젊은이들에게 국가가 원하는 메시지를 전달
한다. 길거리에서 청년들의 대화를 옆에서 듣던 지역 신문기자는 참
전 의지를 불태우는 랜디 스미스(Randy Smith)를 앤드류 스미스
(Andrew Smith)란 이름으로 기사를 잘못 송고하여 앤드류가 최초로
입대를 결심한 청년으로 알려지게 한다. 페기가 신문을 들고 앤드류
를 찾아가 그를 자랑스레 여기며 용기, 애국심을 칭찬한다. 그리고
그녀는 전쟁 때의 결혼이 "바보스럽고 성급한" 결정이라지만 자신들
은 결코 그렇지 않을 것이라고 확신하면서 결혼 제안도 먼저 꺼낸다.

이처럼 참전을 낭만화시킨 페기의 모습을 통해 할리우드는 여성을 국가 이념에 충실하게 종속시킨다. 여성들은 전쟁 그 자체에 대해, 참전의 결과에 대한 어떤 의문도 제기하지 않고 청년들을 적극적으로 군대로 인도한다. 여성은 남성을 통해서 간접적으로 국가/전쟁에 참여하는데 이처럼 페기는 앤드류의 남성성을 일깨우면서 그 임무를 '완벽하게' 수행하고 있다. 그리고 남성의 용기와 희생에 대해 그녀는 결혼으로 보상해 준다.

결혼이라는 '보상'을 통해 청년들의 참전을 격려하는 여성들의 행위는 같은 해에 나온 〈너를 원해〉(I Want You, 1951)에서도 반복 재현된다. 이 영화는 하늘에서 바라보는 평화스런 도시를 "이것은 새나 공격 목표 위에서 날고 있는 폭격기 조종사가 본 모습이 될 수 있다"라는 화면 밖 목소리와 함께 보여주면서 본국에서의 전쟁의 가능성을 일깨워 준다. 이 영화는 공산주의의 확장을 저지하기 위해 단호한 전쟁 개입의 필요성을 심어주고, 청년들이 국가를 위해 희생할 책임이 있음을 상기 시켜준다. 그리고 이런 설득은 아내, 연인, 이웃 여성 등의 전쟁에 대한 반응을 통해 〈한국의 양키〉보다 훨씬 정교하게 서사에 녹아 있다. 이 영화에서도 젊은이들은 엑스레이(X-ray)에 나오지 않은 궤양을 언급하거나 스테이크만 먹는 장모를 부양해야 된다는 농담 같은 핑계를 대며 군에 가기 싫어하는 속마음을 토로한다. 굉음이 나는 자동차 운전을 즐기는 잭(Jack)도 징병위원회 위원장인 터너(Turner)가 전쟁에 개입하는 이유를—공산주의자들이 지배하게 되면 직업 선택의 자유가 박탈되고, 개인 사생활이 보장받지 못할 뿐더러 인권이 억압됨—열거하지만 납득하지 못하고 오히려 그의 딸 캐리(Carrie)와 사귀는 것을 못마땅하게 여겨 자신을 강제로 입영시키려한다고 반발한다.

영화는 이런 상황에서 세 명의 여자를 통해 '정상적인' 남성들에게 국가를 위한 희생이라는 가치를 일깨우며 여성과 어린이를 보호해야 하는 남성들의 '책임'을 불러일으킨다. 오히려 여성들이 남성보다 더 강렬한 애국심을 보이며 국가의 요청에 부응한다. 특히 잭의 형수인 낸시(Nancy)는 군 입대에 거부감을 보이는 그를 강하게 질책까지 한다. 잭이 가족 식사 중 원자폭탄으로 전쟁을 해결하는 대신 끔찍한 곳에서 참전하도록 강요받는 상황에 대해 불만을 터뜨리자, 낸시는 미국 본토에서 원자폭탄을 사용하는 전쟁이 벌어져도 괜찮은지 반문한다. 그러면서 이 땅의 젊은이들이 기꺼이 책임을 나누는데 자신의 괴로움이나 안위만을 걱정하고 수백만의 사람의 목숨을 경시하는 야만인 같은 잭과 같이 식사를 할 수 없다며 그 자리에서 추방시켜 버린다. 국가가 요구하는 남성성이 결여된 잭은 여자에게 집에서 쫓겨 나가면서 거세까지 당한 셈이다. 이 장면에 앞서 낸시의 이웃인 영국 출신 캐롤린(Caroline)은 전쟁 때 런던에서 독일군의 공습으로 건물 잔해에서 이틀 낮밤을 묻혀 있다가 구조된 경험을 낸시의 어린 아들 토니(Tony)에게 전해준다. 미국 본토에서 전쟁이 일어났을 때 입게 될 전쟁의 고통을 구체적으로 알려주는 것이다. 즉 잭의 입대는 미국에서 벌어질 전쟁, 그래서 낸시, 캐롤린, 토니와 같은 여성과 아이가 당할 수 있는 고통을 해외에서 막을 수 있기 때문에 피할 수 없는 남성의 책무임을 관객들에게 전달해 준다. 잭의 연인 캐리도 낸시처럼 미국 사회가 요구하는 남성적 미덕을 잭에게 설파하면서 그를 수치스럽게 한다. 그녀는 잭이 입대하기 전날 찾아와 아버지가 1차대전 때 아르곤(Argonne) 전투에서 몸에 박힌 파편을 아직도 제거하지 못해 하루 24시간 고통을 받지만 이 사실이 다른 사람에게 알려져 동정이나 특별대우를 받기 원치 않았다고 말한다. 자신의 안락만을 찾는 젊은이에게 캐리는 위기 시 국가를 위해 기꺼이 희생하며 말없이 고통을 견뎌야 하는 '정상적인' 남성성을 일깨워 주는 것이다.

이처럼 낸시와 캐리는 국가/군에서 남성에게 기대되는 미덕을 전파하면서 남성을 전쟁에 동원하는, 그래서 전쟁 수행에 중요한 기여를 하는 여성으로 재현되고 있다. 이 영화는 〈한국의 양키〉보다 캐리의 결혼을 좀 더 신중하게 접근하지만, 결국 남성의 용기와 희생에 대해 여성은 결혼으로 보상해주는 것으로 종결된다.[2] 대학에 재학 중인 캐리가 읽고 싶어 하는 목록에는 엘리어트(T.S Eliot), 아리스토텔레스, 칸트의 『이성 비판』(Critique of Reason)이 열거되어 있고, 그녀는 일본어까지 배우고 싶어 한다. 이런 지적인 캐리는 잭의 청혼에 남자가 군복무를 하는 동안의 삶에 확신을 갖지 못했기 때문에 망설이다 군인과의 결혼생활이 충분히 가치 있다는 낸시의 격려를 받고 결혼을 결심한다. 이 작품은 여성에게 대학 교육보다 사랑을 위한 결혼이 훨씬 더 가치 있는 것으로 제시한다. 미혼 여성들은 남성들을 군대로 보내고 자신들은 결혼이라는 제도의 틀로 들어가면서 국가의 요구에 완벽하게 '화답'한다. 앞서 언급한대로 1950, 60년대에는 강력한 가부장적인 가족 관계로 형성된 가정은 공산주의 침략, 혹은 국가 세력 전복을 막아내는 또 다른 방어막으로 간주되었기 때문이다.

---

2 캐리가 타오르는 욕망을 잘 주체하지 못하는 장면은 관객들의 웃음을 자아낸다. 영화에서 그녀는 자신의 욕망을 솔직하게 표현하지는 못하지만, 이 성적 욕망은 당대의 사회적 분위기에서는 오직 결혼을 통해서 해결될 수 있기 때문에 그녀가 대학을 기꺼이 포기하는 결정은 당대 관객들에게 그리 놀랄만한 것은 아니었다. 1950년대의 구술역사 연구에 의하면 여성들이 때로는 혼전성교로 인한 임신에 대한 두려움으로 인해 성적 욕망을 사회 제도 안에서 충족하기 위해 결혼을 일찍 하는 경우도 종종 있었음을 보여준다(De Hart 130).

그렇지만 전쟁 참전을 반대하는 어머니의 목소리가 부각된다는 점은 한국전쟁 영화를 2차대전 영화와 차별시키는 주목할 만한 특징이다. 적어도 1950년 대 초반 일반대중들이 한국전쟁 참전에 적극적이지 않았음을 이 영화 역시 무시할 수 없었음을 입증한다. 잭의 어머니는 큰 아들에게 건설회사의 필수직원으로 동생을 선정해 징집을 피하게 해달라고 부탁한다. 그러나 결국 막내아들이 징집되자 남편의 1차대전 참전 기념품을 던져버리면서 파리에서 장군의 당번병으로 총 한번 쏘지 않았던 그가 마치 용감한 병사인양 허세를 부린 것을 폭로한다. 어머니는 참전 이데올로기 자체를 거부하지는 않는다. 그러나 자식을 걱정하는 모성애의 관점에서 표출된 이 저항은 분명 2차대전 영화에서 찾을 수 없는 것으로 관객들에게 긴장감을 안겨준다.

남성이 지배하는 국가 질서로[3] 편입된 여성은 결혼 후 가부장적인 군대/사회에 철저히 복종하는 면을 보이는데 〈도곡리 철교〉는 가정주부가 개인과 가족의 희생을 요구하는 전쟁 수행에 어떻게 '동원'될 수 있는지 제시한다. 변호사 출신의 조종사 브루베이커는 자신이 한국전쟁에 소집된 것에 대해 불만을 품고 있을 뿐더러 타란트(Tarant) 장군에게 철군을 주장하기도 한다. 장군은 아들처럼 생각하는 브루베이커의 부인 낸시(Nancy)에게 전쟁의 위험을 알아야만 한다며 남편이 곧 수행할 위험한 작전을 언급한다. 그리고 자신의 부인은 아들 둘 다 2차대전 때 전사하면서 그 슬픔으로 알코올 중독자가 되었고

3　조앤 니겔(Joane Negel)은 국가가 곧 남성적 질서이며 제도임을 "위계적인 권위구조, 남성들이 의사결정을 내리는 위치를 차지하고 있는 것, 남성/여성의 상위/종속적인 내적 노동 분업, 그리고 여성 권리, 노동, 성에 대해 남성이 법적 통제를 가하고 있음"에서 찾고 있다(Negel 251).

며느리는 군복 입은 남자들과 관계를 맺다가 자살까지 기도했다는 아픈 가정사를 전한다. 장군은 아내 역시 남편과 같은 공동체가 되어야만 최악의 상황에 대처할 수 있다고 믿고 있다. 남편조차 쉽게 자신의 임무에 대해 확신이 서지 않지만 낸시는 장군의 감상주의적인 설득을 아무런 의문도 제기하지 않은 채 그대로 받아들인다. 그녀는 후에 남편에게 자신도 똑같이 철교 폭파 작전을 감당해야 할 의무가 있다고 말한다. "장군이 내게 무슨 말을 하려는지 알아요. 나도 그 다리 폭격을 직시해야만 돼요. 그렇게 해야 되고 괜찮을 거예요." 그녀의 이런 확신은 개연성 있는 설득에 의존하기 보다는 타란트 장군이 상징하는 가부장적인 국가 권위에 대한 믿음, 복종에서 얻어진다. 영화는 여성들로 하여금 철저하게 국가의 명령에 순응, 희생하며 가부장적인 남성의 권위를 그대로 받아들이는 것을 미덕으로 내세운다.

이처럼 정치적 순진함으로 인해 마치 어린아이처럼 남성들의 권위와 질서를 그대로 수용하는 여성들의 모습은 〈작전 일 분 전〉(One Minute to Zero, 1952)에서도 반복된다. 이 영화는 여성을 가장 말썽꾸러기인 존재로 설정하고, 잠시 가정의 울타리에서 벗어난 그녀를 학습을 통해 남성, 국가의 권위에 대한 존중심을 갖고 가정으로 복귀시키는 것으로 종결한다. 2차대전에 참전한 남편이 전사한 UN 보건위원 린다(Linda)는 공산주의의 실체에 무지하고, 순진한 평화주의를 대변하는 인물이다. 영화는 미군 개입의 필요성과 여성들이 가정으로 왜 복귀를 해야 하는지를 남성우월주의로 물화(物化)된 자노스키 (Janowski) 대령과 낸시와의 갈등을 통해 보여준다.

여성들의 정치적 순진함, 아이 같은 행동은 영화의 첫 부분에서부터 드러난다. 영화는 현명하지 못하거나 현실감이 떨어지는 린다의 생각과 판단을 반복적으로 보여주면서 남성들이 대표하는 국가/군의 권위와 질서를 인정하고 받아들여야만 되는 정당성을 설파한다. 전쟁 발발 전에 보건 사업을 위해 북한 여행을 허가해달라는 린다의 요청에 자노스키와 파커(Parker) 대령은 소련이 지원하는 남침 준비가 북한에서 진행되고 있다며 반대한다. 그녀가 계속 고집을 피우자 남자들은 남편에 대해 궁금해 한다. "아마 집에서 애기나 보고 있을 거야." 가정에서 군림하는 여성들, 그리고 남자들의 유약함을 꼬집는 반응을 보인 것이다. 자노스키는 UN과 여성의 능력에 대한 지독한 편견과 함께 남성 우월적인 성향을 분명히 드러낸다. "유엔 직원들이 하는 일이 다 그렇죠. 특히 여성의 경우라면 두 배나 더 심할 걸요." 전쟁 발발의 예측처럼 자노스키의 판단은 늘 정확하다. 비행장에서 민간인을 탈출시키는 마지막 수송기를 타기를 거부하는 린다를 그가 번쩍 들어 태운다. 그리고 비행기가 이륙하자마자 적기가 공습하여 비행장에 있는 UN 건물이 전소되는 상황을 그녀는 하늘에서 목격한다.

공산군 게릴라와 뒤섞인 피난민 포격을 다룬 장면은 린다의 모성적 본능과 자노스키의 이성 혹은 질서, 논리가 충돌하면서 이들 갈등의 절정을 이룬다. 영화는 자노스키가 생명을 중시하는 지휘관임을 포격 결정에 대한 그의 갈등과 번민을 통해 섬세하게 보여주지만 린다의 경우는 일방적으로 민간인을 살상한다고 여겨지는 자노스키를 비난하는 모습만 재현하고 결국 그녀의 판단이 잘못되었음을 입증한다. 보건지원단의 동료 의사는 미군의 결정을 옹호하면서, 포격을 악성 질환을 치료하는 수술에 비유한다. 즉 감염된 곳을 도려낼 때 건강한 조직도 같이 잘라내야만 완벽한 치유가 되는 것으로 설명하지만 그녀는 여전히 납득하지 못한다. 린다와 같은 단순한 여성에겐 좀 더 실체적 증거를 통해 설득해야 할 필요가 있음을 영화는 보여준다.

2부 | 할리우드와 한국전쟁 **167**

후에 파커 대령은 린다를 이끌고 손을 묶인 채 처형당한 미군의 시신을 보여준다. 대령이 피난민 속에 숨어 있던 게릴라들이 미군들을 공격한 결과라고 말하자 린다는 "눈으로 확인하니 이제 믿을 수 있다"며 비로소 자신의 생각이 잘못되었음을 인정한다. 서사는 자신의 잘못을 깨달은 린다가 자노스키를 만나서 용서를 구하고 그의 아내가 되겠다고 간청하며 자신의 잘못에 대한 보상을 하면서 종결된다. 린다가 미국 남성의 의지를 상징하는 자노스키의 생각들, 즉 그가 속한 조직체인 군대/국가를 대변하는 이데올로기를 체화하면서 결혼이 이루어진다. 그녀는 첫 남편의 죽음 후 직업을 갖게 되며 통제받지 않는 생각과 행동을 하지만 다시 결혼을 통해 스티브처럼 강한 남성의 지배 아래로 복귀한다.

좀 더 논쟁적으로 여성을 가정으로 복귀시키며 여성이 국가안보에 어떻게 기여할 수 있는지를 분명하게 나타나는 작품은 독립적인 기혼 여성 저널리스트가 등장하여 조종사인 남편과 갈등을 빚는 〈세이버 제트기〉(Saber Jet, 1953)이다. 이 작품은 2차대전 후 "로지 리벳공"과 같은 직장 여성, 특히 강한 페미니즘 성향을 지닌 여성에게 일과 가정이 양립할 수 없는 상황을 제시하면서 당대 여성들에게 가해지는 사회적 억압을 반영한다. 자신의 일에 대해 자부심을 갖고 있는 신문기자 제인(Jane)은 결혼했다는 사실을 드러내지 않은 채 미혼 때의 이름을 사용하며 가부장제에 대한 도전을 하고 있다. 일본에 있는 공군기지에서 출격에 나선 남편의 귀환을 애타게 기다리는 아내들을 취재하기 위해 온 그녀는 그간 소원해진 남편 질(Gill) 대령과 관계를 내심 복원하려 한다. 남편은 아내가 미혼 때의 이름을 사용하는 것을 알고 분노하면서 엄격한 젠더 질서를 고집한다. 그러자 제인 역시 남편이 요구하는 젠더 상에 대해 반발한다. "슬리퍼를 가져오고, 담뱃

불을 켜주고, 그래 여보, 아니오 여보하면서 당신이 원하는 무엇이든
지 해요라는 귀여운 노예가" 되지 않겠다고 선언한다. 여성으로서의
자기 주체성, 정체성을 분명하게 드러내면서 이 둘의 갈등이 절정에
다다른다. 그러나 영화는 첨예한 갈등을 이성적 담론이 아닌 감상적
방법으로 해결한다. 출격을 나간 장군이 실종되고 그 아내의 슬픔을
옆에서 지켜보면서 제인은 "아내, 연인, 엄마로서 남편이 필요로 하
고 원하는 때 옆에 있는 존재의 역할," 즉 남편과 가족에 대한 헌신이
자신의 경력보다 우선되어야 됨을 인식한다. 그리고 그녀는 직장을
포기하고 다른 조종사의 아내와 같은 전통적인 젠더 상을 마지막 장
면에서 보여준다. 이처럼 이 영화는 1950년대의 공산주의자들과의
전쟁에서 지적 여성들도 취재와 같은 외부의 활동적인 일이 아니라
분명히 가정으로 돌아가 남편 옆에 있어야 됨을 명시하면서 국가안
보와 젠더를 연결시킨다.

3. 간호장교와 국가

전쟁 동원을 위해 남성들의 참전을 격려하고, 여성을 가정으로 복
귀시키면서 젠더 질서를 고착시키는 앞선 작품처럼 간호장교를 소재
로 다룬 영화 역시 국가/군의 요구에 적절하게 부응을 한다.[4] 여군

---

4 간호장교를 다루는 영화는 여성영화의 정형 속에서 이루어 졌다. 1930년대와 40년
에 걸쳐 발전된 멜로드라마의 속성을 지닌 여성영화(women's film)의 관습을 해스켈은
다음과 같이 설명한다. 첫 번째는 여성영화들은 여성들의 영역이 전통적인 아내, 어머
니, 가정임을 끊임없이 일깨우는데 이 영역을 벗어나는 경우 다양한 처벌을 받게 된다.
여성들은 누군가, 무엇인가를 위해 희생한다. 즉 자녀를 위해, 사랑 때문에 자신의 직
장, 경력을 포기한다. 물론 그 반대의 경우도 존재한다. 두 번째는 여자들은 끔찍한 병
에 걸려 고통을 받는 경우가 관습적으로 재현된다. 그녀는 짧은 기간 동안 행복을 누리

간호장교는 군인과 여성이란 서로 상충되는 속성을 동시에 지닌다. 여성이 장교라는 점은 관습적 여성성에서 쉽게 이룰 수 없는 강인한 모습, 자아 발견, 독립성을 내세울 수 있고 또 남성 우위의 젠더 관계를 전복할 수 있기 때문이다. 이런 여성성은 1950년대의 미국 사회의 요구와는 거리가 있었기 때문에 여성 간호장교에 대한 할리우드의 재현은 관심의 대상이 될 수밖에 없다. 한국전쟁 때 미군은 간호장교 인력이 부족하여 예비역 여군들을 재소집할 정도로 간호장교의 영역은 여전히 여성들의 참여가 필요하였다(Holm 150-55). 이 같은 상황에서 간호장교에 대한 군대의 현실적 필요성과 여성의 가정 복귀를 원하는 사회적 요구 사이의 갈등이 잘 녹아 있는 영화가 〈항공 간호장교〉(Flight Nurse, 1953)이다.

〈항공 간호장교〉 서사는 간호장교 폴리 데이비스(Polly Davis)가 화면 밖 목소리로 자신의 경험을 전달하는 형식으로 주인공은 구애를 하는 두 남자 사이에 끼어있고 직장이나 결혼 둘 중에 하나를 선택해야 하는 점에서 여성영화의 정형을 반복한다.[5] 이런 정형에서는 간호

고 죽기도 하고 다시 치유를 받아 살아나기도 한다. 세 번째는 여성들은 선택을 해야 하는 상황에 늘 놓이게 된다. 여주인공은 자신에게 구애를 하는 두 남자 중 하나를 선택해야 하고 때로는 직장이나 결혼 둘 중에 하나를 골라야 한다. 그리고 직장을 선택하면 외로움과 좌절에 빠지곤 한다. 일반적으로 여성영화는 가부장적 문화가 여성들에게 요구하는 사항을 담고 있다. 즉 남자에게 순종적이며 남자의 관심을 끌기 위해 어떻게 치장을 하는지 그리고 남자를 찾아 결혼을 하지 않을 때의 끔찍한 결과를 보여주면서 가부장적 이념을 강화시킨다(Haskell 153-88).

5 〈화염의 전투〉(Battle Flame, 1959)에서도 간호장교 퍼거슨(Ferguson)은 약혼자 해군 군의관과 해병 중대장 데이비스(Davis) 사이에서 갈등을 겪다 중공군 포로가 된 자신을 구조해준 중대장을 선택한다. 간호장교 복장을 하고 있는 퍼거슨은 아름다운 옷을 입고 있는 자신의 모습을 데이비드가 보지 못한 것을 아쉬워하며 남자의 사랑과 관심을 끌기 위한 행위를 분명하게 인식하고 있음을 보여준다. 이처럼 한국전쟁 영화에서 여성 간호장교들도 여성영화의 정형에 따라 재현되고 있음을 알 수 있다.

장교는 군인보다는 여성이라는 이미지가 강하게 부각되기 마련인데 첫 장면부터 주인공 폴리(Polly)는 군용기 안에서 브라(bra)만 걸친 윗몸을 노출시킨다. 또 자신의 약혼자인 헬기 조종사 마이크(Mike)의 사진을 보고 상념에 빠져있고, 공항에서 다른 장교를 약혼자로 잘못 보고 키스를 하는 행동에서 그녀의 관심이 온통 남자에게 집중되어 있음을 보여준다. 처음 숙소에 도착해서 그녀가 하는 행위는 약혼자의 사진을 침대 옆에 놓는 것이다. 숙소에 있는 다른 간호 장교들도 잠옷을 입은 모습으로 등장해서 여성성이 강조된다.

폴리 또한 자신의 여성성을 분명히 인식하고 이를 임무 수행에 적절하게 이용한다. 환자를 수송하는 첫 임무에서 그녀는 부상병들이 응시하는 가운데 립스틱을 바른다. 그녀는 병사들이 이 모습에서 어머니, 미래의 연인, 아내를 연상하며 위로를 받을 것이라 기대하기 때문이다. 즉 자신을 간호장교보다는 여성으로 보도록 유도한다. 더구나 헬기 소리만 들어도 약혼자를 떠올리는 그녀는 마이크가 임무 수행 중 실종이 되었을 때 자신의 임무조차도 제대로 잘 수행할 수 없는 정신적 공황까지 맞게 된다. 폴리가 약혼자가 있음에도 불구하고 그녀를 좋아하는 수송기 조종사 빌리(Billy)는 두 남자 사이의 선택이라는 여성영화의 서사를 구축하게 한다. 그는 상심에 잠긴 그녀를 위로하고 때로는 적기의 공습에서 구해주기도 한다. 여전히 여성은 장교이더라도 수동적 존재로 재현될 따름이다.

앞선 〈세이버 제트기〉처럼 〈항공 간호장교〉에서도 여성은 가정과 일을 동시에 성취하지 못한다. 그러나 영화의 결말에서 폴리는 관객의 기대와는 달리 결혼이 아닌 군을 선택한다. 1950년대의 가족 중심 이데올로기에서 이런 결말이 가능한 것은 이 영화가 전쟁 수행에 필요한 간호장교를 충원하려는 목적을 저변에 깔고 있기 때문이다. 또

폴리의 선택을 정당화하기 위해 가정생활이 여성에게 만족스런 것만
은 아님을 인정하면서 기존 이데올로기와 충돌한다. 동료 간호장교
는 결혼하고 싶은 남자가 사는 뉴햄프셔(New Hampshire)의 작은 마을
집에 방문했던 이야기를 한다. 남자의 하얀 집은 페인트칠이 벗겨져
퇴색해 보였고 그곳 여자들은 일주일에 한 번씩 교회 지하실에 모여
재봉 모임을 갖는다. 그녀는 그런 단조로운 삶에서 빨리 벗어나고 싶
었다고 고백한다. 결국 폴리는 장진호전투에서 부상을 입은 병사가
자신을 간호해준 항공 간호장교가 "천사"와 같았다는 인터뷰가 방송
에서 나오자 자신의 운명이 마이크의 텍사스 농장 저택 베란다에 있
는 흔들의자가 아니라 환자수송기에 있음을 인정하고 약혼자와 결별
한다. 이처럼 이 작품은 천사 간호장교라는 '성스러운' 직업상을 강
조하면서 선전영화의 목적을 성취하지만 결말에서 그녀는 환자 수송
비행기에서 빌리와 재회하면서 로맨스의 시작을 알린다. 폴리는 끝
까지 군인보다는 '여자'로 더 부각되면서 언젠가는 가정으로 돌아갈
것임을 암시한다. 결국 선전 색채가 강한 전쟁영화에서 여성의 재현
은 국가의 필요에 따른 선택과 제시의 산물임을 입증한다.

　가부장적이고 여성혐오적인 시각으로 간호장교를 보는 극단적인 경
우는 1970년에 나온 〈매쉬〉(M*A*S*H)이다. 이 작품은 한국전쟁을 배경
으로 하지만 베트남전쟁 당시의 미국의 저항문화(counter-culture)라는
큰 진동이 그대로 새겨져 있다. 앞선 영화처럼 선전도구의 용도는 사라
졌지만 1960년대 후반의 영화 제작 환경의 변화로-관객들의 수용 수준
에 따른 영화 등급제가 실시되면서 성애, 언어, 폭력의 내용에 대한
제한이 없어지면서-인해 간호장교들은 남성들의 성적 욕망을 채워주
며 철저하게 지배당하는 존재로 등장한다. 기존의 권위와 사회질서에
대한 극한적 거부감을 나타내는 이 영화는 여성에 대해서는 오히려

가부장적 태도를 견지하며 남성지배주의 질서를 심화시키는 이중적인 면을 보이지만 기존 간호장교를 다룬 영화의 연장임을 이해한다면 그리 놀랄 일도 아니다. 결국 이 영화는 국가/군의 질서가 남성 지배와 동일함을 확실하게 보여주면서 여성은 그 질서에 편입되어야 함을 강조한다.

〈매쉬〉는 〈서커스 전투〉(Battle Circus, 1953)의 시대정신의 변모에 따른 변종으로 이해할 수 있다.[6] 〈서커스 전투〉의 서사동력은 간호장교 루쓰(Ruth)와 군의관 웹(Webb) 소령과의 로맨스와 더불어 야전병원에서 일어나는 에피소드에서 발생한다. 뛰어난 의술을 지닌 웹은 신참인 루쓰를 끊임없이 유혹한다. 그는 트럭에서 군 생활의 어려움—지루함, 적에게 포위되는 위험, 동상, 모기—을 나열한 후, 그의 본심을 드러낸다. 그는 여자가 없다는 말을 계속하면서(no woman, no woman) 루쓰의 어깨를 껴안으려 한다. 수술실에서도 그녀에게 언제 자신의 문제를 해소시킬 것인지 물으며 성적 욕망을 서슴없이 드러낸다. 어떤 간호장교는 루쓰에게 그와의 사귐이 진지한 것이 아니라면 가족이 있는 것이 대수인가라고 말하기도 한다. 이런 견해는 〈매쉬〉에서 성적 욕망을 거침없이 드러내는 군의관과 이에 반응하는 간호장교를 예고한다. 바람둥이 웹과는 달리 루쓰는 철저하게 결혼의 이데올로기, 엄격한 도덕적 규범에 따라 움직이는 여성이다. 1950년대의 여성영화의 정형은 여성에게 중산층의 엄격한 도덕적 표준을 적용시킨다(Haskell 159). 루쓰도 웹이 싫은 것은 아니지만 적극적 반

---

6 〈서커스 전투〉 영화의 이름은 공연 장소를 늘 이동해야 하는 이동 서커스단처럼 이동 야전병원이 전장의 상황에 맞게 번번이 야전 천막을 해체 조립하여 여러 장소로 이동해야 하는 데서 왔다. 모든 것을 긍정적으로 생각하는 루쓰는 천막을 걷고 이동해야 하는 것에 대한 다른 간호장교들의 불평을 듣고 "정말 서커스 같은데"라고 말을 툭 던져 다른 이들의 말문을 막히게 한다. 이 영화는 병사들이 어떻게 천막을 해체, 조립하는지를 구체적으로 보여준다.

응을 보이지 못한 이유는 그가 자신의 결혼 상황에 관해 어떤 말도 하지 않았기 때문이다. 이들의 관계는 웹이 부인과 결별 상태임을 밝히자 제대로 진전되면서 남자와는 달리 여성들에게 가해지는 사회적, 도덕적 요구가 분명하게 나타난다.

〈서커스 전투〉와는 달리, 장교의 권위를 상실한 간호장교의 모습이 〈탱크대대〉(Tank Battalion, 1958)에서 드러나면서 〈매쉬〉의 전조를 보인다. 이 영화에서 간호장교들은 장교가 아닌 병사들과 데이트를 하면서 군인보다는 여성적인 이미지가 더욱 강조된다. 간호장교 레드(Red)는 돈 많은 병사를 군에서 찾으려 왔다고 노골적으로 밝히면서 자아 성취와 독립이라는 여성 장교의 이미지와는 거리를 둔다. 더구나 그녀는 아이들로 가득 찬, 주유소를 운영하는 집이 아니라 수영장이 있고 금으로 장식된 욕조를 갖춘 집을 원한다고 말하면서 관습적인 여성성에서 벗어나지 못한다. 레드는 데이트를 하면서 장교의 권위를 행사하려고 하지만 곧 관객들의 웃음을 자아낸다. 병사 스키드(Skid)가 키스를 하려고 하자 그녀는 뺨을 때리지만 잠시 후 "내가 네 상관인데 이러면 너는 군법재판에 회부될 거야"라고 말하면서도 그를 받아들인다.

〈매쉬〉는 여성 간호장교인 홀리안(Houlihan)이 수동적 여성성을 뛰어넘어 소령이라는 계급적 권위를 남성 군의관들에게 실제로 행사할 때 어떤 처벌을 받게 되는지 분명하게 보여준다. 영화의 서사는 홀리안이 독립성과 강인함, 권위를 상실한 체 남성 질서로 편입되어 백치와 같은 존재로 변형되는 과정에 초점을 둔다. 군대를 자신의 "가정"으로 규정하며 애착을 갖는 그녀는 "호크아이" 피어스(Hawkeye Pierce) 대위에게 사병까지도 그를 별명으로 호명하는 것은 군조직의 효율성을 저하시킨다며 힐난한다. 반면 간호장교를 철저하게 성적 존재로만 인식하는 피어스는 훌리안을 매력적인 여성이지만 규율과 권위를 내세우는 "군대 광대"로 치부해 버린다. 더구나 그는 그녀의 '광대' 같은 권위의 행사만 아니었다면 자신의 침대로 초대를 했을 것이라고 덧붙이며 그녀를 성적 상대로 낮추어 버린다. 간호장교의 계급적 권위는 전혀 고려의 대상이 되지 않고 성적인 몸으로만 여긴 셈이다. 듀크(Duke)는 식당에서 간호장교를 앞에 두고 "나는 저기 있는 저 아름다운 여자(dish)를 단지 즐길 뿐이다"라는 말을 한다.[7] 음식과 여성은 이들 남성에겐 동일한 '물건'일 뿐이다. 심지어는 수술실에서 간호장교에게 "몸매가 잘 빠졌기에 망정이지 안 그랬으면 잘랐을 것이야"라는 말도 서슴지 않는다. 피어스는 여성의 성을 남성의 필요를 위해 적극적으로 활용한다. 발기불능으로 인해 자살을 결심한 치과 군의관과 하룻밤을 보내도록 '디쉬' 중위를 설득할 때 피어스는 여성의 "정조가 그의 인생보다 더 중요한가"라며 모성애와 더불어 남성에게 '봉사'하는 여성의 의무/임무를 강조한다. 남성 유대감을 강화시키고 남성을 '세우기' 위해 간호장교의 몸을 '약'처럼 사용하는 것이다.

피어스를 위시한 남성들이 훌리안의 계급적 권위를 박탈하는 방법은 그녀가 성적 욕망을 발산하는 여성에 불과한 존재임을 널리 각인시켜 남성 질서 안으로 포함시키는 것이다. 그 귀속은 그녀를 "뜨거운 입술"(Hot Lips)로 호명하면서 성적 주체의 대상으로 격하시키면서 성취된다. 영화는 훌리안이 헬기에서 내릴 때 절도 있는 거수경례를 하기 전 치마가 올라가면서 보인 스타킹 위의 맨살을 통해 그녀의 숨

---

7 dish에는 "an attractive or sexy person" 즉 매력적이고 섹시한 여성을 가리키는 의미도 들어있다.

겨진 성적 욕망을 암시한다. 군인으로서의 그녀가 보인 절도, **규율**과 성적 욕망이 서로 충돌할 수 있음을 암시한 것이다. 트래퍼(Trapper)는 카니발 왕의 행세를 하면서 훌리안을 가리키며 "눈에 불이 타는 더 요염한 여자를 옷을 벗겨 데려 오라"고 외친다. 실제 훌리안은 번즈와의 관계에서 그녀의 감추어진 욕망을 적극적으로 발산하는데 이 것은 마이크를 통해 중계되고(My lips are hot. kiss me my lips) 그 이후 그녀는 "뜨거운 입술"로 호명되어진다. 이 호명은 성적 욕망을 강하게 표현하는 여성에게 가하는 처벌이면서 그녀를 성적 존재로 고착시켜 버리고, 소령이라는 계급적 권위를 철저히 전복시킨다. 간호장교로서의 능력은 그녀를 조롱하는 트래퍼조차도 어려운 수술을 하면서 "당신은 성가신 존재이지만 뛰어난 간호사요"라고 인정하지만 성적 호명을 거부하고 남성 질서로의 편입을 저항하는 그녀를 군의관들은 여전히 응징할 필요가 있었다.

훌리안에게 가해지는 두 번째 응징은 샤워장에서 벗은 몸을 노출시키면서 "뜨거운 입술"이란 성적 호명을 시각적으로 완성시키는 것이다. 그녀의 머리색에 관해 내기를 건 군의관들은 다른 간호장교들의 도움을 얻어 샤워장에서 천막을 올려 그녀의 온 몸을 마치 '공연'의 한 장면처럼 드러나게 한다.[8] 이미 소령으로 가진 권위 그리고 당당함을 빼앗은 남자들은 그녀가 여성임에 불과하다는 것을 철저하게 다시 인식시킨다. 공연장의 관객처럼 의자에 앉아 그녀의 벗은 몸을

---

8 간호장교의 벗은 몸이 남성 군인에게 드러난 것은 처음이 아니다. 〈철의 천사〉(Iron Angel, 1964)에서는 앰뷸런스를 몰던 간호장교가 의식을 잃은 채 물에 빠져 있는 것을 발견한 상사가 구조해 옷을 벗긴 다음 담요로 몸을 덮어 주는 장면이 등장한다. 그리고 그녀가 옷을 입는 모습이 거울에 비추어진다. 벗은 몸이 직접 화면에 등장하는 것은 아니지만 간호장교의 몸은 남자의 호기심의 대상이었음을 암시한다.

'감상'하는 이들은 훌리안의 공적 권위를 '공적' 장소에서 짓밟아 버린 셈이다(Tasker 138). 다른 여성 간호장교들도 모두 이 '공연'의 공모자로 참여하면서 여성간의 유대감은 존재하지 않음을 영화는 보여준다. 훌리안의 더 큰 굴욕은 샤워장에서 뛰어나와 병원장 블레이크에게 통솔력의 부재를 공격할 때 발생한다. 그녀는 이런 일을 방치한다면 자신이 군복무를 그만 두겠다고 위협하지만 레슬리(Leslie)와 침대에 누워있는 병원장은 즉각적으로 "그만 두라"는 반응을 보인다. 군대/국가 질서에 충실하려는 그녀의 시도가 병원장이 대변하는 군대/국가에 의해 오히려 거부당한 것이다. 헝클어진 옷, 머리에 있는 비누 거품, 극도로 히스테릭한 그녀의 행동은 관객들에게 오히려 블레이크의 반응과 동조하게 한다. 더 이상 그녀의 저항이 의미 없음을 인식한 훌리안은 성적 존재로서 남성 질서에 완벽하게 편입되어진다.

이처럼 국가/군이 곧 남성 질서임을 드러내는 또 다른 장면은 훌리안이 보낸 진정서를 받고 확인 차 방문한 하먼드(Hammond) 장군을 무마하기 위해 피어스가 내민 미식축구 내기경기에 그가 쉽게 넘어 갈 때이다. 의사 결정의 정점에 있는 그는 미식축구라는 남성적 마초 경기가 삶의 우선순위이기 때문에 훌리안의 진정서를 거칠게 무시해버린다. 이미 듀크와 잠자리를 같이 하는 훌리안은 당당함과 권위가 사라진 체 미식축구 치어리더로 "뜨거운 입술"이란 성적 호명을 기꺼이 받아들이며 백치와 같은 광대처럼 행동하고 취급받는다. 그리고 남자들과 포커 게임에 함께 동참하면서 그녀의 저항은 완벽하게 종결된다. 국가가 여성에게 장교라는 권위를 부여했지만 그 권위가 국가 질서를 지배하는 남성에게 거부당하는 아이러니가 빚어진 것이다.

4. 젠더와 남성 권력

이 글에서 다룬 1950, 60년대까지의 할리우드 한국전쟁 영화는 남성을 가부장적인 국가 질서의 상징으로 재현하고 있음을 알 수 있다. 그리고 여성들은 결혼과 사회적 강요에 의해 가장/국가의 권위에 종속된 존재가 되어 버린다. 이런 남성적 질서 그리고 이에 복종하는 여성의 반응은 〈전송가〉(Battle Hymn, 1957)에서 헤스 대령은 임신한 아내에게 "아들이겠지, 그렇지?"라고 하자 아내의 "그게 당신이 원하는 것이면요, 여보 무엇이든지 당신이 말하는 대로요"라는 답변에서도 상징적으로 확인된다. 전쟁영화는 특히 여성들이-적어도 어머니를 제외하고는-남성들의 참전을 격려하고 결혼으로 보상해주면서 국가의 호명에 따라 움직이는 존재임을 보여준다. 군인을 남편으로 둔 가정주부도 국가를 위해 남편이 겪어야 될 위험, 죽음에 대한 두려움, 걱정 때로는 슬픔까지 억눌려야 한다. 〈작전 일 분 전〉에서 가장 이상적인 아내는 출격에 나가는 남편 파커에게 자신의 두려움을 숨기며 혼자 고통을 참는 메리(Mary)이다. 〈세이버 제트기〉에서 남편의 실종을 알고도 침착하고 결연하게 그 충격을 받아들이는 장군의 아내도 같은 맥락이다. 간호장교의 경우 뛰어나고 헌신적인 직업적 면모를 보이지만 여성 혐오적인 군대 문화에서 장교라는 자아 성취적인 주체보다는 성적 존재로만 인식되고 있음이 입증된다. 이런 젠더와 남성 권력의 관계는 〈매쉬〉에서 뛰어난 수술 능력 때문에 하원의원 아들의 수술을 위해 일본 병원까지 날아간 트래퍼가 그의 기행을 막으려 한 간호장교 피터슨(Peterson) 대위에게 요구한 말에서 정확하게 드러난다. "최소한 가까이 일할 때 가슴 때문에 수술하는데 방해가 되지 않을 일을 할 간호사 한명을 달라." 이처럼 1950, 60년대의 한국전쟁 영화에서는 간호장교의 몸은 남성들이 질서/권위가 되는 군대/국가에서 적극적인 임무 수행보다는 성적 복종의 대상으로 여겨짐을 확인시켜 준다. 그리고 훌리안이 굴욕을 당할 때 다른 간호장교들이 반발하지 않고 남자 군의관들의 행위에 가담하면서 여성 역시 당대 사회의 요구에 순응되었음을 입증한다. 이런 순응은 블레이크의 하녀 겸 정부처럼 행동하면서 병원장의 지위를 이용해 안락함을 누리는 레슬리 중위, 치과 군의관의 '남성'을 세우기 위해 '봉사'한 다음날 의미심장한 웃음을 지으며 병원을 떠나는 "디쉬" 중위의 모습에서 남성 질서에 편입된 여성들의 성적 응대로 구체화한다는 점에서 더욱 문제적이다.

한국전쟁 포로영화의 변주

극한적인 상황을 견뎌 낼 수 있도록 젊은 세대를 제대로 준비시키고
알려주고 격려하지 못한 채 방기한 우리들도 최소한 그 책임을
나누어야 되지 않겠습니까?
〈고문〉(The Rack, 1956)

1. 할리우드 한국전쟁 포로서사와 청교도 포로서사

한국전쟁 포로들을 다룬 할리우드 영화는 17, 8세기 미국의 청교
도 정착민들이 아메리칸 인디언들과의 고통스런 접촉에 관해 기록으
로 남긴 포로서사(Captivity Narrative)를 강렬하게 연상시킨다. 청교도
포로들과 한국전쟁 미군 포로들은 자신의 의사에 반해 폭력적으로
끌려간 상황에서 이념적 교화를 강요받았기 때문에 그 유사성이 두
드러진다. 청교도들은 캐나다 예수회(Jesuits) 사제들에게 가톨릭으로
개종을 할 것을 강요받았고, 더불어 포로가 된 후 '사악한 영향력에
물들어' 귀환을 거부한 '속죄받지 못한 포로들로' 인해 청교도 사회는
충격과 더불어 두려움에 휩싸였다(Carruthers 288). 마찬가지로 한국
전쟁에서 미군들이 아메리칸 인디언처럼 인간 아래의 야만적 존재로
여겨지는 아시아 공산주의자들과의 전쟁에서 승리하지도 못했을 뿐
더러 미군 포로가 적에게 협력하고, 그중 21명이 본국 송환을 거부하
였을 때 미국 사회는 큰 충격을 받았다. 할리우드에서 제작한 한국전
쟁 포로서사는 이런 문제에 대한 미국 사회의 반응을 충실하게 반영

하고 있으며 당대 미국의 문화, 쟁점, 그리고 사회적 분위기에 대해 깊고 명확하게 들여다볼 수 있게 한다.

청교도 포로서사는 인디언들에게 납치된 앵글로색슨 이주민들이 겪은 신체적 정신적 고통에 대한 기록으로 끝나는 것이 아니라 당대 사회의 다양한 문화, 종교적 필요성에 따라 변주되었다. 처음 이 기록들은 자신의 경험을 정확하게 기록하고 그 경험이 신앙적인 면에 어떤 영향을 주었는지에 초점을 맞추었지만 점차 선전적인 가치와 더불어 일반 대중의 관심사가 포로서사에 부각되기 시작하였다. 그들의 경험이 진실이었고, 기록을 작성하는 진정성이 기저에 깔려있었지만, 인디언들의 잔혹성과 야만성이 충격적일 정도로 부각되어 있어 이들을 제거되어야 될 대상으로 독자에게 각인시켰다. 더불어 인디언의 폭력성에 대한 허구가 더해지면서 유혈이 낭자한, 그래서 시장에 잘 팔릴 수 있는 내용으로 변질되기도 했다(Slotokin 94-115). 다른 한편 포로서사는 미국의 문화적 정체성과 미국만이 지닌 독특한 예외주의(exceptionalism), 그리고 "산 위의 도시"라는 도덕적 종교적 소명에 대한 문제의 제기 또한 함축하고 있었다. 포로서사를 대표하는 17세기 메리 로랜슨(Mary Rowlandson)의 글은 인디언들의 동기나 지략이 백인들의 그것보다 우월함을 인정하면서 필자가 속한 청교도 사회가 과연 의로운지에 관해서도 의문을 품고 있다. 무슨 근거로 백인들이 미 대륙의 땅을 차지할 싸움에서 마땅히 이겨야만 하는가? 라는 질문 역시 여기에 포함된다(Mortimer 5-6). 하지만 청교도들의 자아와 정체성에 대한 이런 질문은 결국 자신들의 도덕성, 종교적 소명, 예외주의에 대한 확인으로 귀결되었다.

할리우드 한국전쟁 포로영화도 미국으로 송환을 거부한 포로들의 선택이 가져온 충격에 대한 양가적이면서도 자신들의 정체성을 확인하는, 퓨리턴의 포로서사와 유사한 양상을 보인다. 초기 할리우드 작품인 〈전쟁포로〉(Prisoner of War, 1954)와 〈중공군 포로수용소〉(Bamboo Prison, 1954)에서는 미군 포로의 세뇌나 부역(附逆)을 부인하면서 상대적으로 소련군과 중공군들의 잔혹성, 야만성을 부각하였다. 그러나 반역과 '굴욕적'인 부역 행위를 범한 미군 포로에 대한 부정적 시각이 더해 가면서 〈고문〉(The Rack, 1956)과 〈제한된 시간〉(Time Limit, 1957)에서는 극단적인 상황에 처해있었던 포로들의 고통에 대한 재현보다는 오히려 미국 사회에 대한 비판적 성찰로 서사 초점이 변모된다. 이 두 편의 법정 드라마는 용감하고 존중받는 장교들이 왜 반역죄로 기소되었는지에 대해 탐구하면서 과연 그들의 행위가 용납될 수 있는지에 대한 논란을 다룬다. 동시에 이들의 행위와 미국 사회와의 연관성을 탐구하면서 공산주의와 대결하고 있는 상황에서의 미국 남성성에 대한 의문을 제기한다. 한편 이런 문제 제기에도 불구하고 할리우드 포로영화에서는 〈미지를 향해〉(Toward the Unknown, 1956)에서 볼 수 있듯이 미국 사회의 건강함, 즉 정당하고 공정한 법의 절차를 거쳐 포로들이 다시 미국 사회에 복귀할 수 있다는 점을 서사의 근간에 깔고 있으며 미국 사회의 도덕성과 자본주의의 수월성을 반복적으로 드러낸다. 이 글은 한국전쟁 포로를 다룬 할리우드 작품들이 각기 어떤 변주를 보이는지 추적하는 데 초점을 두며, 이 변주가 당대 미국문화의 쟁점, 그리고 궁극적으로 자신들의 도덕적 우월성, 예외주의를 확인하고 있음을 입증할 것이다.

2. 〈전쟁포로〉와 〈중공군 포로수용소〉

할리우드 전쟁영화에는 선전적 요소가 짙게 깔려져 있음을 부인할 수 없다. 특히 1950년대처럼 매카시즘(McCarthyism)이란 극단적 반공주의가 득세한 시기의 할리우드 영화는 더욱 그러하고 특히 한국전쟁 포로를 다룬 영화는 이 맥락에서 벗어날 수가 없었다. 그래서 포로 이야기는 "또 다른 형태의 선전 주제 즉 미국인에 의한, 미국인에 대한, 미국인을 향한"것이란(Carruthers, Cold War Captive 207) 시각을 잘 반영하고 있다. 휴전 직후에 나온 〈전쟁포로〉(Prisoner of War)와 〈중공군 포로수용소〉(Bamboo Prison)는 한국전쟁 포로들의 부역과 송환 거부에 대한 미국 사회의 초기 반응을 담고 있는데, 미군 포로의 변절한 사실에 대해 강한 부정을 표출하고 있다. 더불어 공산군의 폭력을 과장되게 재현하고, 이들에 대해 저항하는 미군 포로의 강인함과 유머를 강조하면서 포로들에 대한 옹호를 분명하게 나타낸다. 또한 미국 자본주의의 힘과 매력을 은연중 제시하면서 체제의 우월성도 부각시킨다.

〈전쟁포로〉의 포스터도 공산군의 잔혹함과 이에 저항하는 미군 포로의 용기를 내세우며, 미송환 포로들의 실체를 다루겠다고 선언한다.

> 충격! 최초 공개! 세-뇌의 현장! 고문 속에서의 용감함!
> 북으로의 끔찍한 행군!
> 포로수용소의 삶! 왜 21명의 미군은 집으로 오지 않았는가?

그러나 흥미롭게도 세뇌의 현장을 보여 준다고 했지만 영화는 공산군을 악의 화신으로 단순화시켜 재현하여, 이들의 폭력적이고 비인간적인 면만을 강조하고 있다. 정작 21명의 미군 포로가 왜 조국을 등졌는지에 대한 심리적인 갈등은 보이지 않은 채 '세뇌'라는 절대적 쟁점을 가볍게 처리한다. 특히 포로수용소를 실질적으로 책임지고 있는 소련군 장교 비로실로프(Biroshilov)나 그의 말에 "정말 그렇습니다"만을 반복하는 부관을 진지하지 않은 우스꽝스런 존재로 재현하고 있다. 고문관 비로실로프는 파블로프 조건 반사를 언급하면서 폭력과 위협만으로 자신의 목적을 달성할 뿐이다. 그는 미군 포로를 굴복시키기 위해 포로를 향해 실탄이 없는 총으로 사격을 하는 위장 처형식을 실시하여 공포를 극대화시키거나 끝까지 견디는 포로의 경우 그의 애견을 몽둥이로 때려죽이는 만행을 일삼아 그 잔혹함만이 부각된다. 공산주의자들의 잔혹성은 영화의 첫 시퀀스(sequence)에서 손이 묶인 채 사살당한 미군의 시체들, 그리고 미군기가 공습하는 와중에 지시에 잘 따르지 않는 포로를 살해하는 데에서 이미 확인되었다.

〈전쟁포로〉는 미군 포로들의 저항 역시 치열하게 전개되고 포로들은 극한의 상황에서 어쩔 수 없이 굴복하였음을 강조하고 있다. 수용소의 가장 큰 어려움에 대해 묻는 비로실로프의 질문에 포로수용소장 김은[1] 미군들의 "엄청난 사기"라고 답변한다. 미군들은 당당하게 행동하고 최선을 다해 끝까지 적에게 저항한다. 부상을 입은 동료를 살리기 위해 긴밀하게 협조하고 희생하고 헌신한다. 선전방송에 나가 세균전을 고백하는 공군 조종사의 경우 그가 겪는 잔혹한 신체적

---

1   포로수용소장은 "김"이고 정치 장교는 "최"이지만 복장은 북한군이 아니라 중공군의 것이다. 아시아인들을 한 묶음으로 보는 할리우드의 시각이 확연하게 드러난다. 그리고 북한군의 역할보다는 중공군과 소련군의 역할이 더욱 부각된다. 결국 한국전쟁은 내전이 아닌 국제 전쟁이라는 시각을 할리우드가 제시하고 있다.

인 고통으로-추운 겨울 벗은 몸에 찬물을 부어 얼음 조각처럼 만드는 장면처럼-인해 어쩔 수 없이 굴복됨을 보여주어 공산주의 이데올로기에 사상적으로 동조되지 않았음을 강조한다.

마찬가지로 일부 포로들이 송환을 거부하고 공산주의를 왜 선택했는지에 대한 답변도 시도한다. 제스(Jess)의 경우 적에게 협조하는 이유를 배고픔에서 찾고 있다. "밀고자"(cheese-eater) 혹은 "생쥐"(a little mouse)라고 비하되는 영어 명칭에서 알 수 있듯이 이념보다는 이기적 욕망에서 협조자가 된다. 그러나 이런 이유도, 그가 후에 미군의 첩보요원으로 밝혀지면서 단지 위장의 구실이었음이 드러난다. 그가 중국으로 가겠다는 결심을 하는 것도 임무 수행을 계속하기 위함이기 때문에, 다른 포로들의 선택 또한 공산주의 이데올로기에 대한 동조가 아니었음을 상징적으로 보여준다. 포로수용소에 대한 정보를 얻기 위해 침투한 슬로안(Sloane) 대위도[2] 이타적인 목적 즉 부상당한 전우를 치료할 의료품을 얻기 위해 협조자가 되는 것처럼 위장한다. 즉 포로들의 '협조'는 가혹한 신체적 징벌로 인한, 강요에 의해 어쩔 수 없는 상황의 결과이고 때로는 정보를 얻기 위한 행위로 재현한다. 이런 할리우드의 재현은 미군들의 신체적 정신적 유약함을 인정하지 않는다. 즉 포로에겐 생존이 우선되며 극한 상황에서 생존을 위한 굴복은 국가에 대한 반역이 아님을 보여준다. 그리고 강요와 폭력에 의한 '고백' 역시 아무런 의미가 없음도 강조한다.

같은 연도인 1954년에 개봉된 〈중공군 포로수용소〉도 앞 작품과 유사한 패턴이 반복되지만 미국의 정체성을 강력하게 부각시키는 전략을 사용한다. 이 작품은 〈전쟁포로〉보다 더 이념적인 면에서 접근

---

2 전 미국 대통령인 로널드 레이건(Ronald Regan)이 역을 맡았다.

〈철모〉 다나까에게 인종차별 문제를 제기하는 북한군 소령

한다. 즉 공산주의자들이 미국의 이데올로기를 어떻게 공격하는지, 그리고 그에 대응하는 '논리'를 통해 국민 통합의 울림을 전달해준다. 그러나 이런 울림은 이미 다른 한국전쟁 영화에서도 유사하게 이루어졌다. 〈철모〉(Steel Helmet, 1951)에서 미군이 점령한 사찰에 유령처럼 나타난 북한군 소령은 흑인 병사 톰슨(Thompson)에게 왜 흑인차별을 가하는 국가를 위해 싸워야만 하는가를 질문하고, 일본계 다나까(Tanaka)에게는 2차대전 때 일본계라는 이유만으로 자국민을 격리시켜 집단 수용소 생활을 하게 만든 국가의 잘못을 지적하면서 인종차별 문제를 날카롭게 지적한다. 이 질문에 대해 다나까는 자신이 미국인(I am an American)이라는 정체성을 내세우고 이 문제는 자신들이 해결해야 되는 일이라고 응수한다. 반면 톰슨은 명확한 답변을 제시하지 않은 채 앞으로 이런 문제들이 십 년, 오십 년이 지나면 나아질 것이라는 희망을 담담하게 전한다.

이처럼 할리우드 전쟁영화는 내부 결속, 국민 통합을 강조하는데 〈중공군 포로수용소〉에서 흑인 의무병 닥(Doc)은 톰슨과 다나까보다 더욱 강렬한 반응을 보인다. 대학 재학 중 자원입대한 닥에게 중공군 정치장교가 인종차별을 언급하며 모두가 평등하다는 공산주의 이념을 받아들이도록 설득하자 그는 인종 문제는 언젠가 해결될 것이라는 확신을 보이면서, 마르크스(Marx), 레닌(Lenin), 엥겔스(Angels)가 쓴 글을 읽었지만 빨갱이가 되기보다는 차라리 흑인이 될 것이라고 선언한다. 심지어 닥은 아무도 자신을 "깜둥이"(nigger)라고 부르지 않았다고 말하는데 이는 중산층의 교육 환경에서 성장했기 때문으로 여겨진다. 이런 흑인 병사의 '과장된' 강한 저항은 미국의 정체성, 우월성을 분명하게 선언하는 메시지로 공산주의의 강력한 위협이 드리운 냉전시대에서 '통합'이란 이데올로기가 얼마나 중요한지 관객에게 각인시킨다.

통합의 이데올로기는 미국 체제의 우월성과 관련이 있는데 〈전쟁포로〉 서사에서는 공산주의자들이 미국과 자본주의 경제에 대한 품고 있는 갈망이 은연중 드러낸다. 비로실로프는 크렘린(소련) 담배를 "싫어한다"고 말하며 미국에서 유일하게 잘 만들어내는 것이 담배라고 칭찬한다. 〈중공군 포로수용소〉에서는 노골적으로 체제의 우월성을 부각시킨다. 미군이 침투시킨 공작원 랜디(Randy)는 공산주의로 전향을 하게 된 이유에 대해 "[미국인]들은 세탁기, 냉동기, 자동차, 그리고 수많은 물건을 얻기 위해 죽을힘을 다하고 있다"라고 설명한다. 이 답변은 물질적 욕망만을 추구하는 미국인들에 대한 비판으로 얼핏 보이지만, 자본주의 국민들이 누리는 풍요로움이 함축된 발언이기도 한다. 미국과 공산국가 간의 생활수준 차이를 대조시키는 것도 주목할 만하다. 자동차 세일즈맨이었던 미군 포로가 정치선전을 담당하는 중공군 장교에게 자동차를 팔려고 시도할 때 처음에 무시하던 그가 흥미를 보이면서 황홀한 표정까지 짓는다. 자본주의의 힘이 정치 이념을 압도하는 순간을 보여주는 것이다. 또 차의 비싼 값

에 비해 중공군 장교 월급이 4불 12센트밖에 안 된다고 하자 미군 병
사가 실망하는 표정 또한 웃음을 자아낸다. 다른 미군 포로 역시 기
회만 있으면 공산군들을 조롱하고 있는데 정치 교육시간에 "전에 이
렇게 좋은 시간이 없었는데" 노래를 부르면서 정치교육을 비아냥거
리고 희화화시키는 것이 그 대표적인 예다. 다른 병사는 강의 내용을
필기한다고 칭찬받지만 정작 그는 예쁜 몸매를 지닌 여자 그림을 그
리고 있을 뿐이다. 이처럼 미군 포로들은 어떤 상황에서도 유머를 잃
지 않고 활기에 차있는 긍정적 모습으로 재현되며[3] 자신들이 공산군
정치장교보다 한 수 위에 있음을 보여준다. 〈중공군 포로수용소〉에
서도 공산군들은 미군 포로에 의해 쉽게 속임을 당하는 어수룩한 존
재로 재현된다. 랜디(Randy)가 미군을 상대로 방송을 할 때 옆에 있는
수용소장을 칭찬하는 내용을 전하자 그 역시 흐뭇한 표정을 짓는다.
랜디 역시 첩보 활동을 계속하기 위해 중공에 가겠다는 선택을 하면
서 미군 포로의 본국 송환 거부가 이데올로기의 전염이 아닌 정보 공
작의 일환임을 드러낸다.

　이처럼 두 영화는 미국의 강점이라고 여겨지는 "자유에 대한 헌신,
뛰어난 기술, 그리고 자유 시장 경제의 특성"을 다시 확인시켜 주고
있다(Jacobson & Gonzalez 46). 그리고 미국 남성성의 회복을 내세우고
있다는 점도 주목할 만하다. 〈중공군 포로수용소〉에서 러시아 무용
수인 타냐(Tanya)는 미국인 공산주의자와 결혼하여 등장한다. 타냐의
남편 클레이튼(Clayton)은 그녀를 미국으로 데려가겠다는 약속과 함

3　미군 포로의 유머와 활기는 2차대전 포로영화를 다룬 〈제17포로수용소〉(Stalag 17,
1953)에서도 찾아볼 수 있다. 그러나 2차대전 포로수용소를 소재로 한 영화와 다른 점
은 '탈출'을 다룬 작품이 존재하지 않는다는 점이다. 이것은 '세뇌'라는 주제가 그만큼
당대 사회의 큰 쟁점이었음을 보여준다.

께 담비코트로 대변되는 고급 소비재로 아내를 유혹했음이 드러난
다. 클레이튼은 모스크바에서 파견된 세뇌 책임자로 미국을 배반했
을 뿐더러 자신의 승진을 위해 아내를 상납하는 일도 서슴지 않는다.
이기적인 목적으로 소련 정치국원들에게 부인의 몸을 팔도록 부추기
는 공산주의자인 남편은 더 이상 남성이기를 거부하는 존재로 여겨
진다.[4] 타냐는 첩보원 랜디에게, "공산주의자들을 혐오하고 경멸하는
데 저들은 남자이기를 포기했다"란 말로, 공산주의자들을 거세된 존
재로 간주한다. 결국 그녀는 랜디로 상징되는 미국인의 강한 남성성
을 선택하여 판문점을 넘어 남쪽으로 귀순한다.[5] 미국의 강한 경제력
과 남성적 매력에 대한 재확인을 통해 관객들에게 국민적 정체성을
분명하게 강조하고 있는 셈이다.

3. 〈고문〉과 〈제한된 시간〉

휴전 직후 포로에 대해 관대함과 동정을 보인 할리우드 포로영화
는 1956년에 개봉된 〈고문〉(The Rack), 〈제한된 시간〉(Time Limit)에서
는 주목할 만한 변화를 보인다. 반역죄로 기소된 미군 포로들에 대한
군사재판이 벌어지는 당시의 상황을 외면하기 힘든 것도 있었겠지만

---

4 같은 맥락에서 적을 여성화시키는 전략은 〈전쟁포로〉에서도 드러난다. 포로수용소
장인 김 대령 역시 여성스런 행동과 말투를 보이면서 소련군에게 굴종하는 자세를 보인
다. 이런 여성화는 상대적으로 미군의 강한 남성성을 부각시키기 마련이다.

5 청교도 포로서사는 포로가 된 백인 여성들이 인디언과 성적인 친밀감을 형성하여
귀향을 거부하고 인디언 남자와 살기를 선택할지 모른다는 불안감을 드러내고 있다.
이런 두려움은 청교도들의 자기 정당성과 문화적 자신감에 대한 불안에서 기인된다
(Mortimer 5). 〈중공군 포로수용소〉에서 러시아 여자가 미군 포로와 사랑에 빠져 남쪽
으로 귀순하는 서사는 미국의 문화적 정체성 그리고 자신감을 내세우는 것이다.

한국전쟁이 가진 특수성 그리고 공산주의자들과의 첨예한 대립 속에
느끼는 미국인들의 불안감 또한 무시할 수 없었던 것이었다. 미국이
열등한 인종으로 여기는 아시아인과의 전쟁에서 '패배'를 당한 것과
더불어 포로들의 반역행위는 도덕적 우월성, 예외주의를 내세우는
미국의 정체성에 대한 의문을 품게 만들었기 때문이었다. 이런 분위
기를 대변하는 저널리스트 유진 킨키이드(Eugene Kinkead)는 앞선 전
쟁과는 달리 한국전쟁에서 미군 포로가 적에게 굴복하고 반역을 하
였으며, 많은 포로가 생존의지를 포기한 채 죽어갔고, 저항과 탈출이
없었다는 점을 지적하면서 이런 수치스러운 허약함은 개인적인 연약
함으로만 국한되지 않고 국가적 결함으로 연결된다고 주장했다.[6] 같
은 맥락에서 육군 신경정신과 의사인 윌리엄 메이어(William Mayer)는
귀환 포로를 면담한 후 "미국적 특성이 썩어가고" 있다고 날카로운
비판을 가했다. 그는 포로들이 미국에 대한 믿음이 결여되어 있었고,
이런 믿음을 심어주지 못한 미국의 교육제도는 비참하게 실패하고
있으며, 그 책임은 양육하고 가르치는 사람들에게 있다고 지적하였
다(Mayer 57-72). 이 견해들은 미국 남성성이 공산주의자들과 과연 대
적할 수 있는지에 대한 의문과 국가 정신의 쇠락을 걱정하는 사회 분
위기를 반영한다. 1956년에 개봉된 할리우드 포로영화들은 이런 변
모한 사회적 분위기를 투영하여 포로들이 적에게 굴복하고 협조를
한 사실을 인정하고 그 원인과 대처 방법 그리고 강한 남성성을 요구
하는 미국 사회의 분위기를 재현했다. 군사법정에 선 미군 포로들에

---

6   킨키이드의 견해와는 달리 한국전쟁 때의 미군 포로 행동이 앞선 전쟁과 별반 다름
이 없었음을 지적하는 전문가들도 있다. H. H. Wubben, "American Prisoner of War
in Korea: A Second Look at the 'Something New in History' Theme." American
Quarterly 12.1 (1970): 3-19 참조.

게 매정한 눈길보다는 동정 어린 시선을 보내지만 군법에 의한 처벌
은 피할 수 없다는 결론으로 서사는 종결된다. 동시에 법의 절차를
준수하는 과정의 정당성, 그리고 진실을 파헤치는 정의를 부각시키
면서 궁극적으로 사회 통합을 유도한다.

　〈고문〉은 2차대전에서 무공훈장을 받은 영웅적인 장교 홀(Hall) 대
위가 왜 재판정에 섰는지 그리고 극한 상황에 다다르지도 않았는데
적의 요구에 굴복한 원인에 초점이 맞추어져 있다.[7] 군 검찰관은 병
든 포로의 뺨을 때리고 다른 포로들에게 공산주의를 따르도록 강의
를 하며 항복을 권유하는 전단에 서명한 죄명으로 대위를 기소한다.
군사법정에서 홀은 공산군들이 어떻게 자신을 치밀한 방법으로 무너

7　〈고문〉의 포스터는 "〈카인호의 반란〉의 모든 드라마, 긴장감, 힘"(All the drama,
the suspense, the power of 'The Caine Mutiny')으로 표현되어 한국전쟁포로에 대한
직접적 언급은 나타나고 있지 않다.

트렸는지에 대해 증언한다. 그에게 자술서를 반복적으로 쓰게 하여 약점이 "외로움"에 있다는 것을 알고 육 개월 동안 독방에 가두어 둔 다음 결정적 순간에 아버지가 형의 전사를 알리는 짧고 쌀쌀맞은 편지를 보여주어 자신을 자포자기 상태로 만들었다고 진술한다. 법정에서 홀은 병든 포로의 뺨을 때린 행위는 병사의 삶에 대한 의지를 불러일으키기 위한 행위이었고, 포로수용소까지의 죽음의 행진에서 자신이 부상 포로를 부축할 정도로 강건했음도 밝힌다. 대위는 공산주의자들의 세뇌와 개인적인 편안함을 추구하기 위해 반역을 한 것이 아니라 '외로움' 때문에 굴복을 하였다는 뜻밖의 고백을 한다.[8] 그리고 그 외로움은 엄격했던 아버지로부터 어떤 정서적인 도움, 사랑을 받지 못한 것과 관련이 있다고 말한다. 더불어 병든 어머니를 둔 그는 가정에서 조심스럽고 예민하게 행동했어야 되었다고 증언하면서 어머니의 사랑 역시 충분히 받지 못했음을 드러낸다. 이런 성장 과정을 보낸 홀은 유대감이 강했던 형이 한국전쟁에서 전사했다는 소식을 듣자 자신이 무너졌다는 증언을 한다. 즉 그의 "외로움"으로 인한 무너짐은 강건하지 못한 정신적 약점에 있음을 인정한 것이다.

홀의 고백은 가정문제라는 사적 영역이 국가안보라는 공적 영역과 겹쳐진다는 냉전시대의 논리를 보여주는 한 사례이다. 냉전시대 이데올로기의 특징은 미국의 국가안보에는 사적 영역이 존재하지 않고 있음을 강조한다. 그래서 국가안보가 성애와 젠더의 규범을 규정하였을 뿐더러 사적 영역도 국가의 적들에게 도피할 수 있는 '성역'이 될 수

---

8 변호인은 홀이 신체적으로 강건했지만 이런 공산군의 작업으로 인해 무너진 상황을 이렇게 설명한다. "그것은 세뇌가 아니었고, 결코 그렇지 않았습니다. 어떤 약물도 사용되지 않았습니다. 정신을 말살하려는 시도는 없었습니다. 다만 정신을 고통스럽게 하려는 모든 계략이 사용되었습니다."

있다는 이유로 감시 대상이 되었다. 이 사적 영역 중의 대표적인 경우가 동성애였는데 그 이유는 동성애자는 공산주의자들의 위협에 취약하다고 간주되었기 때문이었다.[9] 실제 아이젠하워 대통령은 동성애와 "정치적 일탈"이 "미국적인 삶의 방식"을 훼손시키는 동일 범죄의 다른 형태일 뿐이라는 행정명령으로 동성애자들을 공직에서 배제시켰다(Jacobson & Gonzalez 139). 공산주의와 첨예한 대립을 하고 있는 냉전 상황에서 남성성의 약화는 전쟁 수행에 치명적인 것으로 인식되어, 포로들의 남성성에 관해 의문을 제기하는 것은 당대의 정치적 맥락에선 지극히 자연스런 일이었다. 따라서 '정상'적인 가족 관계가 국가 전복 세력에 대항할 수 있는 가장 최고의 방어가 되며, 정치적 건강함과 활력을 보장할 수 있다고 생각했다.

당대 사회의 인식을 투영하듯이 〈고문〉에서 홀 대위의 변호를 맡은 워스닉(Wasnick) 중령은 미국 사회가 젊은이들을 공산주의의 실체에 대해 제대로 깨우치지도 못했고 극한 상황을 맞이할 남성다운 강건함도 준비시키는 데 실패했음을 주장한다. 그리고 젊은이들이 무너진 것에 대한 사회적 책임을 강조한다. 남성성의 약화에 대한 여러 원인을 찾는 사회비평가들은 남편과 자녀에 대한 과잉지배와 과보호로 대변되는 이른바 "모성주의"를 언급했다. 즉 미국 가정에서 어머니의 존재가 아이들의 양육에 결정적인 영향을 미치는데 강한 어머니들이 아들들을 '거세'시켜 결국에는 국가안보까지 위협을 주고 있다고 주장하였다.[10] 더불어 홍수처럼 안방에 파고든 텔레비전으로 대

---

9 상원의원 매카시(McCarthy)는 이렇게 설명했다. "성적 일탈자들이 국가안보에 위해가 될 수 있는 이유는 협박에 굴복할 수 있기 때문입니다. 간첩들이 이들의 비정상적인 습관을 폭로시킨다고 위협해서 정보를 탈취하는 데 자주 성공한다는 것은 알려진 사실입니다"(Jacobson & Gonzalez 138).

표되는 대중문화로 인한 주체적 자아의 실종, 물질적 풍요로움으로 인한 나약함 등도 언급되었다. 다른 한편 이 영화처럼 부모의 적절한 양육 실패도 그 원인으로 지적된다. 어머니의 과도한 개입으로 인해 아버지의 역할이 축소되고 결국 자녀와 아버지와의 소통이 단절되어 갈등이 불거진다고 여겨졌다. 이런 부자간의 단절은 이 작품에만 국한된 것은 아니고 1950년대 영화에서 자주 재현되었다.[11] 한국전쟁 귀환 병사를 다룬 〈비로 가득 찬 모자〉(A Hatful of Rains, 1957)에서도 자신을 고아원에 맡겨 버린 아버지에 대한 아들의 원망이 그가 겪어야 하는 정신적 트라우마와 연결되어 있다. 〈고문〉에서도 대위는 군인으로 항상 엄격하기만 했던 아버지가 자신에게 사랑을 표현하는 자상스런 모습을 보이지 않았다고 증언한다. 실제로 아버지는 홀이 다른 아들처럼 군인답게 전사하는 것이 오히려 더 나았다고 외친다.

이 영화의 결말은 강한 남성성을 갈망하는 사회적 요청과 군대의 흔들림 없는 규범을 확인하는 것으로 종결되며 문제 제기에 대한 해결책을 제시하기도 한다. 영화의 전반부에서 군 검찰관인 몰튼(Moulton) 소령은 홀 대위를 만나기 바로 전 성조기 강하식을 사무실에서 내려다본다. 그는 처음 홀과 같은 반역자를 처리하는 지시를 달가워하지 않았지만 그 임무가 국가의 질서를 세우는 일임을 상기하

---

10 1959년 출판된 『꼭두각시』에서 남편인 상원의원 아이슬린과 아들 레이먼드(Raymond)를 아내이자 엄마가 철저히 통제하고 지배하는 '모성주의'가 극명하게 드러난다. 소련 KGB 공작원인 엄마는 한국전쟁 때 포로가 되어 세뇌가 된 채 본국에 돌아온 아들을 대통령을 암살하도록 조종한다. 이 작품은 '모성주의'가 국가안보에 해가 될 수 있다는 극단적 관점을 반영한다.

11 이 영화의 대본을 맡은 스튜어트 스턴(Stewart Stern)은 어머니 손에 꼼짝하지 못하는 아버지에 대한 아들의 저항을 다룬 〈이유 없는 반항〉(Rebel Without a Cause, 1955)도 썼다. 아버지가 제대로 가장 역할을 하지 못할 때 아들이 문제아로 말썽을 부릴 수 있음을 이 영화가 함축하고 있고 〈고문〉도 같은 맥락이다.

게 되는 것이다. 소령은 홀 대위가 극한 상태에 다다르지 않았음에도 굴복한 점을 지적하면서 그를 처벌해야 된다는 주장을 편다. 몰튼은 "만일 홀 대위의 부역을 무죄라 한다면 적에게 저항한 다른 포로들을 바보라는 죄를 범했다고 하는 것이다"라는 논리를 펴 결국 유죄 평결을 이끌어낸다.

〈고문〉은 홀에 관한 동정적 시선을 유지하면서 군법의 엄정함과 군의 기강, 그리고 미국 남성성에 대한 사회적 요청을 부각시킨다. 영화의 마지막은 화해와 통합에 중점을 두어 미국의 결속을 다짐한다. 홀은 평결 전날 아버지와 자동차 안에서 어색한 포옹을 나누면서 화해를 한다. 그리고 마지막 진술에서 병원에서 자신을 반역자로 부르며 비난했던 밀러(Miller) 대위와의 진솔한 만남을 언급하면서 "모든 사람이 지금 내가 느끼는 것을 그대로 느끼기를 바랍니다. 만약 그렇게 한다면 자신을 싸구려로 넘긴 사람의 심정이 어떻다는 것을 알게 될 것입니다."라고 심경을 토로한다. 또 자신이 선택의 순간에 '탁월'한 선택을 하지 못해 후회의 날을 보내고 있다고 인정하며, 군인 정신과 극한 상황에서도 견뎌야 하는 '남성적인' 선택의 중요성에 대한 감동적인 말로 법정을 숙연케 한다. 이런 참회는 비록 부역을 하였지만 그를 다시 '영웅'적인 인간으로 격상시킨다. 검찰관 몰튼 역시 "아멘"이라고 동의를 하는 데서 나타나듯이, 홀은 통합과 결속의 표상으로 부상된다. 결국 이 영화는 밀러 대위처럼 극한 상황에서도 강건하게 견디어 내어야 되는 것이 국가가 기대하는 남성성이고 애국임을 선언한 셈이다.

냉전시대의 영웅은 〈고문〉에서 보여주듯이 전투에서 승리하는 군인이 아니라 군인 정신에 투철하여 적의 압력과 회유 그리고 고문에 견디는 남성으로 규정된다. 같은 맥락에서 〈제한된 시간〉에서도 군인은 전쟁의 극한 상황에서도 지켜야 될 규범에 충실하여야 하고 그 외의 인간적인 면은 고려 대상이 되지 않음을 강조한다. 〈고문〉에서 정신적으로 유약한 젊은이들이 어떻게 만들어졌는가에 대한 답변을 시도한 반면 〈제한된 시간〉의 경우는 좀 더 충격적이고 복잡한 내용을 담고 있다. 이 작품은 미군 포로들 간의 살인 사건을 다루고 있으며, 반역이 인도주의적 행동과 연관되었을 때 처벌을 해야만 하는가라는 무거운 질문을 던지고 있다. 이 작품 역시 공산주의자의 잔혹한 고문이나 세뇌 등에 관한 탐구보다는 미국 사회의 법과 윤리, 성찰에 더욱 관심을 쏟는다.

앞선 작품처럼 카길(Cargill) 소령은 반역죄로 군사재판에 서야 될 상황에서 자신의 반역행위에 대한 구체적 진술을 거부하고 처벌받기를 원한다. 카길을 조사하는 에드워드(Edwards) 대령은 재판에 소령을 빨리 회부하라는 상관의 명령을 거부하고 사건의 진실을 파헤치기 위해 노력함으로써 법 절차의 정당성, 도덕적 우월성을 부각시킨다. 이 작품 역시 미군 포로가 공산주의자들에 의해 세뇌당했다는 '주장'에 대해서는 전혀 동의하지 않는다. 카길이 적에 협조한 것은 내부 정보원을 죽인 대가로 16명의 미군 포로를 죽이겠다는 수용소장의 협박 때문이었다. 소령은 군사 법정에서 처벌을 혼자 받게 되면 동료를 죽인 다른 미군 포로를 위한 '희생 제물'이 될 수 있다고 판단한다. 영화는 이런 인간애와 자기희생을 보인 그를 어떻게 처리해야 하는지 어려운 질문을 던진다.

인본주의자인 카길은 국가에서 원하는 영웅상에 대한 의문을 제기한다. 한 남자가 삶 전체를 통해 영웅처럼 살아가다가 마지막 순간에 압박을 견디다 못해 무너지면 그 행위만으로 변절자라고 낙인찍히는 것을 받아들일 수 없다고 선언한다. 즉 남자는 "항상 영웅이 될 수가 없고 제한된 시간만 영웅일 수밖에 없다"고 주장한다. 그러나 코너스 (Connors) 장군은 그의 인간적인 면모가 전쟁에서는 들어맞지 않다고 반박한다. 즉 지휘관들은 16명의 삶이 아닌 전체적인 승리를 위해 고뇌하면서 많은 병사들을 희생시키고 그 부인과 자식의 울부짖음을 감내하고 있다고 설파한다. 그러면서 오로지 "규범만이 자신들에게 성서"가 되어야 함을 말하면서 카길의 인간다움을 인정하지만 그를 실패한 군인으로 규정한다.[12] 이 작품 역시 동료 포로들의 죽음을 막기 위해 자신을 희생한 카길 소령에 대해 연민을 보이지만 그를 방면하지는 않는다. 영화는 검찰관 에드워드가 반역죄는 아니지만 여전히 소령을 군법재판에 회부를 하면서 종결된다. 〈고문〉의 경우처럼 국가는 전쟁에서 동정과 연민이 아닌 규범과 강건함이 절대적 기준이 됨을 확인해준다. 그러나 영화의 마지막은 바닷가를 걷는 카길의 뒤에 솟아있는 자유의 여신상을 보여주어 미국 정신의 위대함을 강조한다. 진술을 거부하고 처벌을 받기를 원하는 카길을 그대로 기소하는 대신 끝까지 진실을 밝히는 검찰관 에드워드의 노력을 통해 법질서의 공정함, 국가 권력의 정당성에 대한 신뢰를 입증한다. 또한 카길이 보여주는 인간다움, 감성보다 국가가 요구하는 강한 남성성을 영화에서 옹호한다는 점에서 냉전시대의 국가주의적 가치를 확인시켜 준다.

---

12 〈고문〉의 경우처럼 〈제한된 시간〉에서도 아버지와 아들은 긴장 관계이다. 진실이 밝혀지면서 코너스 장군의 아들이 포로수용소에서 적에게 협력을 했던 밀고자임이 드러난다. 장군은 자신의 아들을 실패한 존재로 단정한다.

4. 마무리를 대신하여

〈고문〉과 〈제한된 시간〉은 군법회의로 종결되거나 곧 회부될 장교들을 다루지만 〈미지를 향해〉는 14개월 동안 포로생활을 하며 선전전에 이용된 공군 조종사 링컨 본드(Lincoln Bond)의 자아구원과 성공적인 사회 복귀를 다룬다. 그리고 주인공이 자신이 사랑했던 여인과의 재결합을 통해 상실된 남성성을 되찾게 된다는 점도 주목할 만하다.[13] 본드의 완벽한 사회 복귀는 미국이 전쟁의 실패를 뒤로하고 새로운 전진을 하겠다는 단단한 결심의 선언이기도 한 셈이다. 이 작품에서도 본드가 포로수용소에서 받은 세뇌의 고통에 관해 구체적인 언급은 하지 않는다. 여자 친구가 설명을 부탁하자 그는 마치 다른 언어로 두 사람이 말하려고 하는, 쉽게 표현할 수 없는 상황이었다고 반응한다. 다만 전에 겪어 보지 못한 그 경험은 2 더하기 2를 5로 만들 수 있는 것이었고, 자신은 손목에 자해를 해서 자살까지 시도를 할 정도로 고통스러웠음을 밝힌다.

영화는 본드의 정신적 상흔을 어떻게 치유할 수 있는가에 서사의 초점을 맞추고 있는데 특히 시험비행기 조종사가 새로 개발하는 비행기의 결함을 찾아 차근차근 극복하는 과정에 비유하고 있다. 그리고 그 과정이 결코 수월하지 않음을 보여준다. 우선 그는 자신에 대한 주변의 불신과 싸워야 하고 이들의 신뢰를 극복하는 어려운 과정을 치러야만 한다. 본드는 상관인 배너(Banner) 장군, 친구인 미키(Mickey), 그리고 애인인 코니(Connie)의 신뢰를 점차 얻게 된다. 시험

---

13 〈제한된 시간〉에서 카길의 집을 찾아간 에드워드에게 부인은 귀환 후 남편과 한 번도 부부관계를 맺지 못했음을 실토한다. 〈고문〉에서 홀도 가족을 제외한 다른 여자와의 접촉은 없다.

제작기 조종사로서 그는 비행기를 최대 한계치까지 작동시켜 그 비행에서 생긴 문제를 제기해서 결함을 고쳐야 된다. 그가 날개의 결함 문제를 처음 제기했을 때 주변 사람들은 무시를 하지만 장군은 그를 신뢰하면서 결국 그의 주장이 진실임이 입증된다. 본드 역시 극한까지 몰린 상황에서 자신의 진가를 점차 되찾고 입증한다. 자신이 제시한 날개의 결함 문제를 조종사가 한계 수치를 넘어선 상황에서 비행을 한 결과로 설계자가 주장하자 본드는 장군에게 "정말 한계가 무엇인지 누가 알 수 있겠는가"라는 질문을 던진다. 포로수용소에게 당한 경험과 결부된 이 질문으로 인해 배너 장군은 본드에 대해 더욱 진지해진다. 시제기가 치러야 할 극한 상황과 포로로서 겪은 두 극한의 경험이 중첩되면서 그 의미가 더해진다. 이 작품은 시제기를 만들어 완벽한 전투기를 만드는 과정에서 뛰어난 지휘관이 귀환 포로로 하여금 정신적 상흔을 극복하는 기회를 제공하면서 완벽한 복귀를 돕는다는 점에서 주목된다. 앞선 두 영화처럼 미국 사회의 절차의 공정성을 확인시켜 주면서 미국 사회의 우월성과 합리성을 입증한다.

〈미지를 향해〉의 본드처럼 인디언 포로 생활에서 풀려나 백인 정착지에 돌아온 청도교 귀향인들도 자신을 바라보는 사회의 양가적인 시선을 인식하며 적응에 어려움을 겪었다. 이들은 청교도 사회가 감히 상상도 하지 못했던 신체적 고통뿐만 아니라 인간의 원초적인 욕망과 타문화의 삶의 방식을 경험했기 때문이었다. 청교도의 윤리나 관습과 거리가 있는 이런 경험으로 인해 포로 귀향인들은 죄책감이나 정신적 고통이 더해졌고, 마침내 트라우마 속에 신경증적인 증세를 보이곤 했다. 로랜슨의 서사 역시 하나님에 대한 신앙을 새롭고 공고히 하며 예전의 삶으로 복귀하는 것으로 종결되지만, 그녀 역시 다른 사람이 평화롭게 자는 동안 "과거의 일과 하나님이 우리에게 내린 끔찍한 일들을"(Mortimer 16) 생각하게 된다고 말하면서 그 경험에서 헤어나는 것이 결코 쉽지는 않았음을 드러낸다. 결국 이런 퓨리턴 기록들은 청교도 사회에서 용납되는 종교적 틀로 자신들의 정신적 치유의 과정을 분출시킨 것이다. 마찬가지로 할리우드의 포로서사도 치유의 과정으로 한국전쟁에서 입은 국가적 상처, 자기 확신을 관객들과 공유하고 있다. 그러면서 인종차별, 포로들의 반역과 굴복의 문제 제기를 통해 미국 사회의 문제나 우월성에 대한 의문을 부각하기도 했다. 그러나 궁극적으로 할리우드는 미국 사회가 어떻게 상처를 극복하고 통합해야 하는지 그 방향을 제시하고 자신들이 세상의 빛이라는 도덕적, 정신적 우월성과 예외주의를 국민들에게 다시 확인시키면서 위로와 확신을 공고히 심어준 것이다. 17세기 미국 청교도와 20세기 미국인들의 타인종과의 폭력을 매개로 한 접촉은 그 기록과 반응에서 이처럼 놀랄만한 유사성을 지니고 있다.

3부

베트남전쟁 서사

할리우드 영화의
베트남전쟁 재현

1. 베트남전쟁 상처 치유의 욕망

부시(George W. Bush)의 "전쟁 종식 선언"에도 불구하고 1,500여 명이 넘는 미군 사상자를 내면서(2005년 3월 3일 현재) 앞으로의 상황을 가늠하기 어려운 방향으로 진전되는 이라크전쟁과 1975년에 끝난 베트남전쟁은 어떤 관련을 지니고 있을까? 부시 행정부가 가장 듣기 싫어하고 의식적으로 회피하는 것은 분명 이라크전쟁과 베트남전쟁의 유사성이다. "대량 살상무기 폐기"라는 도덕적 명분의 기치를 들고 이라크를 선제공격했지만 아무 근거가 없는 것으로 판명되어 그 정당성이 사라진 지금의 상황에서 이라크인들의 계속되는 저항은, 베트남전에서의 미군 병사들의 악몽이 재현될 수 있음을 시사한다. 또한 이라크인들의 저항은 베트남인처럼 민족의식으로 연결되어 미국이 원하는 구도대로 전쟁을 '종결'시키는 일을 어렵게 하고 있다. 이 같은 맥락에서 베트남전쟁 영화는 이라크전쟁에서 미군들이 겪는 경험과 이에 대한 앞으로의 할리우드 영화의 재현을 예측할 수 있는 가늠자가 될 수 있다.

베트남전쟁에서 미국은 군사적으로 분명 패배했지만 할리우드 영화를 주류로 하는 담론은 미군의 패배에 초점을 맞추기보다는 전쟁의 상처를 치유하는 데 더 관심을 쏟으면서 전쟁을 신화화하고 있다. 영화 속의 전투에서 미군은 희생을 치르기는 하지만 결코 패배하지 않는다. 베트남전쟁을 다룬 할리우드 영화는 대부분 이 전쟁을 철저하게 미국인의 관점에서 다룬다. 특히 〈람보〉(Rambo) 시리즈는 전쟁에 대한 수정주의적 시각을 강하게 드러내는데 이는 〈람보 2〉(Rambo: First Blood Part II, 1985)의 첫머리에서 람보가 던지는 질문, "이번에는 이길 수 있나요?"에서 입증된다. 이 시각은 본질적으로 베트남전쟁은 승리할 수 있었지만 머독(Murdock)으로 대표되는 유약한 관료들과 전쟁 반대론자로 인해 패배했다는 것이다. 마찬가지로 베트남전쟁에 대한 대표적 사실주의 영화로 평가받는 올리버 스톤(Oliver Stone)의 〈플래툰〉(Platoon, 1986)도 베트남전쟁을 적이 아닌 내부의 싸움으로 그 성격을 규정짓고 있다. 이처럼 할리우드는 베트남전쟁이 미군과 베트남인들과의 충돌이었음을 애써 외면하려 한다.

　자본주의의 철저한 상품화의 산물, 즉 상업적 대중성에 그 존재 기반을 두는 할리우드에서 베트남전쟁을 당대의 대중 정서와 분리해서 재현한다는 것은 기대할 수 없는 일이다. 베트남전쟁에서 최초의 큰 정규전이라고 볼 수 있는 이아 드랑(Ia Drang Valley) 전투를 다룬 2003년에 개봉된 멜 깁슨(Mel Gibson)의 〈우리는 군인이었다〉(We Were Soldiers)[1]도 2001년 9.11테러 이후의 사회적 분위기와 매우 밀접한 관련이 있다. 진주만 공격 이후처럼 절대적인 애국심이 미국을 뒤덮고

1　이 영화는 해롤드 무어(Harold G. Moore)와 조셉 갤로웨이(Joseph Galloway)가 함께 펴낸 We Were Soldiers Once… and Young: Ia Drang, The Battle That Changed the War in Vietnam (New York: Random House, 1992)에 근거하여 제작되었다. 실제 전투에서 미군은 영화에서 재현된 것보다 막대한 피해를 입었지만, 북베트남군의 사상자가 미군의 사상자보다 더 많은 이유로 미군 지휘부는 이 전투를 승리로 선언했다(Ancelet & Bordessoul 247-48).

있는 상황에서 개봉된 이 영화는 기존의 베트남전쟁 영화에서 쉽게
찾을 수 없는, 예를 들면 부분적이긴 하지만 적군의 관점에서 전쟁을
보고자 하는 미덕이 포함되어 있어 주목된다. 하지만 이 작품은 시작
부터 예전 전투에서 전멸당한 프랑스군과의 차별성을 강조하고 있고,
전체적으로 미국적 가치에 대한 자긍심과 애국심을 불러일으키는 서
사와 이미지가 뚜렷하게 부각되어 있어 베트남전쟁이 치열했던 시기
에 참전의 정당성을 선전하기 위해 제작된 존 웨인(John Wayne) 주연
의 〈그린베레〉(The Green Berets, 1968)와 여러 면에서 매우 흡사하다.

실상 할리우드는 베트남전쟁 영화에서 볼 수 있듯이 사회적 논란이
될 수 있는 기존의 국민적 신화나 믿음을 해체할 수 있는 주제를 직접
다루는 것을 회피해왔다. 베트남전쟁을 치르면서 미국인들은 자신들
의 국민적 신화, 즉 청교도들이 내세운 기치, "언덕 위의 도시"에서
드러난 것처럼 도덕적 우월감, 타락한 구대륙과 구분되는 순수함과
더불어 1, 2차 세계대전을 겪으면서 굳어진 압도적인 군사력에 대한
확신이 여지없이 붕괴됨을 목격했다. 더구나 베트남전쟁과 맞물린
1960년대는 민권운동, 페미니즘의 강력한 대두로 인해 가부장적인 사
회와 제도 그리고 인종차별주의에 대한 비판이 더해지면서 미국의 신
화는 더욱 도전을 받게 되었다(Dittmar & Michaud, 10-11). 다만 베트남
전쟁에 대한 억눌린 기억은 '응축과 전치'의 형태로 나타나기도 했다.
군대 조직과 제도, 권위에 도전하는 〈매쉬〉(M*A*S*H, 1970)는 외견상
한국전쟁을 배경으로 하지만 관객들은 이 영화가 베트남전쟁에 대한
반전 감정과 기성 사회에 대한 반항을 나타내고 있음을 알 수 있었다.
미 기병대의 인디언 학살을 다룬 〈솔저 블루〉(Soldier Blue, 1970) 역시
밀라이(My Lai) 학살처럼 베트남인들을 잔혹하게 살해하는 미군들의
모습을 떠올리게 했다.[2]

〈그린베레〉이후 할리우드가 베트남전쟁을 직접적으로 재현하기 시작한 때는 전쟁의 여파를 진지하게 다룬 〈디어 헌터〉(The Deer Hunter, 1978)가 나온 1970년대 후반이지만 이미 할리우드는 베트남 참전용사의 부정적 모습을 산발적으로 다루어왔다. 그중 〈택시 드라이버〉(Taxi Driver, 1976)의 트라비스(Travis)가 대표적인 경우인데, 소외된 환경에서 '타자'가 되어 정신적 혼란을 겪는 그가 택시 안의 백미러를 바라보는 시선은 베트남전쟁으로의 회귀에 대한 욕망일 수도 있다. 이처럼 전투영화보다 비교적 적은 예산을 투자할 수 있는 귀환용사를 소재로 한 작품을 할리우드에서 먼저 제작한 것은 상업적 측면에서 자연스러운 일이다. 패배한 전쟁이라는 거부감과 더불어 베트남전쟁은 전투의 모습이 생생하게 TV의 뉴스화면을 통해 신속하게 안방까지 전달된 최초의 전쟁이었던 탓에 많은 사람들에게 전투를 다룬 영화가 식상하게 느껴질 수 있었던 것이다. 트라비스가 뒤를 바라보는 시선처럼 실제 병사들은 기록을 통해 자신들의 끔찍했던 혼돈의 전투에 대한 기억으로 다시 돌아가 그 의미를 되새기고 싶어 했다. 1970년대 후반 베트남전쟁 영화의 본격적 등장은 마이클 허(Michael Herr)의 『특파원 보고』(Dispatches, 1977), 필립 카푸토(Philip Caputo)의 『전쟁의 소문』(A Rumor of War, 1977), 론 코빅(Ron Kovic)의 『7월 4일생』(Born on the Fourth of July, 1976) 등의 회고록이 출판되어 널리 읽힌 때와 일치한다. 이와 같은 분위기는 미국인들에게 전쟁의 실상에 대한 관심을 불러일으켰고, 상실된 미국의 정의와 도덕성에 대한 죄책감은 전쟁의 상처를 치유코자 하는 강한 열망과 결합되었

---

2   베트남전쟁이 은유적으로 나타난 영화는 위에서 열거한 작품 외에도 Little Big Man (1970), Bonnie And Clyde (1967), The Wild Bunch (1969) 등이 언급된다(Russel 10-11).

다. 이런 회고록과 더불어 많은 베트남전쟁 소설 또한 참전용사에 의
해 쓰였는데 이 소설 역시 앞선 회고록처럼 자신들의 체험을 바탕으
로 한 전쟁의 실상을 전하려고 애를 썼다. 물론 베트남전쟁 소설도
미국소설의 전통과 완전히 단절된 것은 아니다. 2차 세계대전을 다
룬 블랙 코미디(black comedy)의 걸작으로 베트남전쟁 때 미군 병사들
에게 널리 읽힌, 조셉 헬러(Joseph Heller)의 『캐치-22』(Catch-22,
1955)는 베트남전쟁 문학에 매우 중요한 영향을 준 소설이다.[3] 이 소
설은 전쟁에서 살아남기 위한 요싸리안(Yossarian)의 기발한 행위와
더불어, 부조리한 군대의 규범 및 행정, 전투의 성과에 집착하는 지
휘관에 대한 메타포를 담고 있기 때문에 실제 병사들의 공감을 충분
히 불러내었다. 이 작품의 영향은 스탠리 큐브릭(Stanley Kubrick)의
영화 〈풀 메탈 재킷〉(Full Metal Jacket, 1987)의 원작인 구스타브 해스
포드(Gustav Hasford)의 소설 『고참 병사들』(The Short Timers)[4]에서 가
장 강하게 느껴진다.[5]

이처럼 전투 경험을 대중에게 진실되게 전하려는 참전용사나 종군
기자들의 열망은 2차 세계대전을 다룬 영화는 물론 정치 선전 영화
인 〈그린베레〉와는 다른 내용의 작품들을 만들어냈다. 2차 세계대전
영화는 〈유황도의 모래〉(The Sands of Iwo Jima, 1949)의 경우처럼 전형

3 헬러의 소설과 베트남전쟁과의 유사성, 그리고 베트남전쟁 소설과의 관련성은
Pratt 88-110에 설명됨.
4 "short timers"는 본국으로 귀환할 날이 얼마 남지 않은 고참 병사를 지칭하는 미군
들의 속어였다. 정연선은 『미국전쟁소설: 남북전쟁으로부터 월남전까지』(서울대출판
부 2002)에서 이 소설 제목을 "단기병들"로 번역했다.
5 이런 부류의 소설 말고도 노먼 메일러(Norman Mailer)의 사실주의 전통을 이은
존 델 베키오(John Del Vecchio)의 『제13계곡』(The Thirteenth Valley), 제임스 웹
(James Webb)의 『포화의 들판』(Fields of Fire)과 같은 베트남전쟁 소설이 있는데 이
작가들은 모두 참전용사이다.

적인 특징이 몇 가지 있는데 우선 적들, 특히 일본군들은 화염방사기로 가차 없이 쓸어버려야 하는 야만적인 타자로 그려진다. 반면에 강하고 거친 미군 지휘관은 병사들의 신뢰를 받으며, 출신 계층과 지역이 다른 병사들은 훈련과 전투를 통해 단합되고 용감하게 거듭나 임무를 영웅적으로 완수하고 승리의 성조기를 올린다. 이런 사회통합 이데올로기는 미국과 민주주의의 승리, 그리고 적은 내부가 아닌 야만적인 타자라는 사고방식을 부각시킨다. 〈유황도의 모래〉에서 스트라이커 상사(Sgt. Striker)로 나온 존 웨인이 다시 등장한 〈그린베레〉도 당연히 서부영화와 2차 세계대전의 영화 관습과 이데올로기를 따른다. 이 영화의 메시지는 공산주의자인 북베트남군이 강간을 저지르며 여자와 어린이를 무참하게 죽이기 때문에 도덕적으로 우월한 문명화된 미국이 베트남전쟁을 지원해야 한다는 것이다. 그리고 남베트남은 1776년 미국의 독립전쟁처럼 자유를 얻기 위해 싸우며 이들은 미국의 힘을 원하고 또 필요로 하고 있다는 논리를 편다. 영화의 마지막에서 부모와 자신을 돌본 미군 병사까지 전투에서 잃은 베트남 아이와 더불어 석양의 해를 바라보는 존 웨인의 모습은 식민지인에 대한 가부장적인 태도를 반영하며 제국주의적 이데올로기를 낭만적으로 보여주는 전형적인 예가 된다.[6]

　　〈그린베레〉이후 제작된 베트남전쟁 영화는 당혹스런 군사적 패배

6　베트남인들에 대한 이런 묘사는 이른바 "황색 공포"(yellow peril)의 전형적인 예이기도 하다. 지나 마셰티(Gina Marchetti)는 이 특징에 관해 다음과 같이 설명한다. "황색인에 대한 공포는 외국문화에 대한 인종차별적 공포심과 더불어 성적 불안이, 동양의 어둡고 비밀스런 불가항력적 힘으로 서양을 압도하고 덮을 것이라는 믿음과 결합되어 있다. 황색 공포는 백인이 아닌 모든 사람들은 생래적으로 신체적, 지적인 면에서 열등하고, 도덕적으로 의심스러우며, 이교도이며, 음탕하고 병에 걸렸으며, 야성적이고 비문명화된 어린애 같은 면을 지녀 백인, 앵글로색슨 신교도들의 인도가 필요하다는 관념을 형성하는 데 기여했다(Marchetti 2-3).

와 사회적 갈등, 도덕성과 자존심의 상처를 안겨준 전쟁과 그 여파에 대한 미국인들의 의미 파악 노력의 산물이다. 이 의미 파악은 〈디어 헌터〉, 〈7월 4일생〉(Born on the Fourth of July, 1989)처럼 베트남 참전 용사를 다룬 영화, 〈플래툰〉, 〈햄버거 힐〉(Hamburger Hill, 1987), 〈전쟁의 사상자들〉(Casualties of War, 1989)처럼 전투를 소재로 한 영화, 그리고 베트남전쟁을 미국문화의 연속선상에서 다루고자 한 〈지옥의 묵시록〉(Apocalypse Now, 1979), 〈풀 메탈 재킷〉과 같은 여러 갈래로 이루어졌다. 이 영화들은 예전 전쟁영화와는 다른 모습을 보이지만 전쟁을 다룬 전통적인 서사구조와 관점, 성장소설과 순진성의 상실과 같은 정형을 반복하면서, 타자를 바라보는 시야의 바탕에 국수주의적 가치를 고양하는 이데올로기와 인종차별적인 면을 여전히 짙게 깔고 있다. 미국의 정체성은 서부개척과 더불어 형성되었기 때문에 서부영화의 메타포와 이미지가 영화에 자연스럽게 반복된다. 이런 정형과 더불어 영화가 주로 전투병사의 관점에서 본 베트남 참전 경험에 대한 '의미 파악'이기 때문에 베트남전쟁 영화에서 다루어질 수 있는 중요한 요소, 즉 베트남인들이 보는 전쟁의 시각, 미국에서의 반전운동, 참전한 여성들의 존재가 사라져 있다. 이 글은 베트남전쟁에 대한 할리우드 영화의 재현을 소재별로 구분해서 그 특징들을 살펴보면서, 이 영화들이 자신의 전투 경험에 대한 의미 파악과 더불어 전쟁의 상처를 치유코자 하는 강한 열망이 투영되어 있음을 밝히고자 한다. 또한 그 치유 노력의 저변에 깔려 있는 미국적 이데올로기, 특히 '황색 공포'와 같은 '타자'에 대한 왜곡된 재현을 함께 드러내고자 한다.

2. 미국 사회의 변화와 베트남 참전용사 영화

앞서 언급한 대로 할리우드 영화는 그 역사적 대상 자체보다도 영화 제작 당시의 정치, 사회, 문화적 분위기와 깊은 연관이 있기 때문에 베트남전쟁 재현에 있어서 때로는 상반되고 충돌하는 면을 보여왔다. 특히 이것은 〈택시 드라이버〉, 〈디어 헌터〉, 또는 레이건의 보수주의가 득세한 시기에 제작되어 베트남전쟁에 대한 새로운 해석을 담고 있는 〈람보 2〉 같은 베트남 참전용사를 다룬 영화가 사회 분위기의 변화에 따라 각기 다양하게 변모하는 데서 뚜렷하게 드러났다. 예를 들면 레이건의 보수주의 시대에 람보가 주장한, 미군이 전쟁에 패배한 이유는 적 때문이 아니라 유약한 관료들과 전쟁반대론자 때문이었다는 애국적인 메시지는 미국 관객들이 '자랑스레' 받아들일 수 있는 주장이었을 것이다. 손상당한 자존심의 회복에 대한 미국인들의 집단적 염원은 베트남을 비롯한 여러 곳에서 람보가 보이는 괴력적인 활약에서도 확인된다.[7]

제2차 세계대전을 다룬 영화가 비교적 기복 없이 참전용사와 전투 장면을 일관성 있게 다룬 반면 베트남전쟁 영화에서의 이들에 대한 상반된 재현은 이 전쟁을 바라보는 미국민의 변모하는 감정과 관점의 역사이며 패배한 전쟁이 남긴 상처를 치유하려는 다양한 반응의 기록인 셈이다. 사회 분위기의 변화에 따라 베트남 참전용사를 다룬 영화의 주인공들이 때로는 기존의 질서와 제도에 저항하는 반(反)영

---

7 람보의 활약은 일반 대중뿐만 아니라 당시 대통령 레이건에게도 영향을 주었는데 미국은 중동에 대한 군사적 개입의 가능성을 고려하던 시기였다. 이 영화를 본 그는 "어젯밤 〈람보〉를 보았는데 이제 다음에 무엇을 해야 할지 알게 되었어"라는 말을 했다 (Klein 23).

웅으로 등장하지만 결국 대중이 '받아들일 수 있는' 영웅으로 귀결되며 미국적 이데올로기를 구현한다는 것이 대표적 반전영화에서도 확인된다.

종전 얼마 후인 1978년에 나온 〈디어 헌터〉는 베트남전쟁이 미국의 작은 공동체, 특히 젊은이들에게 끼친 영향을 다루면서 미국 사회의 상처를 치유하고 결합하는 데 초점을 둔다. 영화 제목이 쿠퍼(James F. Cooper)의 『사슴 사냥꾼』(The Deerslayer)을 상기시키는 데서 볼 수 있듯이 이 영화는 미국의 정체성에 대한 탐구임이 암시되어 있다. 주인공 마이클(Michael)은 자연에서 위안과 영감을 받으며, 인디언 사냥꾼에게 신이 내리는 길조의 상징인 햇무리를 발견하고 사냥을 가자고 주장하는 데서 알 수 있듯이 신화적인 인물로 등장한다. 또한 '한방주의'(one-shot code)가 대표하는 '사내다움', 즉 뛰어난 자기 절제력을 행사하고 고통을 참아내며 두려움 없이 홀로 서는 강한 면모를 보인다. 이 서부 신화의 주인공은 포로 경험으로 인해 생명 존중과 인간애를 지닌 모습으로 변하는데, 이는 그가 미국으로 돌아온 후의 사슴 사냥에서 '한방주의'를 거부하는 데서 강조된다. 또한 그는 미국 개척시대 신화의 주인공 내티 범포(Natty Bumpo)처럼 문명과 거리를 둔 고적한 모습을 보여주면서 전쟁으로 정신적, 신체적 피폐함을 겪는 친구들과 사회를 결속, 고양시킨다. 특히 영화의 말미에 이들이 서로의 아픔을 감싸며 부르는 "신이여 미국을 축복하소서"(God Bless America)라는 노래는 미국적 가치를 확연하게 보여준다.

그러나 마이클의 영웅주의와 미군들의 피해자적인 면모가 강조되면서 베트남인들이 잔혹하고 퇴폐적인 가해자로 규정되는 인종차별주의가 노골적으로 드러난다. 즉 미국인의 아픈 상처의 치유는 베트남인에 대한 왜곡된 재현이라는 대가를 지불하고 이루어진다. 베트남전투에서 그린베레 병사인 마이클은 양민에게 수류탄을 던지고 여인과 아이를 죽이는 악의 화신 베트콩(인디언)을 화염방사기로 불태워 죽이는 정의의 대리인으로 등장하며 미국의 이데올로기를 대변한다. 일그러진 웃음을 띠면서 포로들에게 러시안 룰렛(Russian Roulette) 게임을 강요하는 베트콩들의 모습과 더불어 사이공에서 게걸스레 음식을 먹으면서 살인게임을 즐기는 부패한 베트남인들의 잔혹한 행위는 미국의 순진한 영웅들과 극명한 대조를 이룬다. 더구나 냉소적인 프랑스인과 함께 마이클이 작은 배를 타고 가며 바라본 강 주변의 화염에 휩싸인 사이공의 모습은 연옥의 이미지와 연결되면서 베트남이 닉(Nick)과 같은 순진한 미국 청년을 타락시킨 곳임을 암시한다. 베트남 여성은 불결한 환경에서, 심지어 우는 아이를 옆에 두고 매춘행위를 하는 여인으로 등장한다. 이 영화에는 순진한 젊은이들이 왜 베트남전쟁에 자원했는지, 그리고 그 전쟁의 진정한 의미는 무엇인지에 관한 탐색은 없다. 다만 이 청년들이 겪어야 하는 고통을 강조하면서 베트남전쟁에서 미국의 책임에 면죄부를 주고 있을 뿐이다.

1989년의 〈7월 4일생〉도 외견상으로는 반전영화이지만 실상 미국 대중들이 용인할 수 있는 '영웅'의 탄생을 그린다. 그리고 페미니즘으로 도전받는 유약해진 미국의 가부장적 제도와 남성성의 재무장을 은유적으로 나타낸다. 이 작품에서 전투에서 부상당한 코빅(Kovic)의 몸은 전쟁을 둘러싼 찬반에 의해 파편화된 미국 사회를 상징하기도 하며, 특별히 그의 하체 마비는 미국이 전쟁에서 패배한 것에 빗대어진 남성성의 상실이기도 하다. 영화에서는 그의 어머니를 위압적으로, 아버지는 부권을 상실한 무기력한 존재로 그린다. 코빅이 집을 떠나 멕시코로 향하는 것은 남성성의 회복을 위한 시도이며, 그가 좌절한 불구자에서 헌신적인 반전 지도자로 변모하는 모습은 상처 치유를 갈구하는 대중의 열망으로 이해할 수 있다. 〈디어 헌터〉처럼 이 영화 역시 외면적으로 강한 반전 주의를 표방하고 있지만 영화 제목 "7월 4일"이 나타내듯 결국 희생을 통한 애국적인 영웅의 재생과 상처의 치유를 강조한다.

3. 베트남전투 영화와 경험의 재현

베트남전쟁 문학과 영화, 특히 베트남전투를 다룬 영화의 특징은 전투병사들이 겪은 '진실한' 경험, 즉 〈우리는 군인이었다〉의 무어 중령이 말한 것처럼 '가서 이 진실을 제대로 전해달라'는 명제를 의식하고 있는 작품이 많다는 점이다. 실제 작가나 영화 제작자들은 이 포스트모던한 전쟁에[8] 대한 전달 내용과 형식에 대해 고민하게 되었고, 베트남전쟁 영화에 큰 영향을 준 종군기자 마이클 허의 『특파원 보고』는 그 진통의 결과이다. 새로운 양상의 이 전쟁에서 병사들의 체험을 진실하게 전할 책임감을 느낀[9] 그는 단순한 사실적 기록이 아닌 극적인 장면 구성, 많은 대화의 수록, 또 3인칭 시점을 사용하는 소설 기법을 전용한 뉴저널리즘(New Journalism)의 형식과 로큰롤 (Rock 'n' Roll) 음악을 연상시키는 열정적인 언어구성과 이미지로 서사를 구성했다. 베트남전쟁에 대한 최고의 문학작품 중 하나로 평가

---

8 프레드릭 제임슨(Fredric Jameson)은 베트남전쟁을 "최초의 끔찍한 포스트모던한 전쟁"으로 규정한다. 이것은 분명하지 않은 혼돈의 전선, 뚜렷하지 않은 적군의 정체가 포스트모더니즘의 불확실성과 양가적인 면과 잘 부합한다고 보았기 때문이다(Jameson 44).

9 이 책에서 미 해병 병사는 저자의 소매를 격렬하게 부여잡고 이렇게 말한다. "이곳에서 나가 정말 말하시오. 말해야 합니다. 만일 그렇게 하지 않으면…"(Herr 221).

받는 이 회고록은 때로는 기자의 관점에서, 때로는 전투병사의 관점에서 전쟁의 경험을 독자들이 생생하게 느끼게 하는 데 성공한다.[10]

이처럼 참전병사의 입장에서 전달하려는 욕망은 베트남전투를 다룬 영화에서 뚜렷하게 드러난다. 성장소설(Bildungsroman)의 액자 안에 자신의 전투 경험을 표출한 스톤의 〈플래툰〉의 경우, 그 리얼리즘의 효과를 높이기 위해 크리스(Chris)라는 병사가 할머니에게 전투 경험과 생각을 편지로 보내는 서사 형식을 삽입하기도 한다. 이 영화는 병사들이 야전에서 겪는 고통, 즉 더위, 벌레, 두려움, 비, 정글을 헤쳐 나가는 어려움, 또는 전투중의 혼란과 심지어는 아군들의 포격에 의해 죽는 병사들의 참담한 모습을 사실적으로 재현한다. 또 존 어빈(John Irvin) 역시 〈햄버거 힐〉에서 이름 없는 고지 공격에서 소모되는 미군 병사들의 분노를 다큐멘터리 기법을 가미하여 인상 깊게 보여준다. 이 영화들은 전투에 참가한 개인 병사의 관점과 경험을 중요시하기 때문에 전쟁의 큰 그림을 제대로 재현하지는 못하지만, 병사들의 감정과 생각, 지옥과 같은 전쟁의 현실을 충실하게 담아낸다. 병사들은 반전운동과 취재기자에 대한 강한 저항감을 표시하며 자신들이 고향에서 환영받지 못하는 존재임을 뚜렷하게 인식한다. 이 영화들은 적은 외부가 아닌 내부에 있다는 주제를 강하게 드러내며, 병사들과 지휘관, 인종간의 갈등에 초점을 맞춘다.

"전쟁의 최초 희생자는 순진성"이라는 자막과 더불어 "젊은이여 그대의 젊은 날을 즐겨라"라는 구약성경의 잠언 구절로 시작되는 〈플래툰〉은 전쟁터에서 죽어가는 젊은 병사들에 관한 이야기임을 서두

---

10 이 회고록의 성공으로 마이클 허는 〈지옥의 묵시록〉의 화면 밖 목소리(voice of narration) 원고를 썼으며, 〈풀 메탈 재킷〉의 시나리오 각색에 참여했다.

에서 강하게 제시한다. 그리고 이들의 관점에서 영화가 진행되면서 그리고 내부 갈등에 서사의 초점을 맞추면서 베트남전쟁이 미국 내부의 전쟁임을 보여준다. 이 영화는 진보적 관점에서 미국 사회의 계급적 모순에 대한 비판을 가하는데 우선 크리스의 참전 동기가 가진 자들이 전쟁을 회피하는 가운데 하층계급만이 징집되는 부당함에 대한 정의로운 반발에서 이루어졌음을 밝혀 베트남전쟁으로 표출된 미국 사회의 계층갈등을 드러낸다. 크리스를 제외한 다른 병사들은 단지 징집되어 이곳에 왔고 생존하기 위해 싸울 뿐이다. 이런 출신계층 간의 갈등뿐만 아니라 전쟁을 바라보는 관점의 차이에 의한 반목도 드러나면서, 밀라이 학살 사건을 연상시키는 베트남인 처형 문제를 두고 충돌은 정점으로 치닫게 된다. 이 작품은 크리스가 영화의 마지막에 미군의 적은 자신들 안에 있었다고 하듯이 베트남전쟁이 미국 내부의 싸움임을 강하게 제시한다. 선과 악의 대결과 같은 알레고리[11]와 『모비딕』(Moby-Dick)에 대한 언급 등 문학적 비유를 밑바탕에 깔고 있으면서 교육받은 병사의 관점에서 전쟁을 낭만화한 면이 없지 않은 〈플래툰〉과는 달리, 〈햄버거 힐〉은 철저하게 하층계급 출신 병사의 생각과 느낌을 기록영화처럼 직설적으로 표현한다. 이 작품은 어떤 특정 개인에 초점을 맞춘 것이 아닌 무명 병사들의 전투에 집중한다. 이 점은 영화의 첫 장면에서 카메라를 좌우로 빠르게 돌려 베트남 참전 기념비를 비추어 전사자의 이름을 희미하게 보여주고, 또 소대에서 끝까지 살아남은 세 명의 병사를 포함해 전 병사들의 이름을 분명하게 드러내지 않는 데에서 알 수 있다. 이 영화에서도 〈플래

---

11 〈플래툰〉에서 선과 악을 대조시키는 알레고리는 영화의 포스터에 나온 것처럼 선을 대변하는 일라이어스(Elias) 상사가 예수처럼 하늘을 향해 양팔을 벌리며 북베트남군의 총에 맞아 죽는 장면에서 더욱 분명하게 드러난다.

툰〉처럼 내부적인 갈등과 전쟁의 무의미함이 두드러진다. 이 점은 병사들이 소모품처럼 희생되는 막대한 손실을 입고 점령한 고지가 계속 유지되는 것이 아니라 바로 버려지는 데서, 그리고 이 고지를 점령하도록 끊임없이 공격을 재촉하는 지휘관과 병사들과의 갈등에서 확인된다. 전투가 끝난 후 무전기에서 자신들을 호출하는 지휘관에게 응답을 거부하는 병사들은, 헬기를 타고 '전쟁놀이'를 하는 자들에 대해 강한 저항감을 표시한다. 이들은 전우들의 의미 없는 죽음에 대한 충격과 분노를 냉소적 허무주의를 대변하는 "이건 아무 의미도 없어. 아무것도"라는 말로 서로를 위로하며, 유일하게 믿을 수 있는 것은 함께 싸우는 동료뿐임을 인식한다. 이들은 2차 세계대전 참전병사와는 달리 자신들이 "조국과 어머니"를 위해 전쟁을 하고 있음을 부정하는 것이다.

그러나 이 동료들 사이의 '의미 있는' 관계에서도 흑백 간의 충돌이 두드러진다. 실제 베트남전쟁에는 많은 흑인 병사들이 참전했는데 이 영화는 이들의 존재와 견해를 비교적 정확하게 투영한다. 흑인 병사들은 자신들이 왜 '백인들의 전쟁'에 희생되어야 하는지 그리고 왜 사령부와 같은 후방 지역에서 근무할 수 없는지 불만을 터뜨리기도 하며, 또 척후와 같은 위험한 임무를 도맡아 수행해야 하는 것에 대해 울분을 토한다. 그러면서 그들은 "우리 모두 이 고지에선 껌둥이에 불과하지"라는 말로 하층 백인과의 연대감을 보여준다.

〈플래툰〉과 〈햄버거 힐〉 모두 외견상 전투에 초점을 맞춘 비이데올로기적인 영화처럼 보이지만 그 이면에는 미국의 인도주의와 제도의 찬양, 그리고 이데올로기에 깊게 뿌리를 둔 왜곡된 타자의 재현이 깔려있다. 특히 〈플래툰〉은 민간인 학살과 강간, 폭력을 비판하지만 철저하게 크리스라는 병사의 관점에서 서사가 진행되기 때문에 이데올로기에서 벗어날 수 없다. 우선 이 영화는 지옥과 같은 전쟁에서 병사들의 잔혹행위를 무조건 비난할 수만은 없다는 식으로 그리는데, 병사들의 주민 학살은 적이 비겁하게 부비트랩을 사용해서 아군을 살상하고 또 전우를 납치하여 잔혹하게 살해하는 데서 생긴 복수심의 분출로 묘사한다. 더구나 이 학살이 악에 반대하는 선한 미군, 즉 일라이어스의 개입과 지휘관의 등장으로 단지 주민 두 사람의 희생으로 끝나는 데에서 보듯이 미국의 제도와 인도주의의 승리임을 강조한다. 이 인도주의는 다시 마을에 불을 지른 후 장중한 배경음악 속에 아이들을 안고 철수하는 미군들의 모습에서 한껏 고양된다. 마치 식민지인들에 대한 애정을 보이는 것과 같은 이 장면은 제국주의적인 가부장적 태도를 보이는 〈그린베레〉의 마지막 장면과 연결된다. 크리스 역시 다른 병사들의 집단 강간을 제지하는 도덕적 정의감을 보일 뿐더러 영화의 중반부터는 신출귀몰하게 적을 살상하여 마치 람보와 같은 정글의 영웅이 된다. 그리고 관객들은 이 모습에서 전쟁에 대한 혐오감보다 희열을 맛보게 된다. 역시 적은 살해의 대상으로만, 그리고 등 뒤에서 자신을 드러내지 않는 비열한 존재로 등장한다. 마지막 전투장면에서도 아시아인을 바라보는 정형이 재현된다. 〈우리는 군인이었다〉에서처럼 두려움에 질린 미군들에게 떼를 지어 돌격을 해오는 수적으로 압도적이고 감정도 없어 보이는 적들은 "황색 공포"의 또 다른 변형이다. 특히 일본군의 가미카제 특공대를 연상시키듯이 북베트남군 병사가 자살폭탄 배낭을 메고 미군 지휘소에 뛰어드는 장면은, 관객들에게 용감한 희생이라기보다 광기 어린 행위로 비추어지기에 충분하다(Christopher 177–79). 이처럼 전투영화에서도 이들은 생명 존중의 정신이 결여된 유색인, 즉 서양인보다 한 단계 낮은 부류의 인간으로 취급된다.

영웅 만들기를 거부하는 〈햄버거 힐〉에서도 여전히 베트남인들은 미군들을 동경하거나 비인간화된 '타자'의 모습으로 재현된다. 식민지에서 여성의 몸은 지배자의 성적 쾌락의 영역이다. 미군들은 베트콩들은 돈이 없어서 매춘부들을 상대할 수 없다고 조롱한다. 이 작품에서 베트남 여인들은 미군들에게 우호적인 매춘부들로 등장하여 미국에 가고 싶다는 '물질적' 욕망을 서슴없이 표현하지만 베트남 여인들의 미국을 향한 욕망은 이미 〈람보 2〉에서도 나타난 바 있다. 자신의 생각을 드러내는 베트남인은 매춘부에 국한되어 있는 것처럼 보이며, 동양은 싸이드(Edward Said)가 지적한 대로 유혹적인 여성성으로 대표되는 셈이다. 그리고 〈플래툰〉의 경우처럼 롱 숏(long shot)으로 처리된 북베트남 병사들은 얼굴이 철모 밑에 가려진 상태로 미군의 살해 대상으로만 존재한다. 이런 재현은 병사들의 관점에서 잘 볼 수 없는 적의 모습을 객관적으로 드러낸 것으로 볼 수 있지만 이들의 비인간화된 모습을 강조하기에 충분하다. 흥미롭게도 한 장면에서 대담한 침투를 하는 적군의 얼굴이 특이하게 클로즈업으로 화면에 나타난다. 그러나 이 장면은 고참 병사가 신병들에게 한가롭게 사랑과 평화에 대한 이야기를 나누거나, 또 왜 베트남에 있어야 하는지에 대해 의문을 제기하는 동안 이처럼 적들이 습격할 수 있다는 하나의 예를 보여주는 것이기 때문에, 적군의 용감성을 강조하기보다 단지 미군이 처한 위협, 즉 자신들의 피해자적인 입장을 대변하는 데 불과하다.

4. 미국문화와 베트남전쟁

베트남전쟁 영화의 또 한 면은 미국문화의 연장선에서 좀 더 넓은 시야로 베트남전쟁의 광기를 이해하려 한 점이다. 코폴라(Francis Ford Coppola)의 〈지옥의 묵시록〉은 콘래드(Joseph Conrad)의 소설 『암흑의 핵심』(Heart of Darkness)을 전유하여 미국의 자본주의적 소비문화와 제국주의적인 태도에 관한 은유적인 비판을 가하면서 베트남전쟁을 보편적인 관점에서 이해하려고 시도했다. 그리고 큐브릭의 〈풀메탈 재킷〉은 람보 및 반스(Barns)와 같은 인물들을 키워낸 미국문화에 대한 예리한 비평을 가한다. 그는 미 해병 신병훈련소라는 격리된 공간 속에서 무감각한 살상병기로 변화되는 젊은 청년을 통해 남성성, 섹스, 폭력의 관련성을 짚어낸다. 코폴라의 영화가 신화적, 문학적 은유에 근거를 두는 것과는 달리 이 작품은 철저하게 미국적 신화를 해체시켜 버린다. 그럼에도 불구하고 두 영화들은 타자를 보는 눈에 있어서 정도의 차이가 있긴 하지만 다른 영화와 상당히 흡사하다.

주목할 점은 이 작품들에서 미디어의 존재가 강하게 부각된다는 것이다. 코폴라는 뉴스 촬영팀 감독 역으로 직접 출연하여 배에서 내리는 윌라드(Willard) 일행을 보고 카메라를 보지 말고 전투 중인 것처럼 행동하라고 외친다. 이는 사실적 재현이 현실의 조작일 수도 있음을 암시한다. 큐브릭의 작품에서도 〈햄버거 힐〉처럼 방송기자가 전장에서 병사들을 취재하는 장면이 포함되어 있지만 이 취재가 전쟁의 진실한 재현과는 거리가 있음이 드러난다. 카메라를 바라보며 병사들이 던지는 "서부영화의 존 웨인과 인디언의 역을 누가 나누어 맡느냐"는 농담에서 볼 수 있듯이 병사들이 서부 신화에 갇혀 있음이 역력하다. 다른 한편으로 진실을 왜곡하고 호도하는 군대 언론의 언어유희에 대한 냉소적 태도도 이 영화에 담겨 있다.

콘래드의 작품과 더불어 엘리어트(T. S. Eliot)의 시가 직접 인용되고 바그너(Wilhelm Richard Wagner)의 음악이 울려 퍼지는 〈지옥의 묵시록〉은 고급문화적 취향을 의도적으로 강조한다. 이러한 고급문화 취향을 대변하듯이 영화는 미국의 물질주의와 환락주의, 식민주의를 윌라드의 눈을 통해 은유적으로 비판한다(이미경 153-79). 기병대 모자를 쓰고 노란 스카프를 목에 맨 '카우보이' 킬고어(Kilgore)는 죽음을 두려워하지 않는 신적 존재로서 식민주의적 침략적 사고를 대변한다. 이 식민주의적 사고의 극치는 단지 베트콩 마을 해안이 서핑(surfing)을 하기에 가장 적절한 곳이라는 이유만으로 그의 부대가 평화로운 마을에 행하는 무차별한 공격에서 볼 수 있다. 네이팜탄의 냄새를 맡으며 전쟁의 광기를 즐기는 존재로 등장하는 그는 서핑을 하고 해변에서 장작불을 피운 가운데 스테이크와 맥주를 마시는 등 미국의 문화를 베트남의 모래사장으로 그대로 옮긴다. 베트남인과 유리된 미군들의 소비, 향락주의적 문화는 정글 한가운데의 미군기지 매점에 진열된, 병사들과 직접 관련이 없는 오토바이와 같은 물품과 더불어 미군위문협회(USO)가 벌이는 잡지 모델들로 구성된 위문공연에서도 확인된다. 인디언과 기병대 복장을 한 여자들의 자극적인 공연에 성적으로 흥분되어 무대에 난입한 미군과 철망 밖에서 이를 바라보는 베트남인의 응시가 뚜렷하게 구분되면서 두 집단 사이의 유리된 관계를 보여준다. 그러면서 다시 베트남전쟁과 인디언전쟁을 중첩시키는 미국인의 관점에 대한 비판이 드러난다.

그러나 이런 비판적 시선에도 불구하고 전쟁을 낭만적으로 미화시키며 타자에 대한 부정적 묘사를 한 점이 논란거리이다. 관객들은 새벽녘에 기병대 나팔소리에 맞춘 헬리콥터 부대의 출동과 바그너의

음악을 확성기에 틀어놓은 채 감행되는 공격을 헬기부대의 시점에서 보기 때문에 공격자의 입장과 동일시된다. 그리고 베트콩 마을 사람들은 모두 롱 숏으로 처리를 해서 비개성화된 대상으로 존재하기 때문에 관객들은 오히려 미군이 벌이는 학살에 가까운 공격에 대해 쾌감을 느낀다. 더구나 이 공격에 대항하여 양민인 척하면서 의료헬기에 접근하여 수류탄을 던지는 베트남 여인을 "야만인"으로 부르면서 사살하는 장면은 더욱 논란을 일으킨다. 이 장면은 베트콩들의 게릴라 공격을 등 뒤에서 공격하는 '불공정한 경기'라고 생각하며 이들을 신사적이지 못한 비열한 존재라고 깔보는 견해를 그대로 반영한다.

영화의 첫 장면에서 윌라드는 거울을 손으로 깨면서 피를 흘리는데 이러한 자해행위는 미군이 베트남인들에게 가한 고통과 파괴 대신에 미국인들의 고통과 자아에 대한 의문을 대변한다. 더구나 콘래드의 아프리카 대륙이 그러했듯이 바로 베트남이 커츠(Kurtz)와 윌라드 같은 미국인들을 파멸시키는 암흑의 장소로 비추어지기 충분하다. 베트남인들을 인간 이하의 존재로 바라보는 견해는 여러 곳에서 드러난다. 더구나 커츠를 따르는 원주민들은 마치 어린이와 같은 존재여서 "아무리 터무니없는 명령을 내려도 커츠를 신처럼 모시며 따르는 존재"로 묘사된다. 커츠는 미군들에게 예방주사를 맞은 어린이들의 팔을 베트콩들이 잘라버린 것을 언급하면서, 이러한 방법으로 무자비하게 전쟁을 수행해야 함을 깨달았다고 고백한다. 미군의 선한 행위와 베트콩의 잔혹성이 대조되면서 생명을 경시하는 것처럼 보이는 동양인에 대한 뒤틀린 시각이 또한 확인되는 셈이다. 또한 미군과 같은 위문공연도 없이 쥐를 잡아먹고 생존하면서 강한 전투의지를 보이는 적에 대한 윌라드의 칭찬 역시 이들이 문명화된 존재와 거리가 멀다는 서구의 관념을 재확인하는 것에 불과하다.

　큐브릭의 〈풀 메탈 재킷〉도 미국의 문화와 사회를 통렬하게 비판하는 내용으로 가득 차 있다. 해스포드의 소설 『고참 병사들』을 각색한 이 영화는 신병훈련소와 베트남의 두 부분으로 뚜렷하게 구분되면서 국수주의적이며 인종, 성 차별주의적인 미국 신화를 여지없이 깨뜨려버린다. 특히 해병 신병훈련소의 훈련장면은 근육질의 람보나 광기 어린 킬고어, 반스 같은 인물이 형성되는 과정을 보여준다. 이발소에서 머리가 삭발되면서 시작되는 이 영화는 서부 영웅주의의 근간이 되는 개인주의를 말살시킴으로써 존 웨인 부류의 신화를 전복시킨다. 신병들은 이름이 아닌 "카우보이"(Cowboy) 또는 "조커"(Joker)와 같은 별명으로 호명되면서 도덕적 감각과 감정 및 지각력을 말살당한다. 그리고 싸워야 할 대상은 알고 있지만 왜, 도대체 무엇을 위해 싸워야 하는지를 알지 못하면서 군대의 명령에 아무런 이의를 제기하지 않고 임무를 수행하는 기계와 같은 존재로 바뀌어 간다.

　큐브릭은 인종 및 성차별적 관념이 생래적이기보다 사회적 환경에서 심어지는 것임을 보여준다. 신병들에게 총과 남근을 양손으로 움켜잡고 행진을 시키는 훈련 교관 하트만(Hartman)은 성과 폭력을 동일시하도록 훈련시킨다. 그는 끊임없이 "흑인(nigger), 베트남인(gooks)[12], 이탈리아 이민자(wops)" 등이 인간 이하의 존재임을 강조한다. 그리고 이 쓸모없는 존재에 여성까지 포함시키며 신병들에게 존재한 '여성성'을 제거하여 여성혐오주의자로 바꾼다. 즉 여성은 해병대의 적으로

12　미군들은 베트남에서 '황색인 처리 수칙'(Mere Gook Rule)이란 것도 만들었는데 하마모토 (Darrell Y. Hamamoto)는 다음과 같이 설명한다. "이 규칙은 미국인들로 하여금 아시아인들을 인간 아래로 보게끔 해서 조롱하고 착취하고 심지어는 살인해도 좋은 적법한 대상으로 만들게 했다"(Hamamoto 156).

인식된다. 하트만의 '부조리한' 훈련의 성과는 백치와 같은 신병 파일 (Pyle)을 광기어린 전사로 변모시킨 데에서 찾아볼 수 있다. 철부지 어린이 같은 존재에서 동료와 하트만의 가학과 따돌림을 받는 와중에 정신적 충격을 받은 그는 결국 하트만이 강조한 대로 "가차 없이 적을 죽일 수 있는" 병사로 변모하고, 훈련이 끝나는 날 남성들의 절대 영역인 남자 화장실에서 자신을 양육한 아버지와 같은 하트만을 사살한다. 결국 하트만은 자신을 죽인 셈이 된 것이다. 파일이 하트만을 죽이는 장면에서 큐브릭은 광기 어린 살인자를 길러내는 제도에 대해 강한 비판을 하는 동시에 살인자를 만들어내는 군대라는 기관의 효율성을 인정하고 있는 셈이다.

베트남 부분에서는 미 해병들이 가장 얕잡아보는 베트콩 여인이 미 해병대의 신화를 전복시키는 차가운 복수자로 나타난다. 그녀는 하트만이 '제조한' 환상으로 가득한 병사들을 치밀하게 처단하는데, 즉 미군 병사 하나를 쓰러뜨린 다음 이를 미끼로 구조하려는 다른 병사를 하나씩 유인하여 사살한다. 이 장면에서 가장 충격적인 것은 베트남 매춘부에게 자신의 성기를 자랑스레 보여주었던 흑인 병사의 사타구니 부분이 저격당하는 모습이다. 피가 튀는 모습을 느린 동작으로 보여주는 이 숏은 하트만이 주입한 훈련소의 남근우월주의의 환상을 여지없이 깨뜨려 버린다. 이 여인의 등장은 관객의 기대와 전쟁영화의 관습을 철저하게 전복시키며 이런 관습과 기대의 토양이 된 이데올로기의 허울을 벗겨낸다. "우리가 이곳에서 베트남인들을 돕는 것은 모든 베트남인들이 마음속으로는 미국인이기 때문이다"라는 미군 대령의 말에서 드러난, 베트남인들이 미국을 동경하기 때문에 자신의 문화영역으로 편입될 수 있다고 믿는 식민주의적인 사고, 즉 상대방의 문화에 대해 제대로 파악하지 못한 점이 전쟁 패배의 원인이 될 수 있음을 암시한다.

그러나 큐브릭 역시 훈련소에서 설파한 '타자'의 모습을 그대로 베트남 편에서 재현하기 때문에 미국인들의 신화를 깨뜨리면서 동시에 다시 확인시키는 양가적인 면을 보인다. 이 영화에서도 하트만의 믿음대로 베트남 여인들은 자신의 몸을 병사들과 흥정하는 매춘부로만 존재한다. 색안경으로 자신의 감정을 감춘 매춘 여인은 흑인 병사의 성기가 자기가 감당하기에 너무 크다는 말을 하면서 섹스를 거부하는 인종차별적 언어까지 서슴지 않는다. 베트남 매춘부를 공유하면서 미군 병사들은 자신들의 이성애자적인 위치와 동료 간의 유대감을 확인한다. 또한 베트남 젊은이들은 거리에서 미군들의 카메라를 날치기하는 존재로 등장한다. 미군 병사들 앞에서 쿵푸 무술을 흉내 내는 이들의 모습은 서양인의 눈에 비친 동양인의 피상적인 정형을 그대로 대변한다. 더불어 주목할 점은 매춘부를 데려온 남베트남군 병사의 모습이다. 전투를 하는 대신 뚜쟁이질을 하는 그는 마치 여성처럼 긴 머리를 하고 있어, 동성애자와 같은 여성화된 존재로 부각되어 미군에게 미덥지 못한 우군임을 함축한다. 베트남 여인 앞에서 자신의 성기를 드러내며 남성성과 이성애자임을 강조하는 근육질의 미군들과 이 마른 베트남 병사는 강한 대조를 이룬다. 이렇게 베트남 남자를 유약한 여성화된 인물로 재현하는 것은 〈굿모닝 베트남〉(Good Morning Vietnam, 1987)에서 미군을 상대로 영업하는 주점 주인 지미(Jimmy)의 경우에도 마찬가지이다. 동성애자처럼 여성스럽게 행동하여 관객들의 웃음을 자아내는 그는 미군보다 열등한 존재로 비추어지며, 이 점은 결국 업소에 폭탄이 터지자 그가 보인 유약함에서 그대로 확인된다. 큐브릭 역시 그가 해체하려 시도했던 이데올로기에 갇혀 있음이 확인된다.

5. 마무리를 대신하여

베트남전쟁을 다룬 할리우드 영화의 한계는 자국인들의 정신적 치
유와 재생, 정체성의 추구가 '타자'에 대한 일그러진 재현이라는 대
가를 치르며 이루어진다는 점이다. 현실적으로 전쟁에서 패배한 자
들이 승자를 비하하는 처사가 매우 아이러니하지만, 앞서 살펴본 대
로 베트남전쟁 영화에서는 오리엔탈리즘이 변형된 모습으로 나타난
다. 이런 양상은 현재의 이라크전쟁이 언젠가 종결된 후에도 이 전쟁
을 다룬 영화에서 다시 반복될 것이다. 즉 할리우드 영화는 시대의
상황에 따라서 다소 정도의 차이가 있겠지만 철저한 미국인의, 미군
병사의 관점에서 서사가 진행될 것이다. 그리고 이라크인들은 여성
화된 존재, 때로는 아이들과 같은 존재로서 미국인들의 도움을 필요
로 하는 대상으로 재현되거나, 아니면 미군들의 살상의 대상으로, 미
군들에게 두려움을 주는 저격수 또는 자살폭탄을 안고 뛰어드는 광
적인 존재로 그려질 것이다. 그러면서 아무런 두려움과 고통을 느끼
지 못하는, 즉 미군들이 베트남인들을 '국'이라 부르면서 인간 이하
의 존재로 취급했듯이, 그런 부류의 '사람'들로 재현될 것이다. 할리
우드 영화는 현존하는 이데올로기의 권력관계를 충실하게 재현하는
것에 불과하며 때로는 이 관계에 대한 의심을 던져보긴 하겠지만 결
국에는 다시 그 이데올로기에 대한 믿음을 재확인할 것이다.

유령과 기억의 엄습
: 베트남 참전용사의 절망과 회생

1. 베트남전쟁과 병사들의 환상

이 글의 속내는 국내 문학 작품에서 잘 다루어지지 않는 우리 베트남 참전용사의 정신적, 심리적 고통을 관련된 미국소설을 통해 간접적으로 이해하기 위함이다. 전쟁이 종결된 후 삼십여 년이 지난 지금 베트남전쟁은 미국뿐만 아니라 전쟁에 참전하여 많은 사상자를 낸 우리에게도 깊은 정신적 상처를 여전히 주고 있다. 오랫동안 군사 정권 지배와 반공 이데올로기로 인해 베트남전쟁 참전에 대한 그 의미 규정이 제대로 이루어지지 못한 상황에서 국내 신문에는 정신질환을 앓고 있는 베트남 참전용사들의 자살과 고엽제로 인한 신체적, 정신적인 고통을 다룬 기사가 이따금씩 실려 눈길을 끌고 있다. 베트남전쟁에 관한 문학 작품이 이미 상당히 쏟아져 나왔고 팀 오브라이언 (Tim O'Brien)의 소설 『그들이 휴대한 것들』(The Things They Carried, 1990)처럼 문학적 성과가 뛰어난 작품들이 계속 출간되는 미국과는 달리 베트남전쟁, 특히 참전용사의 문제를 진지하게 다룬 소설이 흔치 않은 우리의 상황에서 이들이 부닥친 문제가 구체적으로 무엇인지 알 수 없었다. 이 빈약한 상황은 독자들로 하여금 미국 작가들의 작품을 통해 우회적으로 접근하게 만들고 있다.

전쟁터의 병사들은 자신을 따듯하게 맞아줄 가족과 정겨운 어머니의 품 같은 눈에 익은 고향의 모습을 그리워하는 환상을 즐긴다.[1] 오브라이언의 베트남전쟁 소설 『카치아토를 쫓아서』(Going After Cacciato)에서 주인공 폴(Paul)은 바닷가의 망대에서 밤새 보초를 서면서 끔찍한 전쟁의 기억에서 도피를 하며 생존의 미로를 탐색한다. 기차를 타고 고향에 돌아가는 상상 속에서 그는 옥수수가 심어있는 들판을 바라보고 역에 내려서는 아버지와 자랑스레 악수를 나누며 무공훈장을 보여준다. 또 다음날 아버지와 더불어 집을 짓는 공사장을 돌아보며 이야기를 나누는 일상의 삶으로 돌아가는 환상을 한다. 다른 한편 병사들은 어린 시절에 대한 향수가 진하게 배어있는 여과기를 통해 현실과는 괴리된, 어머니와 아름다운 여인들이 있는 고향의 이상적인 모습을 마음에 그리면서 전쟁의 두려움과 고통을 굴절시킨다. 병사들에게 혼란스럽고 때로는 감당하기 힘든 전쟁 경험은 환상처럼 믿을 수 없는 것이었다. 그래서 이들 병사들은 본국을 '세상(World)'이라고 부르며 귀환 일자를 손꼽아 기다렸고 심지어는 전투에서 부상을 당해 일본으로 후송되어 안락한 병실에서 '기생 같은 간호사'(geisha nurses)의 보살핌을 받는 상상까지 즐기곤 했다.[2]

---

1 1차 세계대전 때 참전한 시인 로버트 사쑨(Robert Sassoon)은 "Dreamers"(1917)에서 어느 전쟁을 막론한 병사들의 공통된 심정을 보여주고 있다. "Soldiers are dream-ers; when the guns begin / They think of firelit homes, clean beds and wives." Tobey Herzog, Vietnam War Stories: Innocence Lost (New York: Routledge, 1992) 43 재인용.

2 참전병사들의 기록과 면담을 정리한 Mark Baker, Nam: The Vietnam War in the Words of the Soldiers Who Fought There (New York: William Morrow, 1981)와 편지 모음집 Bernard Edelman, Dear America: Letters Home from Vietnam (New York: Pocket Books, 1985)에는 전쟁터의 병사들의 고뇌와 두려움, 희망 등이 숨김없이 담겨있다.

베트남전쟁 소설이 다룬 중요한 한 주제는 전쟁의 혼돈을 겪고 본
국에 돌아온 이후 참전용사들이 이처럼 그려왔던 '세상'에서의 적응
이다. 그러나 꿈에 그리던 고향에서 이들은 자신들에게 친근감과 애
국심 넘치는 애정을 보여주는 그런 신화가 더 이상 존재하지 않음을
곧 알게 되었다. 오브라이언의 소설에서 폴이 상상 속에서 자신의 훈
장을 아버지에게 자랑스레 내밀은 것은 적어도 그 전쟁이 싸울 가치
가 있는, 즉 참전의 정당성을 인정받을 수 있음을 보여준다. 그러나
제1, 2차 세계대전에 참전한 병사들은 귀환 후 전승 행진을 벌이며
국민들에게 감사와 존경을 받았지만, 폴의 기대와는 달리 개별 귀환
을 한 베트남 참전용사들은 사회의 무관심과 심지어는 미디어에 의
해 생성된 일그러진 이미지로 인해 적대감, 두려움, 의심의 눈길까지
받는 경우가 종종 있었다. 이런 사회의 냉담한 시선 속에 정신적, 신
체적으로 고통 받는 참전용사들의 모습을 다룬 소설이 여러 편 출판
되었고, 그중에서도 참전용사 래리 하이네만(Larry Heinemann)의 『파
코의 이야기』(Paco's Story, 1987)와 전쟁 세대로 성장한 여성 작가 바
비 앤 메이슨(Bobby Ann Mason)의 『베트남에서』(In Country, 1985)[3]의
두 작품이 가장 높은 예술적 평가를 받고 있다. 이 작품들은 각기 유
령과 같은 존재로 삶을 영위하는 참전용사들이 '외상 후 스트레스장
애'(PTSD), 즉 참전으로 인해 정신적, 정서적 고통을 안고 사회에 적
응하기 위해 애를 쓰는 모습을 서로 다른 관점으로 접근하여 주목을
받았다. 특히 메이슨의 작품은 여성의 눈길로 참전용사뿐만 아니라
그 가족들까지 끼친 전쟁의 여파를 다루어서 많은 관심을 끌었고 영

---

3   베트남전에 참전한 미군들은 베트남을 "Country," 본국을 "World"라고 불렀다. In
Country는 작품의 주제가 베트남전쟁에 관련되었기 때문에 소설 제목을 『베트남에서』
로 번역하는 것이 작품 전체의 분위기를 잘 드러낼 수 있다.

화로까지 제작되었다.[4] 서로 다른 배경을 지닌 작가들에 의해 쓰여진 이 두 작품은 참전용사의 이야기가 개인적인 경험이라기보다는 미국인들의 집단의식(문화)의 반영임을 함축하고 있다. 그리고 무엇보다도 참전용사의 사회 적응과 전쟁 상처의 종결을 여성과의 관계를 통해 규정한 것이 주목할 만하다. 그러나 『파코의 이야기』는 베트남전쟁의 상처에 대한 치유의 불가능성을 여성의 일탈된 응시를 통해 부각시키는 반면 『베트남에서』는 전쟁이야기에서 배제되어온 여성의 참여를 통해 그 슬픔의 종결을 선언하고 있는 점에서 뚜렷하게 구분된다.

2. 『파코의 이야기』: 유령의 엄습과 여인의 일탈된 응시

파격적인 서사 기법으로 주목을 받으며 1987년 "전국도서상"(National Book Award)을 받은 이 작품은 베트남 참전용사 파코(Paco)가 미국 사회에서 겪는 소외와 파괴된 삶 그리고 특이하게도 전사한 전우의 유령에게 고통 받는 모습을 담고 있다. 하이네만은 『비좁은 병영』(Close Quarters, 1977)에서 베트남전쟁에 참전한 순진한 병사가 도덕적, 심리적 충격을 받으면서 인간성을 상실해 가는 모습을 상스러운 말이 여과 없이 담긴 거친 언어로 그려 독자의 관심을 끌었다.[5] 그리고 계속해서 이런 병사의

---

4   국내에는 〈참전용사〉라는 제목으로 번역되었다.

5   close quarters는 '백병전'이란 의미도 있다. 다른 전쟁 소설처럼 '순진성 상실'은 베트남전쟁 소설에서 특히 반복되는 주제이다. 특히 허조그(Herzog)는 순진성을 상실한 병사들이 전쟁에서 겪는 죄책감, 문명의 한계를 넘어서 행한 잔혹한 행위를 콘래드(Conrad)의 『암흑의 핵심』(Heart of Darkness)에서 재현된 인간의 어둡고 파괴적인 행위와 관련을 맺었다(Herzog, 680-95). 실제 베트남전쟁 문학 작가인 로버트 스톤

귀환 이후의 삶을 다룬『파코의 이야기』에서 작가는 베트남 참전용사를 대하는 사회의 일그러진 태도에 대해 냉소적인 눈길을 보내며, 그 뒤틀림을 여성의 응시와 엿보기를 통해 구체화시킨다.

『파코의 이야기』서사는 다름 아닌 화자의 유령에 의해 진행되는 특이함 때문에 다른 베트남전쟁 소설과 구분되지만, 다른 유령 이야기와는 달리 이 서사는 환상이 아닌 리얼리즘에 뿌리를 두고 있다. 이 화자는 독자들을 제임스(James)[6]라고 부르면서 자신들이 이 전투에서 아군 포격으로 인해 처참하게 몰살당한 중대원으로 이미 유령의 존재임을 밝힌다.

> 예 그렇습니다. 제임스. 우리는 입에 담을 수 없는 욕지거리를 엄청나게 해댔죠… 그 망할 것(포탄)들이 우리들에게 떨어질 때, 우리는 맹렬하게 계속 불어대는 앞바다 바람에 의해 없어져 가는 모래사구처럼 사라졌지요… 우리는 파코를 제외하고는 모두 분해되었습니다. 그러나 우리의 비명은 오존 사이로 터져 나갔습니다. (Heinemann 16-17)

이 유령들은 죽어간 중대원들의 집단의식을 대변하는데, 이러한 서사 전략은 참전용사들에게 지속적으로 엄습하는 전쟁의 참담한 기억과 정신적, 심리적, 상처를 잘 드러낼 수 있기 때문에 매우 효과적이다. 이 유령 화자는 사람들이 무엇이라고 말하던지 간에 항상 전쟁

(Robert Stone), 마이클 허(Michael Herr), 필립 카푸토(Philip Caputo) 등은 콘래드 작품을 강하게 연상시키는 말과 이미지를 각지 사용했다.

6   서문에서 저자는 독자들을 '제임스'(James)라고 부르는 것은 거리에서 길을 묻거나 담뱃불을 빌릴 때 낯선 사람에게 '짐'(Jim), '잭'(Jack)이라고 부르는 관습에 따른 것으로 다만 좀 더 격식을 갖추기 위해 제임스라고 칭했다고 설명하고 있다. 그러나 작가가 부연하듯이 자신이 유령이 등장하는 소설을 쓴 헨리 제임스(Henry James)에 대한 문학적 영향력을 인정하는 것일 수도 있다.

이야기를 기꺼이 들으려고 한다고 주장한다. 그는 해리엇(Harriet) 진
지가 적군에게 유린당할 때 아군 포탄에 의해 전멸당한 알파(Alph) 중
대에서 유일하게 생존한 파코를 언급하면서 서사를 시작한다. 파코
는 전우의 사체 밑에서 이틀 동안 의식을 잃고 있는 상태에서 구조된
다. 포격으로 찢겨졌지만 수술로 다시 엮어 재생된 그의 몸에 남겨진
상흔은 전쟁의 파괴와 혼란의 살아있는 상징이기도 하다. 이 유령은
아무도 그 진지에서 그날 그리고 그 전에 무슨 일이 일어났는지 "진
실"을 이야기하지 않으려 한다면서 참담한 상황에 처한 병사들을 외
면하는 미국 언론과 사회에 대해 분노한다.[7] 자신들의 삶이 쉽게 망
각되어 버리기를 거부하는 유령들은 끊임없이 과거와 현재를 넘나들
며 독자들에게 파코의 전쟁 경험에 대해 언급하는데, 이들은 파코가
이 기억을 잊는 것을 절대로 용납하지 않는다. 파코가 매우 정신적으
로 약해지거나 잠들었을 때 이 유령들은 그가 유일하게 생존했다는
이유로 고통을 주기 위해 전쟁의 악몽과 더불어 엄습한다. 물론 이들
은 전쟁에 의해 빼앗겨진 자신의 삶과 그 기억에서 벗어나고 있지 못
하기 때문에 파코를 맴돈다. 실제 그의 몸은 이틀 동안 전우들의 찢
겨진 사체 속에 파묻혀 있었기 때문에 이들은 파편화된 자신들의 몸
이 파코의 몸 일부가 되어, 그가 자신들을 대리한 삶을 살고 있다고
생각한다. 그래서 이 유령의 엄습은 늘 그를 괴롭히는 신체적 고통만
큼이나 파코의 삶의 한 부분이 된 것이다.

---

7 베트남 참전병사들은 예전 전쟁과는 전혀 다른 상황에서 겪는 자신들의 혼란스런
경험을 언론에서 제대로 다루지 않는다고 생각했다. 마이클 허의 『특파원 보고』
(Dispatches)는 사실과 허구가 혼합된 새로운 기법(New Journalism)으로 병사들의 파
편화된 전투 경험을 극적으로 다루어 이후의 베트남전쟁 서사에 큰 영향을 주었다. 이
소설의 유령화자의 등장도 병사들의 경험을 새로운 시각으로 전하려 하는 작가의 시도
이다.

아니오, 제임스, 파코는 왜 내가? 라고 절대 묻지 않았소. 바로 우리
들 유령이 왜 그가? 라고 물은 것이요. 그래서 파코는 꿈을 꾸며 기억을
해야 합니다. 특히 누구에게도 괴롭힘을 당하지 않은 채 파코가 일을 아
주 잘 끝낸 그런 밤이면 이렇게 일어나게 하지요. (Heinemann 137)

그리고 이 악몽은 독자에게 파코의 과거에 대해 서서히 알게 해준
다. 이 유령은 파코가 어떤 병사였는지, 그가 기억 속에서 가장 지우
고 싶은 악몽 즉 아군 청음초소를 기습하여 동료 병사 둘을 죽인 후
생포된 여자 베트콩을 동료들과 더불어 강간하고 처형한 사건을 들
려준다.

이처럼 전장에서 병사들은 내면에 감추어진 야만적 본능을 종종
표출해왔다.[8] 주목할 것은 파코가 가담한 여자 베트콩에 대한 집단
강간과 처형이 개인적 일탈이기보다는 미국인들의 집단 경험의 반영
으로, 파코가 전쟁의 궁극적 희생자이면서 로렌스가 언급한 미국 영
웅 신화의 대변자로 부각된다는 점이다. 흥미롭게도 유령들은 파코
의 전쟁 전의 삶에 관해 철저히 침묵하여 그에 대한 신비감을 불러일
으킨다. 과거의 삶이 모두 지워진 채 베트남전쟁에서의 모습만이 독
자에게 보여지면서 파코는 로렌스가 언급한 본질적인 미국인의 영
혼, 즉 "모질고, 고립된, 냉정한 살인자"의 이미지로서 각인된다
(Lawrence 68). 그는 적과 부딪혔을 때 칼로 두려운 없이 능숙하게 살
해하고 그 시체에 부비트랩을 설치한다. 또 일을 끝낸 후 마리화나를

---

8 베트남전쟁에서는 게릴라전 형태의 소규모 부대 전투가 많았고 민간인과 적군이
명확히 구분되지 않는 상황에서 미군들은 피해를 많이 입게 되었다. 이런 상황에서 미
군들은 좌절감과 복수심을 발산시킬 기회를 찾게 되었다. 카푸토(Caputo)는 잔혹 행위
가 미군에게만 구간된 것이 아님을 지적하며 프랑스군, 베트남군, 베트콩 그리고 한국
군도 그 범주에 포함시키고 있다(Caputo viii).

피며 긴장을 푸는 킬러와 같은 그의 모습은 이 신화적 이미지를 재현
한다.

　이 신화적 남성적 영웅 이미지의 근저에는 여성성의 부인과 타자
에 대한 우월감이 깔려있다. 병사들이 행하는 집단 강간과 살인은 남
성들의 고유 영역이다. 군대 문화가 대변하는 전사 문화에서는 여성
성에 대한 거부 및 비하가 오히려 장점으로 치부된다.[9] 전장에서 자
신의 생존을 우선하기 마련인 병사들은 다른 사람에 대한 인간적 관
심, 두려움, 고통을 느끼는 여성성을 부인하도록 병사들을 끊임없이
세뇌하며, 이들은 이런 감정을 감추면서 전사로서 성장해 간다. 이런
면에서 적과 여성이 동일시되며 총과 페니스(penis) 역시 같은 무기가
된다. 미군 병사들은 베트콩들을 인종비하적인 시각이 담긴 '국'이란
말로 불렀으며 인간과 동물 사이의 중간계층으로 취급했다. 바로 이
런 사고를 지닌 병사들은 마치 경기장에 들어가는 것처럼 줄을 서서
기다리며 강간 행위를 소리를 지르며 지켜본다. 이 행위에서 이들은
남성적 유대로 맺어진 강한 집단적 동질감을 확인하며 이를 애써 무
시하는 소대장에게 경멸의 시선을 돌린다. 이 사건은 다른 베트남전
쟁 서사에 나오는 같은 부류의 이야기이긴 하지만 이 유령 이야기는
세밀하고 생생하게 전달되어 도덕적 규범에서 벗어난 인간들의 집단
폭력과 가학적 행위를 충격적으로 보여준다.

　파코가 가담한 집단 강간과 살해 사건을 언급하면서 유령 화자는

9　이를 대변하는 미군의 징집 슬로건은 "The Marine Corps builds men," "The
Marine Corps is looking for a few good men," "Army. Be all you can be" 등이다.
신병훈련소에서 이 여성성이 벗겨지는 과정을 충격적으로 그린 작품은 구스타브 해스
포드의 소설 『고참 병사들』을 각색한 스탠리 큐브릭의 영화 〈풀 메탈 재킷〉이 있다.
군대문화와 여성성, 베트남전쟁과의 관련성에 대한 글은 Lawson, 15-37 참고.

파코 역시 자신들과 똑같은 인물임을 독자들에게 알려주지만 이 사건이 그에게 입힌 충격과 도덕적 판단을 길게 논하지 않는다. 다만 파코의 삶이 예전과는 다를 것임을 간결하게 밝힐 따름이다. "숨을 거듭 들이쉬면서 우리들은 그녀와 우리 자신들을 바라보았다. 이것이 악의 순간이며 우리가 결코 예전처럼 살지 못할 것임을 알았다"(184). 실제 이 사건은 파코가 기억에서 가장 지우고자 몸부림치는 깊은 정신적 충격을 남긴다. 이처럼 베트남전쟁에서는 많은 잔혹 행위가 면전에서 이루어 졌기 때문에 병사들의 영혼은 끊임없는 괴로움을 겪게 된다.[10]

그러나 파코의 상처 속에 내면화된 이런 미국 신화 주인공의 모습과 소리를 미국인들은 외면한다. 사회에서 고립된 그는 전쟁의 참담한 기억과 상처를 보듬으면서 유령들과 교감하며 살아간다. 파코는 다른 서부의 영웅처럼 고독하게 떠도는 삶을 살아간다. 소설에 등장한 그의 첫 모습은 버스 운전사에게 수중에 있는 돈으로 갈 수 있는 데까지 데려가 달라고 부탁하는 것이다. 파코가 도착한 도시 '분'(Boone)은 미국의 신화적 개척자인 대니얼 분(Daniel Boone)을 떠올리기 때문에 파코와 서부 개척 신화를 연결시킨다.[11] 더불어 이 도시는 미국문화의 'boonduck' 즉 미국의 변방을 의미한다. 여성이 늘 존재하는 가정을 떠나 거친 야생의 자연에서 살아가는 외로운 사냥꾼 대니얼 분처럼 파코에겐 가족과 가정의 사랑은 존재하지 않는다.

'분'에서 파코가 받는 대접은 미국 사회의 자기 부정을 여지없이 노

---

10 정연선, 『미국 전쟁 소설』 324.
11 대니얼 분과 미국 신화의 형성에 관한 내용은 Richard Slotokin, Regeneration Through Violence (Middletown CT: Wesleyan UP, 1973) 394-465 참고.

출시킨다. 이 유령 화자는 마을 사람들의 베트남 참전용사에 대한 냉대, 무지, 또 부상 용사에 대한 경멸을 보여준다. 파코는 자신의 생각, 고통, 느낌을 분명한 목소리로 표현하지 못한다. 심지어 식당에서 만난 같은 참전용사 제시(Jessi)와의 대화에서도 그러하며 다른 어떤 사람과도 의미 있는 인간적 관계를 맺는 데 실패한다. 이런 부당한 눈길에서도 파코는 자신의 삶을 정돈하며 마음의 평정을 되찾기 위해 식당에서 막일을 한다. 부상을 입은 그에겐 식당 허드렛일이 고통스럽지만 내적 평안과 질서를 추구하는 데 도움이 되기 때문에 이 일을 기꺼이 받아들인다. 육체적으로 힘들지만 단순한 그의 삶이 참담한 전쟁 기억을 잊게 하며, 감정의 변화를 억제할 수 있다고 생각한다.[12] 그는 아주 간단하게 제시에게 자신의 부상에 대해 언급하지만 유령 화자는 파코의 생략되고 압축된 말을 보충한다. 파코는 우선 부상의 후유증을 안고 살아간다. "그의 온 몸은 달아오르는 숨 막힐 듯한 불편함으로 인해 쑤시며 두드리는 소리가 났는데 이 상황은 그가 깨어 있을 때 거의 계속된다"(36). 이런 고통 때문에 그는 근육이완제와 항우울증약을 먹는다. 또 전쟁에 대한 기억, 회상과 더불어 그에 따른 죄책감, 두려움, 긴장, 고통이 담긴 꿈은 그를 계속 엄습한다. 그러나 그는 이러한 정신적, 신체적 고통에도 불구하고 자신의 불운한 처지에 대해 담담해 하며 균형 잡힌 시작을 갖기 위해 노력한다.

이런 삶 속에서 파코와 사회와의 관계는 그가 접촉하는 여성을 통해 분명하게 드러난다. 파코과 베씨(Betsy)와의 관계는 참전용사의 상

---

12 이런 유형은 메이슨의 『베트남에서』뿐만 아니라 오브라이언의 『카치아토를 쫓아서』와 같은 다른 베트남전쟁 소설에서도 찾아볼 수 있다. 허조그(Herzog)는 헤밍웨이의 「큰 두 개의 심장을 가진 강」(Big Two-hearted River)의 주인공 닉(Nick)도 같은 범주에 들어간다고 지적하고 있다(Vietnam War Stories 174-75).

처를 바라보는 미국인들의 모습을 상징적으로 보여준다. 부유한 부모와 같이 생활하며 뭇 남성들과 자유 분망한 생활을 즐기는 베씨는 식당에 들어온 파코를 바라보며 그와 연인이 되어 관계를 맺는 것을 상상한다. 그리고 파코의 몸 상처에 사연이 담겨 있어 마치 점자처럼 상처를 만지며 읽는 자신의 모습을 상상한다. 그러나 식당 카운터의 양 끝에 앉아 있는 베씨와 파코는 한마디의 나눔이 없는 부딪힘으로 끝난다. 서로의 간극을 보인 채 파코는 여자의 응시와 욕망의 대상이 되며, 전쟁의 파괴와 혼란의 살아있는 상징인 상처에 대한 그녀의 탐구는 미완으로 끝난다. 사회에서 참전용사를 바라보는 이해와 공감의 시선이 존재하더라도 이것은 표면적이거나 단순한 충동 그 이상을 넘지 못한다. 오히려 파코를 바라보는 사회의 일반적 시선은 근처 사범 대학에 다니는 캐씨(Cathy)라는 한 여대생의 일탈된 응시와 그녀가 파코를 상대로 즐기는 성적 유희로 구체화된다. 캐씨와 파코는 신체적 접촉이 아닌, 거리를 둔 응시를 통해 성적 긴장이 고조되는 뒤틀린 관계로 맺어진다. 그리고 베씨의 경우처럼 여성 대신 남성이 응시 대상이 되어 그녀가 지배자임을 암시한다. 그녀 역시 파코의 정체를 둘러싼 신비로움과 몸의 상처에 대해 호기심을 느낀다. 식당 건너편의 낡은 호텔에 묵고 있는 파코의 옆방에 살고 있는 그녀는 방에서 불을 끈 채 그가 일하는 모습을 주시한다. 이들은 서로 상대방에게 관심을 보이고 있다는 사실을 인식하게 되지만 게임의 주도권을 잡고 있는 그녀는 파코의 성적 환상을 자극하여 정신적으로 고통스럽게 한다. 가장 파괴적인 행위는 옆방에서 소리가 들린다는 것을 알면서도 그녀가 남자친구와 의도적인 성행위를 가져 파코에게 좌절과 분노를 주는 것이다. 그녀는 파코의 자신에 대한 욕망을 인정하지만 그를 받아들이기를 거부한다.

파코는 여성의 몸을 낭만적 피난처로 여기는데 이런 경향은 다른 전쟁소설에서도 찾아볼 수 있다. 『무기여 잘 있거라』(A Farewell to Arms)의 프레드릭 헨리(Frederic Henry)와 캐써린(Catherine)과의 관계에서 보듯이 여성의 몸은 병사들로 하여금 전쟁의 기억에서 벗어나 병사들의 고독한 존재, 상처 난 몸과 마음을 치유할 수 있다고 여겨진다. 파코 역시 여성의 몸은 그로 하여금 전쟁 기억을 없애고 재생의 초원으로 이끌 수 있다고 생각한다.

> 그는 여타의 우리들과 다름이 없네, 제임스, 성교로 고통을 사라지게 하고 그의 몸을 구원시키고 싶은 데에서. 성교를 해서 수 십여 군데의 상처의 찌르는 듯한 고통을 약화시키길 그는 원하네… 살기 좋은 평화를 찾기 원하네. 마치 광활한 푸른 초원에 있는 길을 만나 성탑처럼 견고한 편안한 오두막에 이르게 되기를…. (Heinemann 173-74)

그러나 캐씨와 남자 친구가 즐기는 쾌락의 소리를 들으면서 파코의 머릿속에는 강간과 살해의 기억이 떠오른다. 결국 이 고통스런 기억은 초록의 안락한 가정으로 돌아오고 싶은 그의 욕망을 좌절시키며 여자의 몸을 다시 전쟁터로 전환시킨다. 전쟁으로 인한 그의 삶은 진정 전과는 다른 것이다.

파코의 욕망은 섹스를 통해 전쟁의 기억과 그 고통에서 벗어나고자 하는 데에 있지만 캐씨는 '착한 여성'들이 전통적으로 떠맡는 행위를 거부한다. 그녀의 거부는 파코가 훔쳐 읽은 일기를 통해 더욱 강하게 부각된다. 캐씨는 그의 방을 뒤지기도 하며 그에 대한 관찰과 감정을 일기에 남긴다. 파코 역시 그녀의 방에 들어가 일기를 읽게 되는데 그에 대한 사회의 냉혹한 시선을 절감하면서 크게 좌절한다. 캐씨는 파코의 혼돈스런 삶을 묘사하고 있는데 그가 자신의 감정을 잘 통제하고 있다는 유령의 관점과는 달리 홀로 격심한 고통을 받으며 살아가고 있음이 일기에서 드러난다. 그녀는 이 일기에서 그의 대낮 음주, 그리고 밤중에 울고 신음소리를 내는 것을 기록하고 있다. 또한 그의 신체적 불구와 그 추함에 관해 언급하고 있는데 파코의 대한 처음의 신비감 어린 환상이 경멸로 바뀌어져간 것이 드러난다. 캐씨는 그의 기이한 행동을 사실적으로 기록하고 있지만 지울 수 없는 심리적 상처로 고통당하는 그에 대한 이해와 연민은 전혀 담겨 있지 않다. 그녀의 이런 감정은 마을 사람들이 참전용사들을 호기심의 대상으로 혹은 "병신" "기분 나쁜 놈"과 같은 경멸적인 언어로 부르는 것과 일치한다. 그녀가 일기에 기록한 "숙부는 그처럼 기분 나쁜 놈은 없어져야 하는 것이 최상이며 곧 그를 내쫓기 위한 일을 벌여야 되겠다"(206)라는 말은 참전용사의 고통을 느끼거나 이해할 수 없는 민간인들의 관점을 대변한다. 그리고 미디어에서 본 '살인자'라는 참전용사에 대한 왜곡된 선입관까지 함께 어울려 파코는 사라져야 될 사람으로 지목된다.

이 관점은 캐씨가 일기에 기록한 그녀의 꿈에서 다시 확인된다. 이 일기에서 캐씨는 꿈에서 본 파코에 대한 성적 환상과 공포를 기록하고 있는데 이 꿈에서 파코는 자신의 상처를 벗겨내 그녀의 얼굴에 올려놓아 두렵게 만든다. 분명 이 행위는 자신의 고통을 나누려는 파코의 열망을 담고 있다. 그러나 이를 거부하는 캐씨의 태도는 파코의 상처(경험)가 자신만의 문제가 아닌 전쟁에 참여하지 않은 다른 사람도 함께 공유되어야 한다는 메시지를 거부하고 있음을 상징적으로 보여 준다.[13] 여기에서 파코는 일기 훔쳐보기를 더 이상 계속하지 못

---

13 수잔 제포즈(Susan Jeffords)는 캐씨의 꿈을 참전병사의 고통을 느끼거나 이해할

한다. 그는 자신이 조소와 배제의 대상으로 "도마 위의 고기 덩어리"의 취급을 당하는 것을 거부하고 마을을 떠나기로 결심하나, '타자'로 변한 이 외로운 방랑자, 파코의 삶은 목적지가 정해지지 않는 서부, 즉 "덜 더러운" 곳으로 향하는 버스를 타는 것으로 연장된다. 파코는 결코 '우리'의 삶이 되지 못한 채 타자로 남게 된다. 베트남전쟁에서 겪은 '암흑의 여정'으로 인해 그는 자신의 주변을 맴돌면서 끊임없이 엄습하지만 자신의 고통에 대해 연민과 이해를 보내는 유령들과 함께 존재할 뿐이다. 소설의 서사는 다시 원점으로 돌아온다. 파코의 출발은 새로운 희망과 빛이 존재하는 새로운 개척지가 아닌 이미 닫혀버린 서부로 향하는 것이다. 결국 작가는 이 끊임없는 방황의 연속에서 아직 베트남전쟁의 상처가 아물지 않았으며 이들 참전용사의 슬픔이 여전히 계속 되리라는 것을 강하게 제시한다.

3. 『베트남에서』: 악몽의 엄습과 여인의 치유

『파코의 이야기』와는 달리 메이슨의 『베트남에서』는 참전용사의 슬픔에 대한 종결을 시도한다. 남성적 시각으로 참전용사와 비참전 민간인과의 경계를 확연하게 구분하는 앞 소설과는 대조적으로 메이슨의 작품은 여성도 전쟁을 이해할 수 있음을 보여주어 기존 전쟁 서사를 전복시킨다. 또 『파코의 이야기』에서 드러난 여성에 대한 참전용사의 애증은 씻은 듯 사라지고 여성의 치유의 힘이 전쟁에 대한 이해력과 더불어 강조된다. 참전 후유 증상, 특히 유령처럼 엄습하는

수 없는 일반사람들의 무능력에 대한 기록이라고 해독하고 있다(Jeffords 71).

전쟁 기억으로 인해 고통을 겪는 귀환 용사들을 특이하게 여성의 관점에서 다루고 있는 이 소설에서는 베트남 참전용사뿐만 아니라 그 가족의 삶까지 포함시켜 의미를 더해준다. 파코가 서부로 향하는 데서 끝나는 앞 소설과는 달리 이 소설에서는 동부로 향하는 참전용사와 그 가족 이야기로 시작하는 데서, 그리고 한 여인의 거부에 의해 삶이 닫힌 파코의 이야기와는 달리 샘(Sam)이라는 어린 여성에 의해 한 참전용사의 삶이 열려지는 과정을 다루는 점에서도 뚜렷한 대조를 이룬다. 리얼리즘에 뿌리를 두면서도 유령의 등장으로 인해 환상적인 분위기를 풍기는 『파코의 이야기』와는 달리 이 소설에서는 참전용사 개인뿐만 아니라 그 동료들의 전쟁에 대한 느낌, 정부에 대한 불만, 그리고 이들을 바라보는 가족과 주변 사람들의 시선을 미니멀리즘(minimalism)기법으로 묘사했기 때문에 독자에게 참전용사의 삶을 사실적으로 바라보게 해준다. 더구나 이 소설을 언급할 때 "shopping mall realism"이란 신조어를 사용할 정도로 80년대 미국문화, 소비적인 삶과 관련된 상품, 대중매체에 대한 언급이 상당히 많이 담겨있어 더욱 그러하다.[14]

소설 서사를 이끌어 가는 고등학교 졸업반인 십칠 세의 샘은 베트남전쟁에서 아버지를 잃고 유복자로 태어났는데, 그녀는 대학진학, 취업과 같은 앞으로의 삶보다는 자신의 정체성을 찾는 일에 매달리는 동시에 함께 사는 이모부인 참전용사 에멧(Emmett)의 고통에 많은 관심을 쏟는다. 참전병사의 유복자인 샘의 이야기를 다룬 이 소설이 1985년에 출판된 것은 자연스러운 일이다. 샘의 정체성 추구와 그녀

---

14 Joel Connarroe, "Winning Her Father's War." The New York Times Book Review 15 Sept. 1985: 7.

가 에멧에게 보이는 정성과 연민은 이 서사에서 매우 밀접하게 연결되어 있기 때문에 에멧과 그 주위에 있는 참전용사들의 삶은 소설에서 중요하게 다루어진다.

이들 참전용사들이 겪는 문제의 본질은 파코의 경우와 거의 동일하다. 에멧 역시 파코와 매우 흡사한 경험을 하였으며 결국 이 충격은 그 삶의 "중심"을 빼앗아 간다.[15] 그리고 이 기억의 엄습에 그는 끊임없이 저항한다. 파코의 충격적 경험이 서사 앞부분에 전개되었던 것과는 달리 여기서는 서사의 절정 부분에서 에멧은 샘에게 자신의 삶을 송두리 채 바꾸어 놓는 전쟁 경험, 즉 정찰 중 기습을 받은 그의 일행이 전멸하고 파코처럼 자신은 전우 시체 틈에 몸을 숨겨 살아났다는 이야기를 처음 들려준다. 에멧은 전우의 시체에서 흐르는 피 냄새를 맡으며 삶과 죽음의 갈림길에서 자신이 생존할 수 있었던 것이 동료들의 죽음 때문에 가능했음을 강조한다. 많은 베트남전쟁 서사에서 읽을 수 있는 이런 경험은 그로 하여금 생존의 죄책감으로 시달리게 한다. 베트남 참전용사들의 심리적 후유증에 대한 연구를 한 로버트 리프튼(Robert Lifton)은 이 죄책감은 동료가 살아 있었으면 자신이 죽어야 되는 상황이기 때문에 그 자신이 전우를 죽인 것과 마찬가지라는 생각으로 인해 생긴다고 설명한다.[16] 에멧은 이 사건을 언급하며 "마치 내 마음의 중심이 사라진 것 같다. 다시 그것을 되찾을 수 없다"(324)라고 절규한다. 그리고 지금까지 다른 사람들에게 무

---

15 Bobbie Ann Mason, In Country (New York: Harper & Low, 1985); (New York: Perennial, 1989) 324.

16 Matthew C. Stewart, "Realism, Verisimilitude, and the Depiction of Vietnam Veterans in In Country," Fourteen Landing Zones, ed. Philip K. Jason (Iowa City: U of Iowa P, 1991) 174-75 재인용.

책임하게 보였던 자신의 삶은 실제 자신을 지탱하기 위한 노력의 연속이며, 이것은 그의 모든 에너지를 소진시키므로 다른 일을 할 여유가 없다고 설명한다.

이처럼 전쟁에서 '소진되고' 상처받은 에멧은 미국 사회가 숭배하는 남성적 영웅상을 거부한다. 즉 파코처럼 그의 경험도 미국인의 집단의식과 행동을 대변한다는 것을 강하게 암시한다. 그러나 침묵하는 파코와는 달리 그는 귀향한 후 전쟁의 정당성과 정의에 대한 저항을 공개적으로 표시한다. 전사한 자신의 매제(샘의 아버지)를 위한 복수심에서, 그의 누이와 딸을 보호한다는 순진하고도 낭만적 생각을 갖고 참전한 에멧은 귀환 후 다른 히피 친구들과 함께 법원 꼭대기에 베트콩 깃발을 게양하여 마을에 소동을 일으킨다. 인디언과 같은 긴 머리를 하고 머리띠를 두른 그는 베트남전쟁에 대해 미국 정부가 내세운 정의로움이 과거 토착 인디언들에게 시행했던 정부 정책처럼 위선적임을 상기시켰다. 또한 이것은 베트남을 존 웨인(John Wayne)이 등장하는 서부의 황야와 개척지로 왜곡시키고, 조국과 가족을 위한다는 낭만적 이상을 부추기면서, 젊은이들을 사지로 내보낸 미국 사회에 대한 저항이기도 하다.[17] 실제 소설에서 샘의 할머니는 할아버지에게 "당신들 모두 그(샘의 아버지)의 참전에 찬성했지요! 군대가 그 애를 남자답게 만들 거라고 말하지 않았어요"(213)라며 분노를 터트린다. 에멧은 또한 텔레비전에서 한국전쟁을 소재로 했지만 실상

---

17 존 웨인이 대표하는 미국 서부영화, 전쟁영화와 베트남 참전병사들의 경험과의 관련에 관한 글은 Tobey C Herzog, "John Wayne in a Modern Heart of Darkness" Search and clear: Critical Response to Selected Literature and Film of the Vietnam War (Bowling Green, OH: Bowling Green State UP, 1988) 16-25를 보면 된다. 실제 존 웨인은 미국의 베트남전쟁 참전을 정당화시키는 일종의 정치 선전 영화 〈그린베레〉를 감독하고 주연했다.

베트남전쟁에 대한 예리한 비판을 가하고 있는 〈매쉬〉(M*A*S*H) 재방송을 즐겨 보며 자신이 좋아하는 클링거(Klinger) 하사처럼 스커트를 자주 입는다. 참전용사들의 상처받은 남성성의 변모를 의미하는 이 행위 역시 "모질고, 고립된, 냉정한 살인자"의 미국 신화를 거부하는 상징성을 갖는다. 물론 다른 참전용사 탐(Tom)의 경우처럼 이 상처는 성적 불능까지 포함하는데 다리를 절룩거리는 피코의 몸이 그러하듯이 참전용사의 몸은 전쟁의 심리적 신체적 상징이기도 하다.

베트콩 깃발 사건을 일으킨 후 내적으로 움츠러진 삶을 살아가는 에멧은 아이 같은 생활을 하며 살아간다. "중심"을 빼앗긴 상황에서 그는 파코처럼 자신의 삶을 최대한 축소하며 허드렛일로 돈을 벌어 생존에 필요한 기본적인 욕구만을 충족시킨다. 그는 또 책임 있는 성인으로 결코 살아가지 않는다. 전쟁의 기억을 회피하기 위한 에멧의 노력은 집 주변에 도랑을 파면서 물이 스며드는 지하실을 고치는 일에서 상징적으로 드러난다. 그는 정신적 상처를 무너지는 집에 비유한다. "내 지하실은 물이 가득 넘치고 기초는 허약하다. 내가 여기 살 때 집이 허물어질 것 같다"(157). 그러나 이런 행위는 실제 상처받은 내면에 보호막을 치는 것과 같다. 식당에서 아침부터 저녁까지 허리가 휘어지도록 주방 일을 하면서 정신적 상처와 기억을 잊으려 한다. 에멧의 고통을 잊기 위한 다른 반복적 행동은 미국과 베트남에서 서식한다고 믿고 있는 "이그렛"(egret)이란 새를 관찰하는 것이다. 샘은 그의 모습을 이렇게 묘사한다. "새가 비상한 것같이 무언가 그를 사로잡을 수 있고 흥분케 하는 그 무엇에 몰두할 수 있다면 기억의 고통이 그에게 엄습하지 않을 것이다"(198). 이런 새들과 그 날개 짓은 슬픔의 상처를 치유하려는 에멧의 추구와 강렬하게 맺어진다. 파코와 에멧의 행위가 모두 반복에 의한 과거의 망각에 주안점을 두고 있긴 하다. 그러나 에멧의 경우 그 상징성에 있어 치유와 강하게 연결되어 있기 때문에 사회와의 화해 가능성을 열어 놓고 있다.

이 화해의 실현은 에멧을 염려하고 그에게 정성을 쏟는 가족 특히 조카 샘을 비롯한 누나(샘의 어머니)와 다른 여인들의 손길을 통해 이루어진다. 죽 캐씨라는 여인이 파코의 처참한 기억과 고통을 극심하게 하여 그를 정처 없는 방황으로 다시 몰아낸 것과는 달리 이 여인들은 따뜻한 치유의 손을 내밀면서 여성들이 전쟁에 관해 무지하고 이해할 수 없다는 기존의 관념을 전복한다. 그리고 여성에 대한 새로운 평가를 가능케 하는 샘의 노력은 참전용사의 감추어진 심리를 더욱 명확하게 드러내면서 이들에 대한 새로운 이해의 시각을 제공한다. 참전용사들은 여자들을 대화상대로 인정하기를 거부하기 때문에 이들에 대해 진정으로 이해하고 돕고자 하는 샘은 심한 절망감을 느낀다. 용사들은 여성들이 참전하지 않았기 때문에 자신들의 감정, 행동을 이해할 수 없다는 논리를 편다. 더구나 여성들은 남자들의 고통의 대가로 안락하게 즐기는 존재로 여겨져 왔기 때문에 그 간극이 더욱 클 수밖에 없었다. 심지어 많은 미국인들 특히 여성들은 전쟁을 추상적 개념보다 더한 허구로 받아들이는 경향이 있다고 여겨진다.[18] 바로 이런 이유로 인해 에멧은 베트남전쟁에 관해 알고자 하는 샘의 질문에 대해 회피하며, 그녀를 가장 솔직하게 대해주는 탐조차도 이렇게 말한다. "샘, 그건 이야기하기 곤란해. 바로 너를 보호해 주고 싶은 거야. 그들은 네게 이런 것을 다 쏟아붓기 원치 않아. 이런 것들에 대해 너무 많이 생각해서는 안 돼"(136). 이들은 전쟁에서 자신들의 삶을 완전하게 바꾸어 놓은 끔찍한 경험이 자신들과 참전하지 않

---

18 Judith Stihem, Women's Studies International Forum 5 (1982) 275.

은 사람들을 구별하며 오직 그들만이 이 경험을 이해할 수 있다고 고집한다.

샘은 에멧을 통해 참전용사와의 지속적인 접촉을 하여 이들의 심리에 대해 더 많이 알게 된다. 다른 한편으로 이 소설은 샘의 정신적 성장 과정을 다루고 있는데, 이 성장은 그녀에게 더해져 가는 참전용사에 대한 깊이 있는 이해력과 맞물려진다. 샘은 에멧과는 달리 전쟁을 그리워하고 전투 경험을 다시 맛보고 싶은 강한 욕망을 지닌 참전용사들이 존재한다는 사실을 의아해 한다. 그중 피트(Pete)가 대표적인 예인데 그는 일반 사회에서 느낄 수 없는 베트남에서 느꼈던 전우애, 그리고 함께 공유했던 처절하고도 강렬했던 전투 경험에 대한 강한 향수를 갖고 있다. 귀환 후 가정, 사회생활에 잘 적응하지 못하는 그는 기념품으로 적군의 귀를 잘라 가져왔으며 지하실에 베트남 지도를 아내가 찢어 버릴 때까지 붙여 놓기도 하였다. 결혼 생활에 갈등을 겪는 피트는 차라리 베트남에 다시 돌아가기를 원하는데 그는 삶과 죽음이 공존하는 전투를 최고의 경험으로 회고한다. "우리가 함께 겪은 그 전쟁의 강렬함 그것이 대단한 거야… 나는 그것을 즐겼다. 그곳에서 기분이 좋았다… 삶과 죽음을 구분하는 경계선이 그곳에 있다"(191).[19] 남성들만이 공유하는 공포와 욕망이 뒤엉켜 있는 이 전쟁의 실체에 샘은 더욱 가까이 간다.

---

[19] "남자들은 왜 전쟁을 좋아하는가"라는 글에서 윌리엄 브로일스(William Broyles)는 남자들이 전쟁에 대한 애착을 갖는 이유를 이렇게 설명한다. "전쟁을 좋아하는 것은 우리 존재의 핵심 속 깊숙이 있는 성과 파괴, 미와 공포, 사랑과 죽음의 결합에서 나온다. 전쟁은 대부분 남성들이 우리 영혼의 신비한 영역을 만질 수 있는 유일한 길인 것이다. 그것은 남성들이 출산이 여성에게 주는 의미에 가장 가깝게 접근할 수 있는 길인 것이다. 즉 삶과 죽음에의 입문인 것이다." William Broyles, Jr., "Why Men Love War," Esquire. Nov. 1984, 61-62.

그러나 샘이 전쟁을 현실적으로 체험할 수 없기 때문에 그것은 참전용사들을 매개로 하여 간접적으로 이루어진다. 샘의 추구는 전쟁 서사에서 여성들이 그래왔듯이 참전용사 탐과의 성적 관계를 통해 시도되기도 한다. 그러나 샘과 탐과의 서로간의 이끌림이 전장에서의 병사들의 움직임에 대한 은유적 표현으로 나타나는 데서 알 수 있듯이 그녀의 시도는 전쟁과 그녀와의 간극을 메우려는 몸부림이기도 하다. 즉 탐과 함께 파티를 떠나면서 그녀는 자신이 "척후에 나선 병사를 뒤따르는 무언가 매우 대담한"(177) 행위를 한다고 생각한다. 그리고 샘은 탐의 몸에 파편이 박혀있음을 알게 되며 그가 심리적 상처로 인해 성적 불능임을 알게 된다. 베트남전쟁은 참전용사에게 정신적, 신체적으로 매우 당혹스러운 경험이었음을 샘은 다시 알게 된다.

이 경우처럼 샘은 역사책, 목사의 설교와 같은 '제도권의 담론'이 아닌 개인적 접촉과 기록을 통해 주변 사람들이 침묵하거나 회피하여온 전쟁의 실체에 다가선다. 『파코의 이야기』와 이 소설은 일기 읽기가 서사 전환의 결정적 계기가 되는 점에서도 흡사하다. 샘 또한 전사한 아버지 일기를 읽게 되면서 인간 내면에 존재하는 어두움의 실체를 인정하게 된다. 그러나 파코의 경우와는 달리 이는 에멧에 대한 샘의 진정한 이해로 이어지며 결국 그의 사회 복귀의 계기를 마련해 준다. 우선 이 일기는 아버지에 관한 샘의 낭만적 환상을 일거에 깨버린다. 샘의 아버지는 견딜 수 없는 냄새를 풍기는 적병 시체, 적의 이빨을 빼 행운의 부적으로 간직하는 아군 병사의 모습, 처참한 아군 병사의 죽음과 더불어 자신이 적병과 맞부딪쳐 살해한 일들을 기록하고 있다. 그리고 아버지가 쓴 인종비하 용어와 아무런 감정 없이 기록된 살인적 본능을 읽으면서 샘은 속이 메스꺼워지며 구토를 느낀다. 샘의 아버지는 사람을 죽일 때의 감정에 관한 토로 없이 사실적 기록만을 남겨 샘은 그 감정에 대해 더욱 궁금해 한다. 그리고 아버지와 자기가 느끼는 '무감각한 호기심'에 대해 부끄러워하며 혐오한다. 고양이를 몹시 사랑하는 에멧이 아버지처럼 사람을 죽였다는 것을 샘은 믿기 어려워 하지만 그 역시 마찬가지였을 것이라는 것을 깨닫는다.

참전용사와 민간인, 과거와 현재와의 구분은 샘과 에멧이 새벽녘 늪지에서 조우할 때 와해되어진다. 그리고 이들이 함께 방문한 베트남 참전 기념비 앞에서 그 경계가 깨어졌음이 다시 확인된다. 아버지와 에멧에 대한 혐오감과 더불어 단지 글과 상상으로만 전쟁의 실체를 깨닫기 어렵다고 판단한 샘은 베트남전쟁에서 병사들의 야전에서 생존을 위한 고투를[20] 직접 체험하기 위해서 베트남 정글과 같이 느껴지는 늪지를 찾는다. 그녀는 켄터키의 늪지가 정글과는 다름을 인식하게 되지만 동틀 무렵 다가오는 에멧의 발자국 소리에 한적한 장소에서 여성들이 흔히 부닥치는 강간에 대한 두려움으로 가득 찬다. 그리고 이 두려움은 그녀가 여성이고 군인이 아님을 다시 일깨워준다. 그럼에도 불구하고 샘이 느끼는 두려움은 낯선 곳에서 보이지 않는 적들에 대해 경계를 서는 병사가 느끼는 감정과 가깝다는 것을 인식하게 된다. 샘을 만난 에멧은 이 늪지에서 샘에게 지금까지 감추어 온 전쟁터에서의 생존을 위해 몸부림친 경험을 절규하듯 말하면서 눈물로 '정화'의 의식을 치른다. 이 의식을 거친 에멧은 샘에게 보호받는 역할에서 보호자로 바꾸어진다. 또한 그는 워싱턴에 있는 베트남 참전 기념비를 샘과 그녀의 친할머니와 참배하면서 자신과 사회

---

20 "humping the boonies"는 베트남전쟁 서사에서 자주 언급되는 말이다. 이 소설에서는 그 의미를 이렇게 설명한다. "That means going out in some godforsaken wilderness and doing what you have to do to survive"(Mason 194).

의 간극을 메우는 시도를 보여준다. 아버지의 이름과 더불어 샘은 베트남전쟁 사망자 명단이 새겨진 기념비에서 자신의 이름과 동일한 전사자 'Sam Alan Hughes'를 발견하게 되면서 그녀가 추구해온 베트남 참전용사와의 정신적 일체감을 확인한다. 샘의 정체성은 캐씨와는 달리 전쟁에 대한 이해와 참전용사와의 상처를 나눔으로써 얻어진 것으로, 이것은 미국인들이 한때 등을 돌렸던 '자신'들에 대한 사랑을 회복했다는 역사적 의미를 부여할 수 있다. 이렇게 함으로써 메이슨은 베트남전쟁에 대한 슬픔이 치유될 수 있음을 강하게 제시하며 하이네만의 소설에 함축된 여성에 대한 부정적 인식을 전복시킨다.

4. 남겨진 과제

마이클 허(Michael Herr)가 『특파원 보고』에서 "베트남 베트남 베트남, 우리는 모두 그곳에 갔었다"(Vietnam Vietnam Vietnam, We've all been there.)[21]라는 유명한 말로 미국인들의 베트남전쟁 경험을 요약했듯이 이 두 소설은 파코와 에멧과 같은 참전용사들이 겪은 경험이 미국의 집단 문화와 사고의 산물임을 강하게 암시한다. 미국 사회는 도덕적 명분이 결여된 베트남전쟁에 주로 파코와 에멧 같은 하층의 병사들을 조국을 위해 봉사한다는 믿음을 갖고 베트남에서 희생당하게 했고, 귀환한 후에도 뒤틀려진 시선으로 바라봄으로써 이들을 다시 희생 제물로 삼았다는 비판적 인식을 이 작품들은 담고 있다. 이런

---

21 Michael Herr, Dispatches (New York: Avon, 1980) 278.

인식에도 불구하고 참전용사인 하이네만과 전쟁 세대로 성장한 여성 작가 메이슨이 서사 결말을 서로 다르게 맺은 것은 베트남전쟁에 대한 미국인들의 정리되지 않은 양가적인 감정이 여전히 존재하고 있음을 입증한다. 즉 메이슨이 소설의 결말 부분에서 에멧의 변화와 사회로의 복귀 가능성을 제시한 점은 과거의 기억과 슬픔을 지워 버리고 싶다는 사회의 욕망을 나타낸 것이며 하이네만의 소설은 이에 저항하는 세력 또한 여전히 존재하고 있음을 보여준다. 물론 이들 소설에서는 우리 한국군 참전용사들의 정신적 충격과 상처에 대한 탐구뿐만 아니라 왜 베트남전쟁에서 미국뿐만 아니라 한국군, 베트남인들을 포함한 여러 국가의 사람들이 죽어야만 했는가, 그리고 그 의미가 무엇이었는가에 대한 의문이 결여되어 있다. 이제 이 문제의 제기 및 탐구는 우리가 마땅히 해야 될 몫이다.

찾아보기

참고문헌

김영호 외, 『6·25 전쟁의 재인식』, 기파랑, 2010.

사이드, 에드워드(Edward Said) 저·박홍규 역, 『오리엔탈리즘』, 교보문고.
1998.

이미경, 「고급문화와 대중문화 사이: 코폴라의 커츠 재현」, 『문학과 영상』
4권 2호, 문학과영상학회, 2004.

정연선, 『미국 전쟁 소설: 남부 전쟁으로부터 월남전까지』, 서울대 출판부,
2002.

_____, 「중단된 성전: 한국전쟁에 대한 미국소설의 연구」, 『한국전쟁과 세계
문학』, 서울 국학자료원, 2003.

황정현, 「제국을 위한 〈전송가〉: 헐리우드 한국전 영화와 '명백한 가족'」, 『영미
문화』 10권 1호, 영미문화학회, 2010.

황준호, 「〈어나더데이〉의 하얀 북한인」, 『문학과 영상』 7권 2호, 문학과영상
학회, 2006.

Aichinger, Peter. *The American Soldier in Fiction 1880–1963*, Ames:
Iowa State UP, 1975.

Anatomy of a Murder. Dir. Otto Preminger, Carlyle Productions, 1959.

Ancelet, Barry Jean and Nadine Bordessoul. "The Shape of Defeat:
From Roncevaux to the Little Big Horn to the Ia Drang." *Southern
Folklore* 57.3 (2000): 233–259.

Anders, Curt. *The Price of Courage*, New York: Sagamore Press Inc,
1957.

Anderson, Thomas. *Your Own Beloved Sons*, New York: Random House,
1956; Bantam, 1957.

Axelesson, Arne. *Restrained Response: American Novels of the Cold
War and Korea, 1945–1962*. New York: Greenwood, 1990.

Bamboo Prison. Dir. Lewis Seiler. Columbia, 1954.

Baker, Mark. Nam: *The Vietnam War in the Words of the Men and Women Who Fought There*. New York: William Morrow & Co, 1981.

Barbeau, Clayton C. *The Ikon*. San Francisco: Ikon Press, 1961.

Barry, Bill. *Honor Clean*. Lincoln, NE: iUniverse, Inc, 2002.

Battle Circus. Dir. Richard Brooks. Metro—Goldwyn—Mayer, 1953.

Battle Flame. Dir. R. G. Springsteen. Allied Artists, 1959.

Belton, John. *American Cinema/American Culture*. New York: McGraw—Hill, 1994.

Best Years of Our Lives. Dir. William Wyler. Samuel Goldwyn Company, 1946.

Biderman, Albert D. *March to Calumny: The Story of American POW's in the Korean War*. New York: Macmillan, 1963.

Biskind, Peter. S*eeing Is Believing*. New York: Owl Books, 1983.

Brady, James. *The Marines of Autumn: a Novel of the Korean War*. New York: St. Martin's, 2000.

Brende, Joel Osler and Erwin Randolph Parson. *Vietnam Veterans: The Road to Recovery*. New York: Plenum, 1985.

Bridges at Toko—Ri. Dir. Mark Robson. Paramount Pictures, 1955.

Bronfen, Elisabeth. *Specters of War: Hollywood's Engagement with Military Conflict*. New Brunswick, N. J.: Rutgers UP, 2012.

Broyles, Jr. William. "Why Men Love War." *Esquire* (Nov. 1984): 61—62.

Busch, Frederick. *War Babies*. New York: New Directions, 1989.

Byar, Jackie. *All That Hollywood Allows: Rereading Gender in 1950s Melodrama*. Chapel Hill, NC: U of North Carolina P, 1991.

Caputo, Phillip. *A Rumor of War*. New York: Holt, Rinehart and Winston, 1977; New York: Ballantine Books, 1984.

Carruthers, Susan L. "Redeeming the Captives: Hollywood and the Brainwashing of America's Prisoners of War in Korea." *Film History* 10.3 (1998): 275—294.

_____. *Cold War Captives*. Berkeley and LA: U of California P, 2009.

Cayton, Horace R. *Long Old Road.* New York: Trident, 1965.

Cheek, J. Charles. *Stay Safe, Buddy: A Story of Humor & Horror During the Korean War.* Baltimore: Publish America, 2003.

Chopra-Gant, Mike. *Hollywood Genres and Postwar America: Masculinity, Family and Nation in Popular Movies and Film Noir.* New York: I. B. Taurius, 2006.

Christopher, Renny. *The Vietnam War/The American War: Images and Representations in Euro-American and Vietnamese Exile Narratives.* Amherst: U of Massachusetts P, 1995.

Chung, Hye Seung. "Hollywood Goes to Korea: Biopic Politics and Douglas Sirk's *Battle Hymn* (1957)." *Historical Journal of Film, Radio and Television* 25 (2005): 51–80.

Chung, Sue Fawn. "From Fu Manchu, Evil Genius, to James Lee Wong, Popular Hero." *Journal of Popular Culture* 10.3 (1976): 534–47.

Clark, Roger W. *Ride The White Tiger.* Boston: Little, Brown and Company, 1959.

Condon, Richard. *The Manchurian Candidate.* Quality Paper Book Club, 2003.

Connarroe, Joel. "Winning Her Father's War." *The New York Times Book Review* 15 (Sept. 1985): 7.

Coon, Gene L. *Meanwhile, Back at the Front.* New York: Crown, 1961; New York: Bantam, 1962.

Cox, Keller. *Buck: A Tennessee Boy in Korea.* Clarksville, TN: Chogie Publishers, 1982.

Crane, Robert. *Born of Battle.* New York: Pyramid Books, 1962.

Crawford, William. *Gresham's War.* Greenwich, Conn.: Fawcett Pub, 1968.

Crime Against Joe. Dir. Lee Sholem, Bel-Air Productions, 1956.

Cry Havoc. Dir. Richard Thorpe. Metro-Goldwyn-Mayer, 1943.

Cuordlieone, K. A. *Manhood and American Political Culture in the Cold*

War. New York: Routledge, 2005.

Custer, Len. *Called to Serve: A Historical Novel of the Korean War*. Lincoln, NE: Universe, 2003.

De Hart, Jane Sherron. "Containment at Home: Gender, Sexuality, and National Identity in Cold War America." *Rethinking Cold War Culture*. Ed. Peter J. Kuznick, & James Gilbert, Washington: Smithsonian Institution Press, 2001.

Dittmar, Linda & Gene Michaud. "America's Vietnam War Films: Marching toward Denials," *From Hanoi to Hollywood: The Vietnam War in American Film*. Ed. Linda Dittmar & Gene Michaud. New Brunswick: Rutgers UP, 1990.

Dowdy, Anderew. *The Films of the Fifties: The American State of Mind*. New York: William Morrow, 1973.

Elmo, John S. *Beggar's Island: A Novel of War, Koje-Do, Korea*. New York: Friesen Press, 2014.

Engelhardt, Tom. *The End of Victory Culture: Cold War America and the Disillusionment of a Generation*. New York: BasicBooks, 1995.

Engle, Eloise. *Dawn Mission*. New York: The John Day Co, 1962.

Filene, Peter. "'Cold War Culture' Doesn't Say it All." *Rethinking Cold War Culture*. Ed. Peter J. Kuznick & James Gilbert. Washington: Smithsonian Institute, 2001.

Fixed Bayonet. Dir. Samuel Fuller. Twentieth Century Fox, 1951.

Flight Nurse. Dir. Allan Dwan. Republic Pictures, 1953.

Flood, Charles Braclen. *More Lives Than One*. Boston: Houghton, 1967.

Frank, Pat. *Hold Back at Night*. Philadelphia: Lippincott, 1951; New York: Bantam, 1952.

Frankel, Ernest. *Band of Brothers*. New York: Random House, 1956; Bantam, 1957.

Friedan, Betty. *The Feminine Mystique*. New York: Doubleday, 1984.

Fussell, Paul, ed. *The Norton Book of Modern War*. New York: Norton,

1991.

Fyne, Robert. *The Hollywood Propaganda of World War II.* Lanham: Scarecrow, 1997.

Gerber, David A. "Heroes and Misfits: The Troubled Social Reintegration of Disabled Veterans in *The Best Years of Our Lives.*" *American Quarterly* 46.4 (1994): 545-74.

Hamamoto, Darell Y. *Monitored Peril: Asian Americans and the Politics of TV Representations.* Minneapolis: U of Minnesota Press, 1994.

Harding, Jr, John H. *Shortchanged.* White Stone, Virginia: Brandylane Pub, 1998.

Harvey, Sylvia. "Woman's Place: The Absent Family of Film Noir." Ed. Ann Kaplan. *Women in Film Noir.* London: BFI, 2nd edition, 1998.

Haskell, Molly. *From Reverence to Rape: The Treatment of Women in the Movies.* 2nd ed. Chicago: U of Chicago P, 1987.

Hatful of Rains. Dir. Fred Zinnemann. Twentieth Century Fox, 1957.

Heinemann, Larry. *Close Quarters.* New York: Warner Books, 1977.

_____. *Paco's Story.* New York: Penguin, 1987.

Hemingway, Ernest. *A Farewell to Arms,* New York: Penguin Books, 1969.

_____. *In Our Time.* New York. Scribners, 1972.

Herr, Michael. *Dispatches.* New York: Knoff, 1977; Avon, 1980.

Herzog, Tobey C. *Vietnam War Stories: Innocence Lost.* New York: Routledge, 1992.

_____. "Writing About Vietnam: A Heavy Heart-of-Darkness Trip." *College English* 41 (1980): 680-95.

Hickey, James. *Chrysanthemum in the Snow: the Novel of the Korean War.* New York: Crown Publisher, 1990.

Hinojosa, Rolando. *The Useless Servants.* Houston, TX: Arte Público P, 1993.

Holm, Jeanne. *Women in Military: An Unfinished Revolution.* 2nd ed.

Novato: Presidio, 1992.

Homer. *The Odyssey*. Trans. Robert Fagles. Penguin Classics, 1999.

Howe, Charles. *Valley of Fire*. New York: Dell, 1964.

Huston, Nancy. "Tales of War and Tears of Women." *Women's Studies International Forum* 5 (1982): 271–282.

I Want You. Dir. Mark Robson. Samuel Goldwyn, 1951.

Iron Angel. Dir. Ken Kennedy. Ken Kennedy Productions, 1964.

Jacobson, Frye Matthew & Gaspar Gonzalez. *What Have They Built You to Do? The Manchurian Candidate and Cold War* America. U of Minnesota P: Minneaspolis, 2006.

Jameson, Fredric. *Post-Modernism*. Druham: Duke UP, 1991.

Jason, Phillip K. "Vietnam War Themes in Korean War Fiction." *South Atlantic Review* 61.1 (1996): 109–121.

Jeffords, Susan. *The Remasculization of America*. Bloomington: Indiana UP, 1989.

Jin, Ha. *War Trash*. New York: Pantheon Books 2004.

Kantor, MacKinlay. *Don't Touch Me*. New York: Random House, 1951; Popular, 1958.

Keen, Sam. *Faces of the Enemy: Reflection of the Hostile Imagination*. New York: Harper & Row, 1986.

Kelley, Beverly Merrill. *Reelpolitik II: Political Ideologies in '50s and '60 Films*. Rowman & Littlefield Pub. New York, 2004.

Kinkade, Eugene. "The Study of Something New in History." *New Yorker* 26 (October 1957).

Klass, Sheila Solomon. *In a Cold Open Field*. Seattle: Blackheron Press, 1997.

Klein, Michael. "Hollywood and Historical Memory: The Road to Platoon." *From Hanoi to Hollywood: The Vietnam War in American Film*. Ed. Linda Dittmar & Gene Michaud. New Brunswick: Rutgers UP, 1990.

Krantz, Larry. *Divisions: A Novel of a Forgotten War.* CreateSpace Independent Publishing Platform, 2013.

Lantz, Robert J. *Korean War Filmography.* Jefferson: McFarland, 2003.

Lawrence, D. H. *Studies in Classic American Literature.* New York: Penguin, 1986.

Lawson, Jacqueline E. "The Misogyny of the Vietnam War." *Fourteen Landing Zones.* Ed. Philip K. Jason. Iowa Cyty: U of Iowa P, 1991.

Leach, Raymond B. *Broken Soldiers.* Urbana & Chicago: U of Illinois P, 2000.

Lee, Robert G. *Orientalism: Asian Americans in Popular Culture.* Philadelphia: Temple UP, 1998.

Lifton, Robert Jay. *Home from the War.* New York: Simon, 1973.

Locke, Brian. *Racial Stigma on the Holly Wood Screen: From World War II to the Present.* New York: Palgrave, 2009

Lucas, R. Valerie. "Yellow Peril in the Promised Land: the Representation of the Oriental and the Question of American Identity." Ed. Francis Barker. *Europe and its others: proceedings of the Essex Conference on the Sociology of Literature,* July 1984. Colchester: U of Essex, 1985.

Lynch, Michael. *An American Soldier.* Boston: Little Brown, 1969.

Lynn, Jack. *The Turncoat.* Delacorte Press, New York, 1976; Dell, 1977.

Man in the Gray Flannel Suit. Dir. Nunnally Johnson. Twentieth Century Fox, 1956.

Man-Trap. Dir. Edmond O'Brien. Tiger Productions, 1961.

Marchetti, Gina. *Romance and the Yellow Peril.* Berkeley: U of California P, 1993.

M*A*S*H. Dir. Robert Altman. Twentieth Century Fox Film, 1970.

Mason, Bobbie Ann. *In Country: The Story of an American Family.* New York: Harper, 1985; Perennial, 1986.

Matheson, Sue. "'Let's Go Home, Debbie': The Matter of Blood

Pollution, Combat Culture, and Cold War Hysteria in *The Searchers.*" *Journal of Popular Culture & Television* 39.2 (2011): 50-58.

May, Lary. "Reluctant Crusaders: Korean War Films and the Lost Audience." *Remembering the "Forgotten War."* Ed. Philip West and Suh Ji-moon. New York: M. E. Sharp, 2000.

Mayer, William E. "Why Did Many GI Captives Cave In?." *U.S. News and World Report*, February 24 (1956).

McAller, John & Billy Dickson. *Unit Pride.* Guilford, CT: Lyons Press, 2005.

McKenna, Lindsay. *Dawn of Valor.* New York: Silhouette, 1991.

Meador, D. J. *Unforgotten: A Novel.* Gretna, Louisiana: Pelican Publishing Co, 1998.

Michener, James A. *Sayonara.* Fawcett: New York, 1953;1883.

_____. *The Bridges at Toko-Ri.* New York: Random House, 1953; Bantam, 1963.

Morrissey, Robert J. Korean Conflict(War): "Don't Take My Name." Stuart, Florida: Back Yard Publisher, 2004.

Mortimer, Barbara. *Hollywood's Frontier Captives: Cultural Anxiety and the Captivity Plot in American Film.* New York: Garland, 2000.

Mortimer, Lee & Jack Leit. *U. S. A. Confidential.* New York: Crown Publishers, 1952.

Negel, Joane. "Masculinity and Nationalism: Gender and Sexuality in the Making of Nations." *Ethnic and Racial Studies* 21.2 (1998): 242-269.

Oakley, Ronald J. *God's Country: America in the Fifties.* New York: Dembner Books, 1990.

O'Brien, Tim. *Going After Cacciato.* New York: Delacorte Press, 1978; Dell, 1979.

_____. *The Things They Carried.* Boston: Houghton Mifflin, 1990.

Oeling, Richard A. "The Yellow Menace: Asian Images in American Film." *The Kaleidoscopic Lens: How Hollywood Views Ethnic Groups*. Ed. Randall M. Miller. Englewood, N. J.: Jerome S. Ozer, 1980.

Ohi, Kevin. "Of Red Queens and Garden Clubs: *The Manchurian Candidate*, Cold War Paranoia, and the Historicity of the Homosexual." *Camera Obscura* 20.1 (2005): 149-83.

Oliver, Kelly & Benigno Trigo. *Noir Anxiety*. Minneapolis: U of Minnesota P, 2003.

One Minute to Zero. Dir. Tay Garnett. RKO Radio Pictures, 1952.

Packard, Vance. *The Hidden Persuaders*. New York: Pocket Books, 1957.

Phillips, Gene D. *Out of the Shadows: Expanding the Canon of Classic Film Noir*. Lanham, Maryland: Scarecrow, 2012.

Pollini, Francis. *Night*. Boston: Houghton Mifflin Co, 1961; Bantam, 1966.

Potok, Chaim. *I Am the Clay*. New York: Ballantine, 1992.

Pratt, John Clark. "Yossarian's Legacy: *Catch-22* and the Vietnam War." *Fourteen Landing Zones*. Ed. Philip K. Jason. Iowa: U of Iowa P, 1991.

Prisoner of War. Dir. Andrew Marton. Metro-Goldwyn-Mayer, 1954.

Rack. Dir. Arnold Laven. Metro-Goldwyn-Mayer, 1957.

Rick Worland. "The Korean War Film as Family Melodrama: '*The Bridges at Toko-Ri*.'" *Historical Journal of Film, Radio, Television* 19:3 (1999): 359-377.

Rogin, Michael. *Ronald Regan: The Movie and Other Episodes in Political Demonology*. Berkeley: U of California P, 1987.

Rohmer, Sax. *The Insidious Dr. Fu Manchu*. New York: Pyramid Books, 1913.

Russel, Jamie. *Vietnam War Movies*. Harpenden, UK: Pocket Essentials, 2002.

Saber Jet. Dir. Louis King. Carl Krueger Productions, 1953.

Sayers, Dick. *No Victory, No Sting*. Pittsboro NC: The Town House

Press, 1992.

Sayre, Nora. *Running Time: Films of The Cold War.* Madison, Wisconsin: The Dial Press, 1982.

Schlesinger Jr, Arthur M. *The Vital Center: The Politics of Freedom.* New Brunswick, NJ: Transaction Press, 1949; 1988.

Schrader, Paul. "Notes on Film Noir." *Film Noir Reader.* Ed. Allain Silver & James Ursini. New York: Limeheart Editions, 1999.

Searchers. Dir. John Ford. Warner Bros, 1956.

Sellers, Con. *Brothers in Battle.* New York: Pocket Books 1989.

Sher, Aubrey J. *Knights in Shining Armor.* 1st Books, 2003.

Sidney, George. *For the Love of Dying.* New York: Pocket Books, 1970.

Slaughter, Frank G. *Sword and Scalpel.* Doubleday: New York, 1957.

Slotokin, Richard. *Regeneration Through Violence: The Mythology of the American Frontier, 1600-1860.* Middleton, CT: Wesleyan UP, 1973.

Steel Helmet. Dir. Samuel Fuller. Lippert Pictures, 1951.

Stewart, Matthew C. "Realism in *In Country.*" *Fourteen Landinig Zones.* Ed. Philip K, Jason. Iowa Cyty: U of Iowa P, 1991.

Strange Intruder. Dir. Irving Rapper. Allied Artists Pictures, 1956.

Tank Battalion. Dir. Sherman A. Rose. Viscount Films, 1958.

Tasker, Yvonne. *Soldiers' Stories: Military Women in Cinema and Television.* Durham & London: Duke UP, 2011.

Thorin, Duane. *A Ride to Panmunjom.* Chicago: Henry Rgenery Co, 1956.

Thunder Road. Dir. Arthur Ripley. D.R.M. Productions, 1958.

Time Limit. Dir. Karl Malden. United Artists, 1957.

Toward the Unknown. Dir. Mervin LeRoy. Warner Bro, 1956.

Virilio, Paul. *War and Cinema: The Logistics of Perceptions.* New York: Verso, 1989.

Walker, Wilbert L. *Stalemate at Panmunjom.* Baltimore, Maryland:

Heritage Press, 1980.

Watts, David. *Hope in Hungnam: A Novel of the Korean War.* CreateSpace Independent Publishing Platform, 2012.

Welch, Paul. "Homosexuality in America." *Life* 26 (June 1964): 66–75.

West, Henry. *Monastery Ridge.* Bloomington, IN: iUniverse, 2008.

Westwell, Guy. *War Cinema: Hollywood on the Front Line.* New York: Wallflower, 2006.

Whyte, William H. *The Organization Man.* New York: Simon and Schuster, 1956.

Wily, Phillip. *Generation of Vipers.* Champaign: Dalkey Archive P. 1942; 2007.

Woodman, Brian J. "A Hollywood War of Wills: Cinematic Representation of Vietnamese Super–Soldiers and America's Defeat in the War." *Journal of Film and Video* 55.2/3 (2003): 44–58.

Wubben, H. H. "American Prisoners of War in Korea: A Second Look at the 'Something New in History' Theme." *American Quarterly* 12 (1970): 3–19.

Yank in Korea. Dir. Lew Landers. Columbia Pictures, 1951.

Zerby, Paul. *The Grass: A Novel of a Young Man's Journey to the Korean War.* St. Cloud, Minnesota: North Star Press of St. Cloud, 2009.

Zolbrod, Paul G. *Battle Songs: A Story of the Korean War in Four Movements.* Lincolin, NE: iUniverse.

초출알림

한국전쟁 소설 다시보기
『영어영문학』 53권 3호, 한국영어영문학회, 2007.

한국전쟁 포로소설과 젠더, 모성주의, 국가안보
『영어영문학』 58권 2호, 한국영어영문학회, 2012.

최근 한국전쟁 소설의 확장과 변모
『열린정신 인문학연구』 16권 2호, 원광대학교 인문학연구소, 2015.

잊혀질 수 없는 기억 : 할리우드의 한국전쟁 재현
『영미문학연구 안과밖』 29권, 영미문학연구회, 2010.

한국전쟁 참전병사와 누아르 영화
『문학과 영상』 17권 3호, 문학과영상학회, 2016.

할리우드 한국전쟁 영화와 한국인/아시아인의 재현
『문학과 영상』 12권 4호, 문학과영상학회, 2011.

할리우드 한국전쟁 영화와 미국 여성의 재현 : 국가와 여성
『문학과 영상』 16권 2호, 문학과영상학회, 2015.

한국전쟁 포로영화의 변주
『영어권문화연구』 10권 3호, 동국대영어권문화연구소, 2017.

할리우드 영화의 베트남전쟁 재현
『영미문학연구 안과밖』 18권, 영미문학연구회, 2005.

유령과 기억의 엄습 : 베트남 참전용사의 절망과 회생
『영어영문학』 49권 3호, 한국영어영문학회, 2003.

저자 **심경석**

현재 순천향대학교 영어영문학과 교수 겸 인문학 연구소장으로 재직 중이다. 대전고등학교와 고려대학교 영문과를 졸업했다. 미국 유타대학교(University of Utah)에서 영문학 석사학위를, 네바다주립대학교(UNR)에서 베트남전쟁소설과 영화에 대한 연구로 영문학 박사학위를 받았다. 문학과 영상학회 회장, 순천향대학교 인문대학장을 역임했다.

관계망의 해체와 재구성

2018년 1월 31일 초판 1쇄 펴냄

지은이 심경석
펴낸이 김흥국
펴낸곳 도서출판 보고사

책임편집 이경민
표지디자인 손정자
표지일러스트 Dasol Jeong

등록 1990년 12월 13일 제6-0429호
주소 경기도 파주시 회동길 337-15 보고사 2층
전화 031-955-9797(대표)
　　　02-922-5120~1(편집), 02-922-2246(영업)
팩스 02-922-6990
메일 kanapub3@naver.com/bogosabooks@naver.com
http://www.bogosabooks.co.kr

ISBN 979-11-5516-756-4 94300
　　　979-11-5516-755-7 94080(set)
ⓒ 심경석, 2018

정가 18,000원